^{핵심}
데이터 모델링

저자 소개

유동오

건국대학교 경영정보과, 한양대학교 경영전문대학원 글로벌 MBA 석사과정을 졸업하였다. 우연히 읽게 된 『대용량 데이터베이스 솔루션』에 감명 받아 데이터 분야에 관심을 가지게 되었다. 엔코아와 비투엔에서 20여 년 근무하면서 금호건설, SK텔레콤, 삼성화재, 삼성전자, 우리은행, 한국고용정보원, 한국산업기술평가관리원 등 30여 개 DA 관련 프로젝트를 수행하였다. 현재 데이터스㈜ 컨설턴트로서 데이터 모델링, DB 튜닝, DA 컨설팅을 하고 있다. 옮긴 책으로는 토마스 카이트『전문가를 위한 오라클 데이터베이스 아키텍처』가 있다.

핵심 **데이터 모델링**

Copyright ⓒ 2020 by Yoo Dong Oh
All rights reserved. Including the rights of reproduction in whole or in part in any form.
Printed in KOREA.

초판 1쇄 발행 | 2020년 4월 6일
초판 4쇄 발행 | 2024년 6월 28일

지은이	유동오
펴낸이	조시형
펴낸곳	주식회사 디비안
디자인	이정숙, 주희연
출판등록	2018년 4월 5일 제2018-000041호
주소	서울특별시 영등포구 당산로31길 16-1, 201호 (당산동3가, JUM빌딩)
전화	02)2662-8246
팩스	050)4394-8246
홈페이지	www.dbian.co.kr
인터넷카페	www.dbian.net, www.sqlp.co.kr

ISBN 979-11-963957-6-6
값 27,000원

이 책은 저작권의 보호를 받으며, 출판권자의 승인을 받지 않은 복사, 변형, 유포, 게재, 디지털 매체로의 저장 및 전송, 촬영, 녹취 등의 일체 행위는 금지됩니다.

핵심 데이터 모델링

Theory and
Practice of
Data Modeling

유동오 지음

지은이의 말

스위스 툰 호숫가는 한 폭의 그림이다. 다양한 건축물이 자연과 어우러져 동화와 같은 풍경을 자아낸다. 자연이 아름다운 것도 있지만 사람이 만든 건축물과 조화를 이루면서 더욱 아름답다.

좋은 데이터 모델은 현실 세계를 충실하게 반영하면서 시스템 구축 현실도 감안해야 한다고 생각한다. 이상적인 모델 보다는 현실적인 수준의 적용 가능한 모델이 더 좋다고 생각한다. 튜닝에서 100% 최적화 된 어려운 SQL 보다 80% 최적화 되었지만 쉬운 SQL이 시스템에 반영될 확률이 높은 것처럼 말이다.

이 책은 모델링 이론과 개념모델링, 논리모델링, 물리 모델링 과정에서 수행하는 작업을 중심으로 기술했으며, 마지막에는 모델링 사례를 바탕으로 다양한 주제를 다루었다. 이론적인 내용을 포함하여 실제 모델링을 수행하면서 느꼈던 부분이나 고민 했던 내용으로 구성했다.

ER모델 요소인 엔티티, 관계, 속성 등 이론적인 내용과 모델링 수행 과정으로 기술하다 보니 중복되는 부분이 있다. 가급적 최소화 한다고 했으나 어쩔 수 없이 반복하여 설명한 부분이 있으니 참고하기 바란다.

1장은 ER 모델 및 관계형 모델의 핵심 이론을 중심으로 엔티티, 관계, 속성과 정규화에 대한 내용으로 구성하였다.

2장에서 4장은 개념, 논리, 물리 모델링 과정을 절차 중심으로 다루었다. 2장은 개념 모델링으로 주제영역을 도출하여 정의하고, 핵심 엔티티를 중심으로 개념 모델을 도출하는 과정을, 3장은 논리 모델링으로 엔티티, 관계, 속성으로 나누어 논리 모델링 과정에서 해야 할 내용을 중심으로 설명하고, 4장은 물리 모델링으로 논리모델을 물리모델로 변환하는 과정과 인덱스 등 물리 설계와 관련된 내용으로 구성하였다.

5장은 실제 모델링 사례를 중심으로 고객, 공통코드 등 대부분 시스템에 존재하는 엔티티에 대한 설계 사례나 데이터 모델을 개선한 사례로 구성하였다.

업무에 대한 전반적인 지식과 데이터 모델에 대한 다양한 경험과 고민을 통해 실력이 축적된다고 생각한다. 다양한 관점에서 모델을 바라보고 문제를 해결할 수 있는 힘을 키우는데 조금이나마 도움이 되었으면 한다.

언제 시작했는지 기억이 나질 않는다. 글을 쓰면서 나 자신이 가지고 있는 지식이 얼마나 얕팍한 것이었는지 새삼 깨닫는다. 끝으로 이 책이 나오기 까지 많은 분들의 도움이 있었다. 내용을 꼼꼼하게 검토해 준 조성덕, 이진연, 지우근, 정봉균 비투엔 후배들께 감사드린다. 출판을 위해 수고해 주신 디비안의 조시형 대표님과 메가스터디 신심철실장님, 이정숙팀장님을 포함한 편집팀께도 감사 드린다.
마지막으로 곁에서 조용히 지지하고 사랑으로 응원해준 아내와 두 아이에게 감사의 마음을 전한다.

유동오

차례

지은이의 말 ·· 4

01 | 데이터 모델링 이론

데이터 모델링이란 ·· 13

ER 모델 구성 요소 ··· 19

관계형 데이터 모델 이론 ·· 48

02 | 개념 모델링

데이터 모델링 접근방법 ··· 69

개념 모델링 ··· 84

03 | 논리 모델링

논리모델링이란 · 105

엔티티 정의 및 상세화 · 106

관계 도출 및 정의 · 134

속성 도출 및 정의 · 145

데이터 표준화 · 160

차례

04 | 물리 모델링

물리 모델링이란 ·· 181

테이블 설계 ·· 182

관계 설계 ·· 187

컬럼 설계 ·· 193

데이터 무결성 설계 ··· 202

성능을 고려한 데이터 구조 ···································· 207

물리 설계 ·· 213

인덱스 설계 ·· 218

파티션 설계 ·· 231

05 | 모델링 이야기

모델링 이야기 ··· 243

고객의 정의는? | 개인정보 데이터 구조와 암호화 | 공통코드 어떻게 설계하나? | 시스템 사용자 및 프로그램 관리 | 주소 코드 및 주소 관리 | 과도한 엔티티 통합 | 데이터 통합? 구조 통합? | 어디까지 일반화(통합)할 것인가? | 원칙과 현실 사이 | 인조 식별자 언제 사용하나? | 다양한 업무발생의 인조 식별자 활용 | 업무 흐름에 따른 설계 | 매년 소득공제 항목은 변경된다 | 점 이력을 선분 이력으로 | 관계가 없을까? (이력관리) | 심리검사 종류 별 데이터 관리 | 문자열 데이터 분리(수직분할) | 논리모델이 제공된다면? | 엔티티 정의가 명확한가? | 참조무결성 | 순환관계 컬럼 추가 | 인덱스 설계

참고문헌 ··· 339
찾아보기 ··· 341

스위스 툰 호숫가는 한 폭의 그림이다.
다양한 건축물이 자연과 어우러져 동화와 같은 풍경을 자아낸다.
자연이 아름다운 것도 있지만
사람이 만든 건축물과 조화를 이루면서 더욱 아름답다.
–

지은이의 말 중에서

01

데이터 모델링 이론

데이터 모델링이란

표준국어대사전에서는 모델을 "작품을 만들기 전에 미리 만든 물건. 또는 완성된 작품의 대표적인 보기"로 정의하고 있다. 데이터 모델은 현실 세계의 정보나 데이터를 시스템으로 구축하기 위해 추상화하여 체계적으로 표현한 모형이다. 데이터 모델링은 영속성을 갖는 데이터에 대한 시스템 구조를 사람이 이해할 수 있도록 형상화하는 과정이다. 사람이 정보로서 의미있는 대상을 인지하고, 식별하는 과정(개념적)을 거쳐 식별한 것을 기호 등을 통해 추상화하여 표현(논리적)하고, 정보시스템의 데이터베이스로 구축하기 위해 추상화된 모델을 구체화된 형태로 변환한다(물리적).

데이터 모델은 개체관계 모델(ER, Entity-Relationship Model), 관계 모델(Relational Model), 계층 모델(Hierarchical Model), 망 모델(network model) 등이 있다. ER 모델은 가장 대표적인 데이터 모델이다. ER 모델은 인식(개념)단계의 데이터 모델을 지향하고, 관계 모델은 관계 관리를 위한 데이터 모델에 적합하다. 많은 프로젝트에서 ER 모델을 통해 데이터 모델링을 수행하며, 관계형 모델과 관계형 데이터베이스를 통해 데이터를 저장하고 관리한다.

카페 영수증을 자세히 보면 생각보다 많은 정보를 포함하고 있다. 매장명, 주소, 전화번호 등 매장 관련 정보도 있고, 주문 상품에 대한 수량, 금액 등 주문 정보와 카드사, 카드번호, 승인번호 등 결제와 관련된 정보도 있다. 영수증 데이터에서 정보로써 관리해야 할 데이터를 식별하고 모형화하여 하나의 엔티티와 속성들로 표현할 수 있다.

```
영수증                                          영수증
비투엔 220-86-12345 전화 : (02)6450-0099      주문번호          19-0001
서울시 영등포구 당산로41길 11                   매장명           비투엔
2019/01/01 08:30 주문번호 : 19-0001             사업자등록번호    220-86-12345
----------------------------------------       전화번호         02-6450-0099
상품명         단가    수량    금액              주소            서울시 영등포구
----------------------------------------       주문일시         2019/01/01 08:30
카페라떼       4,500   1개    4,500            상품명1          카페라떼
아메리카노     4,000   2개    8,000            상품단가1        4,500
소      계                   12,500            상품수량1        1
과세금액                      11,250            상품금액1        4500
부가세                         1,250            상품명2          아메리카노
----------------------------------------       상품단가2        4000
합      계                   12,500            상품수량2        2
----------------------------------------       상품금액2        8000
카드결제액                    12,500            소계금액         12500
A카드               123456*******1234          과세금액         11250
승인번호            12345678   일시불           부가세           1250
결제변경,취소는 7일 내 영수증 및 결제카드     합계금액         12500
지참하여 주시기 바랍니다.                       카드결제금액     12500
                                                카드명           A카드
                                                카드번호         123456~
                                                                12345678
                                                승인번호
                                                할부구분         일시불
```

한 엔티티에서 모든 데이터를 관리할 경우 몇 가지 문제점이 발생한다. 주문이 발생할 때마다 매장 정보를 관리해야 하고, 상품을 최대 2개까지만 관리할 수 있다. 다수의 혼합된 정보를 분리하여 상세화한 모델로 표현할 수 있다.

데이터 특성을 좀 더 살펴보면 매장과 상품은 매장에서 영업을 시작하기 전부터 이미 존재하고, 주문 데이터 발생 여부와 상관없이 관리해야 한다. 3개 이상 상품도 주문할 수 있으므로 더 많은 상품을 추가할 수 있도록 데이터 모델에 반영해야 한다. 소계, 합계는 상품금액 합과 동일하므로 꼭 관리할 필요는 없다. 데이터의 특성 및 요구사항을 반영하여 더 현실적인 모형으로 상세화하여 표현할 수 있다. 주문 영수증에 포함된 데이터를 형상화(모형화)하여 표현한 것이 데이터 모델이다.

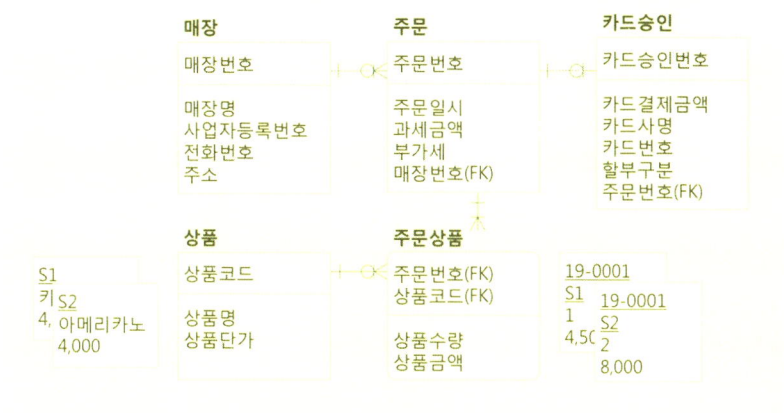

　데이터 모델링은 업무에서 사용하는 각종 데이터를 포함해 업무 내용, 절차 등을 구축하고자 하는 시스템의 데이터베이스에 기록하여 지속적으로 관리하고 활용하기 위해 데이터를 구조화하고 형상화하는 과정이다. 업무에서 요구하는 각종 데이터를 시스템 측면에서 체계화하고 구체화하여 데이터 모델로 표현한다.

　데이터 모델링 작업은 현업 인터뷰, 업무 지침서, 용어집, 산출물 등 현행 업무를 파악하여 개념들을 정리하고 분류하여 엔티티, 속성, 관계로 형상화하는 과정이다.

[그림 1-1-1] 엔티티 도출

　도출된 개념 중 상품, 가입처럼 복합 정보를 포괄적으로 수용하고 있는 경우 엔티티로 식별하고, 생년월일, 가입금액 등 단일 정보는 속성으로 식

데이터 모델링 이론 | 15

별한다. 개념을 구체화하는 과정에서 상품과 예금, 대출 관계처럼 어떤 개념(상품)이 다른 개념(예금/대출)을 포함하거나, (고객유형 관점에서) 개인, 기업처럼 동등한 지위를 가지는 개념을 식별하여, 별도 엔티티로 도출하거나, 슈퍼타입과 서브타입으로 집합을 정의한다.

ER 모델(Entity-Relationship Model)

ER 모델은 표현하고자 하는 현실 세계의 업무를 개체(또는 실체, Entity)와 관계(Relationship)라는 두 가지 개념으로 표현하는 모델로 1976년 P. P. Chen이 처음 제안하였다. ER 모델에 대한 개념을 비교적 이해하기 쉽고 모델을 확장할 수 있어 데이터베이스 설계를 위한 데이터 모델 중에서 가장 널리 활용되고 있다. ER 모델은 개체와 개체 간의 관계를 ER 표기법을 사용하여 표현한다. ERD(Entity-Relationship Diagram)는 ER 모델에서 사용하는 실체와 관계를 도식화한 것으로, 실체와 이들 간의 관계를 알기 쉽도록 미리 약속한 도형을 사용하여 표현한 것이다. ER 표기법은 규약인 동시에 언어이며, 모델러와 현업 담당자 간의 의사소통이므로 모델러, 현업, 개발자 등 모든 이해 관계자가 데이터 모델 표기법에 대해 잘 알고 있어야 한다.

ER 모델의 질적 특성

완전성(Completeness) : ER 모델은 현실 세계의 모든 업무적인 요구사항을 표현하고 있어야 한다. 요구사항에 대한 상세 내용을 검토해서 ER 모델에 모두 표현되어 있는지, ER 모델에 언급되고 있는 개념들이 요구사항을 만족하고 있는지 검토해야 한다. 상품 단가가 변경된다면 주문 시 상품 수량뿐만 아니라 상품 금액을 같이 관리해야 한다.

정확성(Correctness) : ER 모델의 개념대로 데이터모델을 작성해야 한다. 엔티티 대신 속성을 사용하지 않아야 하고, 슈퍼타입 관계를 명확히 하며, 슈퍼타입과 서브타입 사이의 상속(Inheritance)을 표현하고, 관계와 관련된 개별 엔티티를 명확히 정의해야 한다. 관계 대신 엔티티를 사용하지 않아야 하고, 실체의 식별자를 명확히 해야 하며, 카디널리티(Cardinality)와 옵셔널리티(Optionality)를 명확하게 표현해야 한다. 한 명의 직원이 두 개 이상 부서의 부서장으로 겸임할 수 있고, 부서장이 공석인 경우도 있다.

최소성(Minimality) : 요구사항의 모든 특성이 ER 모델에 한 번만 나타나도록 설계해야 한다. 중복이 나타난다면 중복 데이터(Derived Data)를 반드시 문서화해야 한다. 부서와 직원 엔티티에서 특정 부서의 직원 수는 직원 엔티티에서 특정 부서에 속한 직원 수를 구하면 되므로 부서에서 직원 수 속성을 가지고 있을 필요는 없다.

자명성(Self-explanation) : 별도 보조자료 없이 설명이나 증명을 하지 않아도 요구사항에 대한 뜻이나 의미를 명확히 설명할 수 있어야 한다. 쇼핑몰에서 주문한 사람과 받는 사람이 다를 수 있으므로, 배송정보를 별도로 관리하여 요구사항을 반영할 수 있다.

확장성(Extensibility) : 향후 업무 범위나 규모가 확대되거나 변경될 경우 새로운 요구사항을 쉽게 반영할 수 있도록 유연한 모델을 설계해야 한다. 대표적인 방법이 엔티티를 일반화하여 엔티티를 통합하는 것이다. 고객유형 속성을 추가하여 개인, 법인 이외에 단체 등으로 고객 범위를 확장할 수 있고, 고객유형에 따라 주민등록번호, 법인등록번호, 단체등록번호 등으로 식별할 수 있다.

표현성(Expressiveness) : ER 모델은 요구사항을 자연스럽게 표현하고 추가적인 설명 없이도 ER 모델의 의미를 쉽게 이해할 수 있도록 명확하게 설계해야 한다. 주소1, 주소2보다는 고객기본주소, 고객상세주소 등으로 속성명을 부여하는 것이 더 직관적이다.

가독성(Readability) : ER 모델을 읽기 쉽고 그 뜻을 쉽게 알아차릴 수 있도록 표현해야 한다. 일반적으로 위에서 아래로, 왼쪽에서 오른쪽으로 표현하는 것이 가독성이 높다. 엔티티 크기는 속성의 수를 고려해서 그리고, 순환관계 또는 부분집합 표현 시 부모 엔티티를 자식 엔티티 위에 표현한다. 관계는 굽은 선을 최소화하고, 수직/수평 직선을 사용하며, 관계선의 교차는 최소화한다. 속성은 중요한 정보를 위쪽에 표시하고 비슷한 특성(예, 성별, 나이 등의 신체 특성)을 서로 가까운 위치에 표시한다.

ER 모델 구성 요소

ER 모델의 구성요소로는 엔티티(Entity), 관계(Relationship), 속성(Attribute)이 있으며, 속성과 관계 중 하나 이상의 조합으로 구성된 식별자(Identifier)를 포함한다.

엔티티(Entity)

엔티티는 고객, 상품, 직원처럼 현실 세계에 실제로 존재하는 실체이거나, 조직, 서비스, 직업처럼 개념적인 것이다. 철학적인 관점에서 실체는 실제 존재하는 것이며, 변하거나 없어지지 않는 것으로 그냥 존재하는 것 그 자체다. 다른 존재나 실체로부터 독립되어 있음을 의미한다.

아리스토텔레스는 '실체는 주어가 되며 술어가 되지 않는다'라고 했고, 데카르트는 '실체는 자체로 존재하는 것이면서 다른 어떤 것에도 의존하지 않는 독립적인 것'으로 정의했다. 데이터 모델 측면에서 엔티티는 업무를 구현하는 데 필요하고 관리해야 하는 주체, 대상, 행위 등의 모든 집합적인 것(Thing)으로 정의할 수 있다.

- C. J. Data : 데이터베이스 내에서 구별할 수 있는 객체 (1986)
- Thomas Bruce : 정보로 관리할 수 있는 사람, 장소, 사물, 사건, 개념 등 (1992)

엔티티는 주문, 계약처럼 실체와 실체 간의 관계에 해당하는 엔티티를 포함한다. 엔티티는 적어도 둘 이상의 인스턴스가 존재할 수 있어야 하고, 최소한 둘 이상의 속성이 있어야 하며, 반드시 각 인스턴스를 식별할 수 있는 속성이나 관계가 하나 이상 정의되어야 한다.

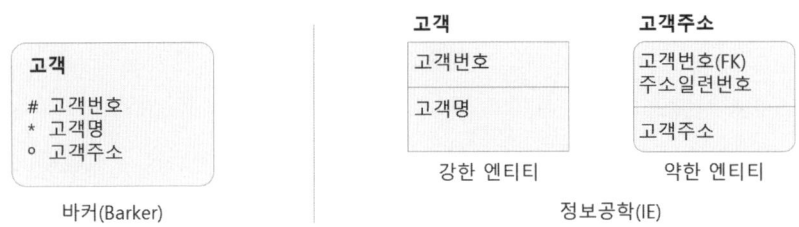

[그림 1-2-1] 엔티티 표기법

우리가 일반적으로 얘기하는 엔티티(Entity)는 정확히 말하면 엔티티타입(Entity Type)이다. 엔티티는 엔티티타입의 실체(인스턴스)에 해당한다. 예를 들면, 고객은 엔티티타입이고, 고객인 '유동오'는 엔티티에 해당한다. 일반적으로 엔티티와 엔티티타입을 구분하지 않고 엔티티로 통칭하여 사용한다.

엔티티는 슈퍼타입 엔티티나 서브타입 엔티티로 확장할 수 있다.

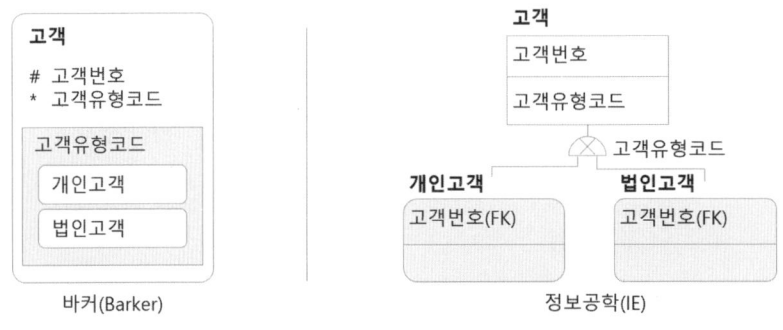

[그림 1-2-2] 엔티티 슈퍼타입/서브타입 표기법

이 책에서는 설명이나 사례를 들 때 정보공학(IE) 표기법을 기본으로 사용하기로 한다. 다만, 슈퍼타입/서브타입은 지면을 효율적으로 활용하기 위해 필요한 경우 바커(Barker) 표기법을 혼용하여 사용할 것이다.

슈퍼타입, 서브타입 엔티티는 일반화/특수화 과정을 통해 도출된다. 슈퍼타입 엔티티는 하나 이상의 서브타입 엔티티와 관계된 일반화된 엔티티이며, 서브타입에 공통으로 존재하는 속성을 관리한다. 서브타입 엔티티는 각각의 서브타입에만 존재하는 고유한 속성을 관리한다. 서브타입은 슈퍼타입의 식별자, 속성, 관계 등 모든 특성을 상속받는다. 슈퍼타입 엔티티인 고객은 개인고객과 법인고객 서브타입 엔티티와 관계를 맺으며, 고객의 공통 속성인 고객명, 주소는 슈퍼타입 엔티티에서 관리하고, 주민등록번호는 개인고객만 해당하므로 서브타입 엔티티인 개인고객 엔티티에서 관리하고, 법인등록번호는 법인고객 엔티티에서 관리한다.

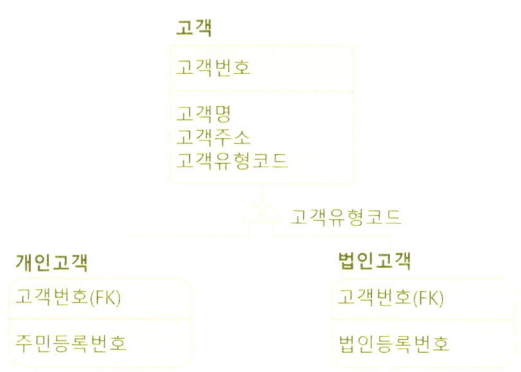

[그림 1-2-3] 슈퍼타입 / 서브타입 엔티티

일반화(Generalization) : 표준국어대사전에서는 일반화를 "개별적인 것이나 특수한 것이 일반적인 것으로 됨. 또는 그렇게 만듦."으로 정의하고 있다. 사전적인 의미는 특수하거나 흔치 않게 발생하던 일이 보편적인 일이 되는 현상을 말하기도 한다. 엔티티의 일반화는 엔티티 각각이 가지고 있는 고유한 특징을 일반화하여 공통의 속성으로 재정의한 것으로, 보편적인 의미보다는 공통적인 의미에 더 가깝다고 볼 수 있다.

개인과 기업의 공통적인 성격을 묶어 고객으로 정의하고, 제품과 상품을 큰 틀에서 상품으로 재정의한 것이기도 하다. 이렇게 엔티티를 일반화하게 되면 여러 개의 엔티티를 하나의 공통된 엔티티로 만들 수 있다. 엔티티 일반화는 두 개 이상의 하위 수준(개인고객과 법인고객 엔티티) 엔티티를 결합하여 상위 수준(고객 엔티티)의 엔티티로 통합하는 상향식 접근 방식이다.

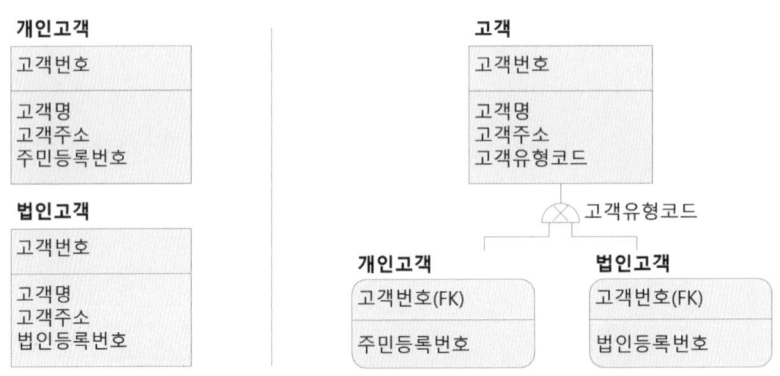

[그림 1-2-4] 하위 수준 엔티티 일반화(Generalization)

또한, 상위 수준의 엔티티와 하위 수준의 엔티티를 일반화하여 표현할 수도 있다. 본부, 팀과 같은 조직이나 대분류, 중분류, 소분류 산업분류코드처럼 계층 관계를 가지는 엔티티를 일반화하여 모델링 하는 경우를 흔히 볼 수 있다.

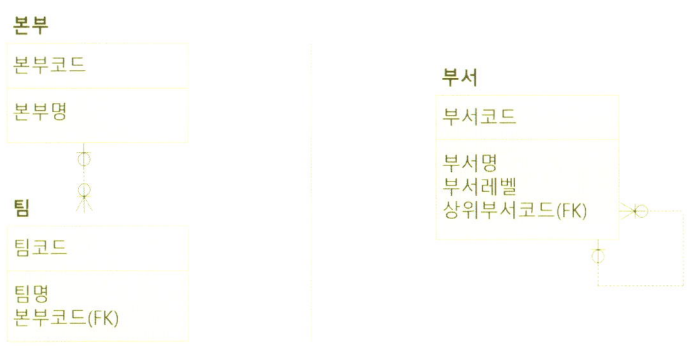

[그림 1-2-5] 상위 수준과 하위 수준 엔티티의 일반화

일반화는 인스턴스 존재 유형에 따라 완전/불완전, 배타적/포괄적 일반화로 나눌 수 있다. 일반화 유형이 상위 수준 엔티티(슈퍼타입)의 모든 인스턴스가 하위 수준 엔티티(서브타입)의 인스턴스에 모두 존재하느냐 일부만 존재하느냐에 따라 완전(Total) 일반화와 불완전(Partial) 일반화로 나눌 수 있다. 배타적 일반화와 포괄적 일반화의 구분은 상위 수준 엔티티의 모든 인스턴스가 하위 수준 엔티티 중 하나에만 존재한다면 배타적 일반화이고, 둘 이상의 하위 엔티티에 속한다면 포괄적 일반화에 해당한다.

사람을 성별로 구분할 경우 남자나 여자 둘 중 하나에는 반드시 존재하므로 완전 일반화 성격을 가지게 되고, 남자나 여자 둘 중 하나만 속해야 하므로 배타적이다. 학교 구성원의 하위 수준 엔티티를 교수와 학생으로 구분할 경우 교직원을 포함하지 않으므로 불완전한 집합이 되고, 교수이면서 학생이 될 수 있으므로 포괄적인 성격을 가지게 된다.

개인고객과 법인고객 엔티티에 고객명, 고객주소 등의 중복 속성이 존재하고, 주문 엔티티와 배타적인 관계를 가지게 된다. 개인 고객과 법인 고객을 일반화하여 슈퍼타입 엔티티인 고객 엔티티를 정의할 수 있다.

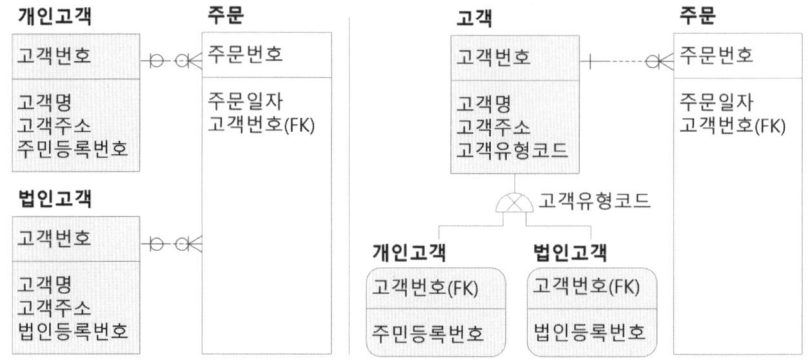

[그림 1-2-6] 고객 일반화

개인고객과 법인고객의 공통 속성인 고객명, 고객주소는 고객 엔티티의 속성이 되고, 주민등록번호와 법인등록번호는 서브타입인 개인고객과 법인고객에 속하게 된다.

개인고객과 주문, 법인고객과 주문의 관계처럼 엔티티 간의 배타 관계가 있으면 배타 관계를 해소하여 고객과 주문 간의 관계로 대체하면 업무 관계를 단순하게 정의할 수 있다. 또한, 개인고객, 법인고객 외에 직원이나 부서 등을 고객유형에 신규로 추가해야 할 때 새로운 엔티티를 추가하지 않고 고객유형만 확장하면 되므로 업무 변화에 유연하게 적응할 수 있다.

반면에 개별 엔티티에서 관리하던 고유 속성의 의미가 불분명해질 수 있고, 때에 따라 참조 무결성 및 도메인 무결성을 제대로 반영하지 못할 수 있다. 주민등록번호화 법인등록번호를 슈퍼타입 엔티티에서 고객등록번호로 대체하여 사용할 경우 의미가 불분명 해지고, 데이터 길이가 다른 성명과 법인명을 일반화하여 고객명으로 정의할 경우 데이터 길이가 큰 도메인으로 정의할 수밖에 없다.

일반화 장점과 단점을 고려하여 판단하되, 업무에서 동일한 업무처리 대상이 되거나 동일한 관점에서 데이터를 분석하고자 하는 경우 먼저 엔티티 일반화를 통해 엔티티를 통합할 수 있다.

시스템 구축 시 배타 관계로 인해 UNION이나, Outer Join 을 사용하는 경우를 종종 볼 수 있다. 집합 간의 배타 관계를 해소하고 두 집합을 통합 테이블 형태로 설계한 경우 UNION이나 Outer Join 할 필요가 없어 개발 생산성이 증대되고, 성능 향상 효과도 기대할 수 있다. 반면에 개인고객 속성과 법인고객 속성이 같은 테이블에 혼합되어 존재하므로 속성의 의미가 불분명해지고, FK 제약조건이나 Not Null 제약조건을 반영할 수 없어 데이터 무결성 문제가 발생할 수 있다. 데이터 정합성 문제가 발생하지 않도록 응용프로그램에서 업무 규칙을 추가로 설계하고 반영해야 한다.

특수화(Specialization) : 특수화는 일반화의 반대 개념으로, 하나의 상위 수준 엔티티를 두 개 이상의 하위 수준 엔티티로 분할하는 하향식 접근 방식이다.

[그림 1-2-7] 특수화(Specialization)

일반적으로 슈퍼타입을 정의하고, 서브타입과 속성을 정의한 후 관계를 정의한다. 개인고객과 법인고객을 고객 엔티티 하나로 관리할 경우 어떤 속성이 개인고객 속성인지 법인고객 속성인지 알 수 없다. 특수화를 통해 개인고객에 해당하는 속성과 법인고객에 해당하는 속성을 식별함으로써 업무 규칙을 제대로 반영할 수 있게 된다.

> 다른 책에서는 Specialization을 특수화, 상세화, 전문화 등으로 다양하게 번역하기도 한다. 표준국어대사전에서 특수화는 "일반적이고 보편적인 것과 다르게 됨. 또는 그렇게 되게 함."으로 정의하고 있으며, 사전적인 의미에서 일반화의 반대 개념으로 가장 적합한 것 같아 이 책에서는 "특수화" 용어를 사용한다.

집단화(Aggregation) : 기본 ER 모델의 표기법은 다른 관계를 포함하는 관계를 표현할 수 없다. "고객이 상품을 주문하고, 주문한 상품을 택배회사가 배송한다."는 고객과 상품 간의 관계인 주문관계와 택배회사와의 또 다른 관계인 배송관계 간의 관계를 가지는 경우 관계와 관계 간을 연결할 수 없다.

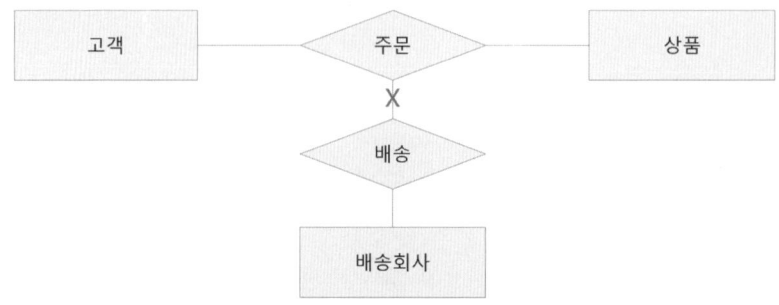

[그림 1-2-8] 관계와 관계 간 연결 문제

이를 해결하기 위한 방법으로 고객, 상품, 택배회사 간의 관계로써 배송을 표현하는 방법이 있으나, 고객이 주문하지 않은 상품을 포함하는 등의 문제가 발생할 수 있다.

[그림 1-2-9] 관계와 관계 간 연결 해소

고객과 상품 간의 관계를 집단화하여 주문상품으로 새롭게 정의할 수 있고, 이 엔티티와 배송회사 간의 관계인 배송관계로 표현한다. 즉, 집단화는 고객, 상품 간의 관계를 단일 엔티티인 주문상품으로 재정의 한 것을 의미한다. 이처럼 집단화는 하나의 엔티티로 취급되는 두 개 엔티티 사이에서 나타나며, 해당 엔티티와의 관계가 상위 수준 엔티티로 대체된다.

[그림 1-2-10] 집단화(Aggregation)

엔티티는 엔티티 관계, 엔티티 형태, 엔티티 생성 관점, 엔티티의 유무형 형태 등 바라보는 관점에 따라 다양하게 분류할 수 있다.

[그림 1-2-11] 다양한 엔티티 분류

엔티티 관계에 따라 강한 엔티티와 약한 엔티티로 나눈다.

- 강한(Strong) 엔티티 : 독립적으로 존재하며, 엔티티 내에서 자체 식별자를 사용하여 고유하게 인스턴스를 식별할 수 있는 엔티티다. 고객, 상품 등
- 약한(Weak) 엔티티 : 다른 엔티티에 종속적이며, 자체 식별자를 가지지 못하고, 다른 엔티티의 식별자를 상속받아 사용하는 엔티티를 말한다. 주문상품은 주문에서 주문번호 속성을 상속받아 식별자로 사용한다.

엔티티 형태에 따라서는 독립 엔티티, 업무중심 엔티티, 종속 엔티티, 교차 엔티티로 분류한다.

- 독립(Kernel, Master) 엔티티 : 사람, 물건(대상), 장소, 개념처럼 원래부터 현실에 존재하는 엔티티다. 고객, 상품, 창고, 조직 등
- 업무중심(Transaction) 엔티티 : 업무를 처리하면서 발생하는 데이터

에 해당하는 엔티티이며, 주제영역에서 가장 핵심이 되는 엔티티로 통상 주제영역 이름과 동일하거나 비슷한 의미의 이름을 갖는다. 주문, 결제, 배송, 청구 등

- 종속(Dependent) 엔티티 : 주로 업무중심 엔티티에서 1차 정규화로 인해 분리된 엔티티에 해당한다. 주문상품, 주문배송 엔티티는 주문 엔티티가 있어야 존재할 수 있는 엔티티이며, 주문 엔티티의 종속 엔티티에 해당한다.
- 교차(Associative, Relative) 엔티티 : 두 개 이상의 엔티티 간에 발생하는 트랜잭션에 의해 생성되는 엔티티다. 고객과 역할 간의 관계 엔티티인 고객역할 엔티티처럼 대부분 논리 모델링에서 다대다 관계를 해소하기 위해 도출된다.

엔티티 생성 관점에서는 핵심 엔티티, 중요 엔티티, 행위 엔티티로 구분한다.

- 핵심(Key) 엔티티 : 고객, 상품, 조직처럼 자신의 부모 엔티티를 갖지 않는 독립적이며, 핵심적인 엔티티다.
- 중요(Main) 엔티티 : 핵심 엔티티 간의 거래 관계에 의해 생성되는 엔티티이지만, 업무의 핵심이 되는 엔티티다. 계약은 고객과 상품의 거래 관계에 의해 생성되며, 고객과 상품을 부모로 갖는다.
- 행위(Action) 엔티티 : 실제 업무 행위에 의해서 지속해서 발생하는 거래 행위에 대한 엔티티다. 청구내역 엔티티는 중요 엔티티에 해당하는 계약에 의해 지속해서 발생하는 데이터를 관리하는 엔티티에 해당한다.

엔티티 형태에 따라 실체 엔티티와 비실체 엔티티로 분류하고, 비실체는 개념 엔티티와 사건 엔티티로 나누어 진다.

- 실체(Tangible) 엔티티 : 고객, 상품과 같이 눈으로 볼 수 있는 물리적 인 형태를 가지는 엔티티다.
- 개념 엔티티 : 조직, 보험상품, 서비스 등 물리적인 형태는 없으나 개념 적으로 존재하는 비실체(Intangible) 엔티티다.
- 사건(Event) 엔티티 : 계약, 주문, 결제 등과 같이 업무 행위와 관련된 비실체(Intangible) 엔티티이며, 데이터가 빈번하게 생성되고, 변경되 는 특성이 있다.

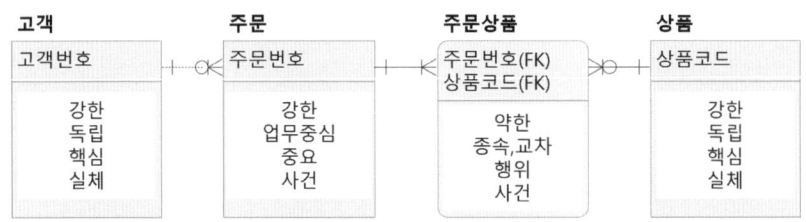

[그림 1-2-12] 엔티티 분류 예시

일반적으로 어떤 것을 특징이나 성질 등의 기준에 따라 분류할 때 전체 를 포함하고, 서로 겹치지 않고 배타적으로 되도록 분류 기준을 정한다.
앞에서 살펴본 엔티티 유형들은 분류 기준이 모호하여 사람마다 다르게 분류할 수 있고, 유형 간에 겹치는 부분도 존재한다. 엔티티를 특성에 따라 구분하고 분류할 목적으로 활용하기 보다는 엔티티 유형을 살펴봄으로써 엔 티티를 식별하거나 엔티티 성격을 파악하는 용도로 활용하는 것이 좋을 듯 하다.
이 책에서는 핵심 엔티티, 중요 엔티티, 행위 엔티티 등 엔티티 생성 관 점에 따른 분류를 주로 사용할 것이다.

관계(Relationship)

엔티티와 엔티티 간에 존재하는 업무 규칙을 정의하고, 엔티티 간에 어떤 관계가 이루어질 수 있는지 표현한다. 관계(Relationship)는 관계수(cardinality), 선택성(optionality), 식별성(Identifier Inheritance), 관계명 등으로 구성된다.

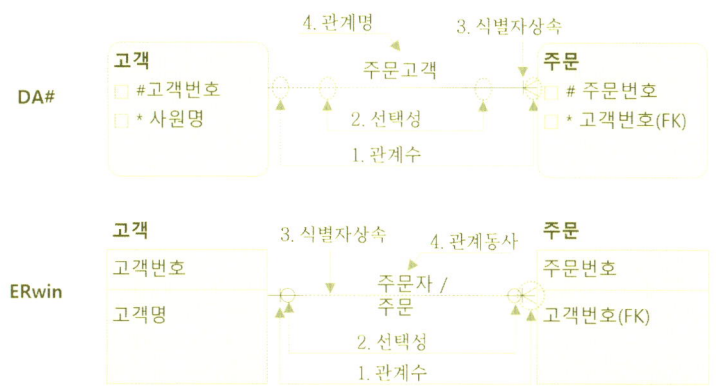

구성요소	DA# (Barker표기)	ERwin (IE표기)
관계수 (Cardinality)	아무런 표시 없으면 1, Crow's foot(<)이면 M	Bar(-)이면 1, Crow's foot(<)이면 M
선택성 (Optionality)	(상대쪽이) 점선이면 Optional, (상대쪽이) 실선이면 Mandatory	Bar(-)이면 Mandatory, O이면 Optional 자기편에 표시됨
식별자상속	Bar(-)가 있으면 식별자 상속, 없으면 비식별자 상속	실선이면 식별자 상속, 점선이면 비식별자 상속

[그림 1-2-13] 관계 구성요소 및 표기법

- 관계수(Cardinality) : 어떤 엔티티의 인스턴스 하나가 다른 엔티티 몇 개(1, m) 인스턴트와 대응될 수 있는지를 표시한 것으로, 상대 엔티티 쪽에 까마귀 발(Crow's Foot)로 표시한다. 최대 인스턴스 수와 관련이 있다.

- 선택성(optionality) : 해당 엔티티 인스턴스에 대해 상대 엔티티에 인스턴스가 반드시 존재해야 하는지(Mandatory), 존재하지 않아도 되는지(Optional) 표시한다. 최소 인스턴스 수와 관련이 있다.
- 식별자 상속(Identifier Inheritance) : 엔티티 간의 관계를 정의하면서 엔티티의 식별자를 다른 엔티티에서 상속받을 때 식별자로 상속받을지(식별관계), 일반 속성으로 상속받을지(비식별관계) 표시한다.
- 관계명(Relationship Name) : 관계의 의미나 이름을 표시한다. 의미를 명확하게 표시한다는 측면에서 양쪽에 모두 기술하기도 하며, 관계선만으로도 의미가 통하는 경우 이름을 생략해도 무방하다.

관계수(Cardinality)는 엔티티와 엔티티 간의 대응되는 최대 인스턴스 수를 말한다. 일대일(1:1), 일대다(1:M), 다대다(M:N) 3가지 유형이 있다.

일대일(1:1) 관계 : 엔티티 개체 하나가 다른 엔티티 개체 하나와 관계를 가지는 경우다. 실제 1:1 관계는 많이 발생하는 편은 아니다. 직원은 한 번의 인턴과정을 거쳐 채용될 수 있으며, 하나의 인턴과정은 한 직원과 관련이 있다.

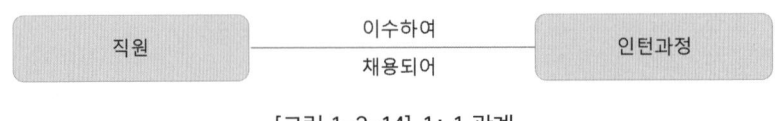

[그림 1-2-14] 1 : 1 관계

일대다(1:M) 관계 : 엔티티 개체 하나가 다른 엔티티 개체 여러 개와 관련이 있다. 한 부서에 직원 여러 명이 소속되어 있으며, 직원은 한 부서에만 소속될 수 있다.

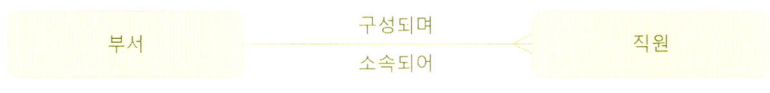

[그림 1-2-15] 1:M 관계

다대다(M:N) 관계 : 어떤 엔티티 개체 하나가 다른 엔티티 개체 여러 개와 관련이 있고, 다른 엔티티 개체 하나는 어떤 엔티티 개체 여러 개와 관계가 있다. 학생은 여러 개 수강과목을 신청할 수 있고, 수강과목은 여러 명의 학생에 의해 선택된다.

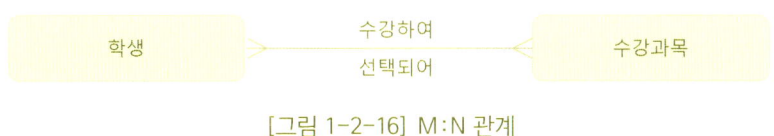

[그림 1-2-16] M:N 관계

관계 선택성(optionality)은 엔티티 인스턴스에 대해 상대 엔티티 인스턴스 존재 유무를 나타내며, 양쪽 필수, 한쪽 필수, 양쪽 선택으로 나누어진다.

필수(Mandatory)-필수(Mandatory) 관계 : 어떤 엔티티의 인스턴스에 대해 다른 엔티티 인스턴스가 반드시 존재해야 하고, 다른 엔티티의 인스턴스에 대해 어떤 엔티티의 인스턴스도 반드시 존재해야 한다. 상품을 선택하지 않고 주문을 하는 경우는 없으므로, 주문은 주문상품이 반드시 존재해야 한다. 반대로 주문상품도 주문이 반드시 존재해야 한다.

[그림 1-2-17] 필수 - 필수 관계

필수(Mandatory)-선택(Optional) 관계 : 어떤 엔티티의 인스턴스에 대해 다른 엔티티 인스턴스가 존재하지 않아도 되고, 다른 엔티티 인스턴스에 대해 어떤 엔티티 인스턴스는 반드시 존재해야 한다. 주문하지 않은 고객은 있을 수 있으나, 모든 주문은 반드시 주문한 고객이 있어야 한다.

[그림 1-2-18] 필수 - 선택 관계

선택(Optional)-선택(Optional) : 어떤 엔티티 인스턴스에 대해 다른 엔티티 인스턴스가 존재하지 않아도 되고, 다른 엔티티 인스턴스에 대해 어떤 엔티티 인스턴스도 존재하지 않아도 된다. 종속 관계보다는 단순 참조 관계일 때 자주 나타난다. 사원은 소개사원으로 등록된 계좌가 존재하지 않을 수 있고, 고객이 펀드상품에 가입할 때 소개 사원을 지정하지 않아도 되므로 계좌는 소개 사원이 존재하지 않을 수 있다.

[그림 1-2-19] 선택 - 선택 관계

식별자 상속은 식별관계와 비식별 관계로 구분할 수 있다. 식별 관계는 참조되는 상위 엔티티 식별자가 참조하는 하위 엔티티 식별자로 상속되는 경우를 말하고, 비식별 관계는 식별자가 아닌 일반 속성으로 상속되는 관계를 말한다. 정보공학 표기법에서 식별 관계는 라운드 있는 엔티티 형태로 표시하고, 비식별 관계는 사각형 모양 엔티티로 표시한다.

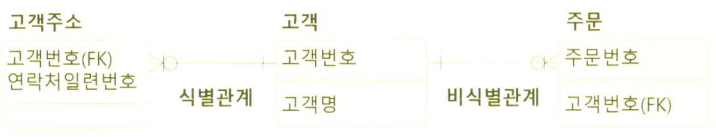

[그림 1-2-20] 식별/비식별 관계

고객과 고객주소 엔티티와 같이 동일하거나 유사한 데이터 집합 간의 종속 관계일 때 식별자를 상속하여 식별 관계로 표현한다. 비식별 관계는 핵심 엔티티(고객)와 중요 엔티티(주문)처럼 다른 주제영역 엔티티 간의 참조 관계에 해당한다. 종속 관계에 해당하더라도 고객번호+연락처일련번호 대신 인조 식별자인 고객주소번호 속성을 주 식별자로 지정하면 형식 상으로는 비식별 관계에 해당한다.

[그림 1-2-21] 인조 식별자 설계에 따른 비식별 관계

관계 유형으로는 기본 관계, 재귀적 관계, 병렬 관계, 슈퍼타입/서브타입 관계 등이 있다.

기본 관계 : 엔티티와 엔티티가 하나의 관계를 맺는다. 가장 일반적인 관계이며, 1:1 또는 1:M 관계에 해당한다. 부서에는 여러 명의 사원이 소속된다.

[그림 1-2-22] 기본 관계

재귀적 관계 : 하나의 엔티티가 다른 엔티티가 아닌 자기 자신과 관계를 맺는 경우 재귀적 관계 또는 순환 관계라고 한다. 계층적인 구조를 표현하는 데 유용하다. 본부(상위 부서)는 여러 하위 부서로 구성된다.

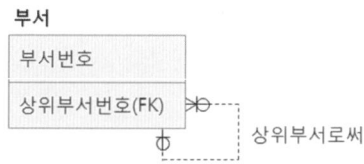

[그림 1-2-23] 재귀적 관계

재귀적 관계는 Mandatory 관계를 가질 수 없으며, 반드시 Optional 관계를 갖는다. 조직과 같은 계층 구조의 추가 및 삭제 등의 변경에 쉽게 대응할 수 있는 특징을 가진다.

병렬 관계 : 엔티티와 엔티티 간에 두 개 이상의 관계를 맺는다. 고객은 보험계약의 계약자이면서 피보험자이기도 하다.

[그림 1-2-24] 병렬 관계

두 엔티티 간의 관계가 2~3개 정도로 적거나, 더 늘어나지 않다면 병렬 관계로 표현하여 속성으로 관리해도 무방하다. 하지만, 수익자1, 수익자2 등으로 관계가 많거나, 추가될 가능성이 있다면 여러 개의 관계로 표현하는 대신 계약당사자 엔티티로 대체하는 것을 고려해야 한다.

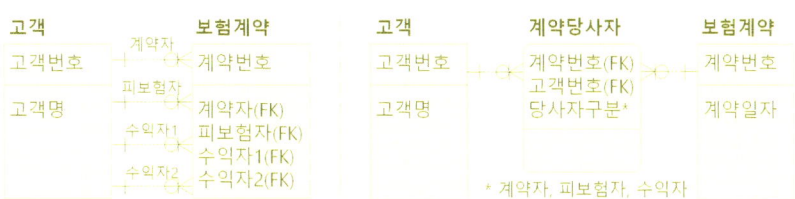

[그림 1-2-25] 병렬 관계와 엔티티 추가 설계

병렬 관계가 많아지면 특정 고객 데이터를 찾기 어렵거나 물리 설계 시 인덱스를 여러 개 생성해야 할 수도 있다.

```
AND 계약자 = :1 OR 피보험자 = :1 OR 수익자1 = :1 OR 수익자2 = :1

CREATE INDEX 보험계약_IX01 ON 보험계약(계약자);
CREATE INDEX 보험계약_IX01 ON 보험계약(피계약자);
...
```

관계 엔티티를 추가한 경우는 계약당사자를 경유하여 보험계약을 조회해야 하므로 성능을 고려하여 계약자고객번호 등 일부 속성을 다시 보험계약에 추가하여 중복으로 관리할 수 있다.

```
SELECT DISTINCT ...                  *보험계약에 계약자고객번호를 추가
  FROM 계약당사자 A, 보험계약 B       SELECT ...
  WHERE A.고객번호    = :1              FROM 보험계약 B
    AND A.당사자구분 = '계약자'         WHERE B.계약자고객번호 = :1
    AND B.계약번호   = A.계약번호
```

슈퍼타입/서브타입 관계 : 공통 속성을 관리하는 슈퍼타입 엔티티와 개별 속성을 관리하는 서브타입 엔티티는 배타적/포괄적인 관계를 가진다. 슈퍼타입 엔티티인 고객은 서브타입에 해당하는 개인이나 법인 둘 중 하나에 반드시 속한다.

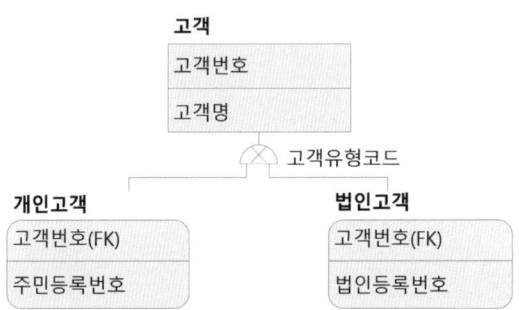

[그림 1-2-26] 슈퍼타입/서브타입 관계

배타적인 관계 : 엔티티가 두 개 이상의 다른 엔티티의 합집합과 관계를 가질 때 배타적인 관계 또는 아크(Arc) 관계라고 한다. 동일한 의미를 가지는 관계에 대해 서로 다른 하나 이상 엔티티와 관계(개인계좌, 법인계좌, 단체계좌)를 통합할 때 발생한다.

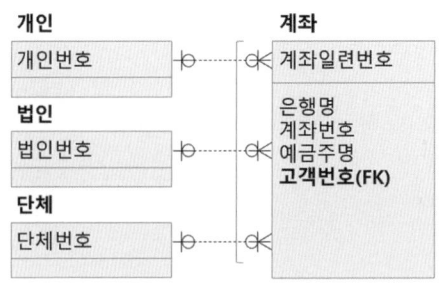

[그림 1-2-27] 배타적인 관계

관계 차원은 관계에 참여하는 엔티티의 수를 의미한다. 관계 차원은 단항 관계(Unary Relationship), 이항 관계(Binary Relationship), 삼항 관계(Ternary Relationship), n항 관계(N-ary Relationship)가 있으며, 삼항 관계 이상은 잘 나타나지 않는다.

단항 관계 : 부서 엔티티 내에서 부서와 상위 부서 관계처럼 하나의 엔티티 내에 존재하는 관계를 말한다.

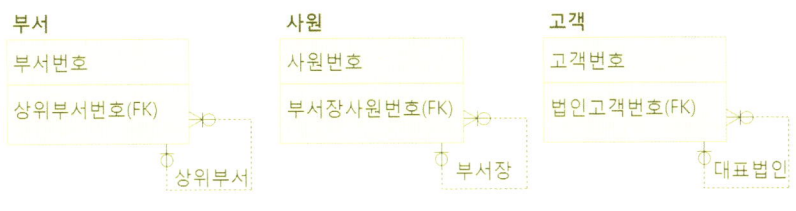

[그림 1-2-28] 단항 관계

이항 관계 : 부서와 사원, 고객과 주문 등 두 개 엔티티 간의 관계에 해당하며, 가장 일반적인 형태의 관계다.

[그림 1-2-29] 이항 관계

삼항 관계 : 세 개 엔티티 간의 관계에 해당하며, ERwin과 같은 Case 툴에서 지원하지 않는 관계다. [그림 1-2-30]의 화면금융기관역할 엔티티처럼 화면, 금융기관역할, 금융기관 엔티티 간의 관계에 해당하는 교차 엔티티를 추가하여 표현한다.

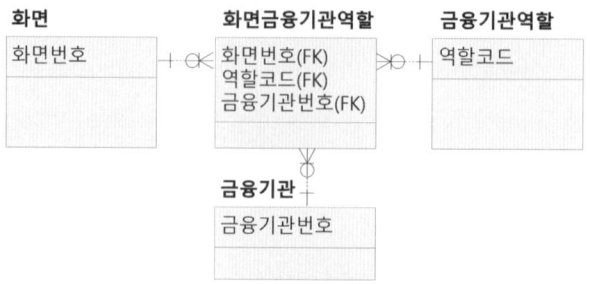

[그림 1-2-30] 삼항 관계

삼항 관계는 흔하게 나타나는 편은 아니다. 진짜 삼항 관계인지, 아니면 이항 관계를 삼항 관계로 잘못 표현한 것인지 확인해야 한다.

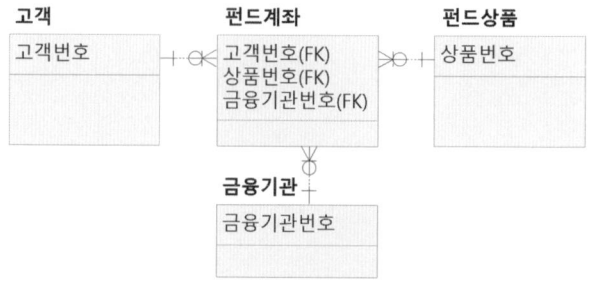

[그림 1-2-31] 잘못된 삼항 관계

계좌별로 금융기관의 역할이 운용회사, 판매회사 등으로 나누어 지는 것이 아니라, 펀드상품 단위로 이미 역할이 정의되어 있다. 고객이 펀드상품을 가입하면 상품에 해당하는 운용회사가 정해질 뿐이다. '신영마라톤증권투자신탁' 펀드상품의 운용회사는 신영자산운용 주식회사로 이미 정해져 있고, 고객은 해당 상품을 선택하여 계좌를 개설할 뿐이며, 펀드 계좌별로 운용회사를 선택하는 것은 아니다.

[그림 1-2-32] 잘못된 삼항 관계를 이항 관계로 표현

속성(Attribute)

속성은 데이터를 표현하는 가장 작은 단위이며, 속성이 가지는 의미를 통해 엔티티 특성이나 상태를 알 수 있다. 하나의 엔티티는 두 개 이상의 속성을 가지며, 속성명, 식별자여부, 옵셔널리티, 도메인 등으로 구성된다.

- 속성명 : 실체의 특성을 규정하는 속성 명칭으로 주문번호, 주문일자 등 업무에서 일반적으로 사용하는 용어를 사용하거나, 속성 의미를 명확하게 표현할 수 있도록 함축성 있는 명사를 사용하여 명명한다. 일반적으로 속성명은 표준용어로 등록하고, 표준단어를 조합하여 구성한다.
- 식별자여부 : 해당 속성이 엔티티 식별자에 해당하는지 표시한다. 고객번호는 주민등록번호나 사업자등록번호 등으로 식별한 고객에 대해 인위적으로 부여한 식별자에 해당한다.
- 옵셔널리티 : 엔티티에 인스턴스가 발생할 때 해당 속성이 반드시 특정 값을 가져야 하는지에 대한 구분으로, Mandatory(반드시 값을 가져야 함), Optional(값을 갖지 않아도 됨), Conditional(특정 조건에 해당하는 경우에는 반드시 값을 가져야 함)로 구분된다. 고객 등록 시 고객 식별자(주민등록번호 등)와 고객명은 필수로 입력해야 하고, 주소, 이메일은 선택사항으로 할 수 있다.

- 도메인 : 속성이 허용하는 데이터 형식과 범위를 가지고 있으며, 문자형, 숫자형, 날짜형 등이 있다. 주문일자는 날짜 형식만 허용하고, 주문수량 및 주문금액은 숫자형(정수)으로 지정할 수 있다.

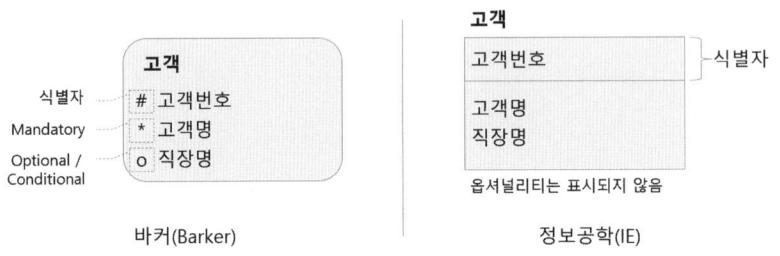

[그림 1-2-33] 속성(Attribute) 표기법

속성은 속성 값의 구성이나 성격에 따라 다양하게 분류할 수 있다.

- 단순 속성(Simple Attribute)과 복합 속성(Composite Attribute)
- 저장 속성(Stored Attribute)과 파생 속성(Derived Attribute)
- 단일 값(Single-valued) 속성과 다중 값(Multi-valued) 속성

단순 속성과 복합 속성 : 단순 속성은 고객명, 이메일 등 속성을 더 분해할 수 없는 원자 값을 갖는다.

고객

고객번호
고객명
이메일
고객주소
(기본주소+상세주소)

고객번호	고객명	이메일	고객주소
1	유서린	e1@b2en.com	양평동(기본)+12(상세)
2	조성덕	e2@b2en.com	양평동(기본)+34(상세)

[그림 1-2-34] 단순 속성(이메일)과 복합속성(고객주소)

복합 속성은 단순 속성들의 조합으로 구성된다. 주소는 단순 속성인 기본주소와 상세주소로 구성되어 있다. 단순 속성과 복합 속성은 개념(이론)적인 구분이며, 실제 모델링에서는 업무 요건이나 모델링 툴의 제약 등으로 복합 속성도 단순 속성으로 분리하여 표현하는 경우도 많고, 단순 속성과 복합 속성을 구분하기 애매한 경우도 많다. 전화번호는 지역번호+국번호+전화번호, 주민등록번호는 생년월일+성별+.. 등으로 구성되어 있다. 개념적으로는 복합 속성의 성격을 띠지만 전화번호, 주민등록번호 자체가 의미를 가지므로 단순 속성으로 보는 것이 더 타당하다.

저장 속성과 파생 속성 : 저장 속성은 원래 존재하는 속성이다. 저장 속성이나 다른 파생 속성으로부터 파생된 속성이 파생 속성이다. 파생 속성에 해당하는 주문금액은 저장 속성인 상품단가와 주문수량을 곱하여 계산된 속성이고, 근속연수는 입사일자와 현재 일자로부터 산출할 수 있다.

주문상품	주문번호	상품번호	상품단가	주문수량	주문금액
주문번호 상품번호	1	P1	100	3	300(=100*3)
상품단가 주문수량 주문금액	1	P2	200	2	400(=200*2)

[그림 1-2-35] 저장 속성과 파생 속성

파생 속성은 성능적인 목적 등 특수한 경우를 제외하고는 별도로 도출하지 않는 것이 일반적이다. 하지만, 파생 속성으로 판단하여 속성으로 도출하지 않는 경우 데이터를 재현할 수 있는지 다시 한번 확인해야 한다.

주문 이후 상품에 대한 단가가 100원에서 110원으로 상승한 경우 주문금액을 관리하지 않을 경우 주문금액(=단가*수량)이 주문할 당시와 달라진다. 상품 단가를 이력으로 관리하거나 주문금액을 속성으로 도출해야 문제를 해결할 수 있다.

단일 값 속성과 다중 값 속성 : 단일 값 속성은 성별, 생일처럼 사원에 대해 하나의 값만 가지는 속성을 의미하며, 다중 값 속성은 하나의 속성이 여러 개의 값을 가지는 속성을 말한다. 사원은 취미를 여러 개 가질 수 있으므로 취미 속성은 다중 값 속성에 해당한다. 다중 값 속성은 모델링 과정에서 정규화를 통해 별도 엔티티로 분리된다.

사원

사원번호
사원명
생년월일
취미(수영,독서)

사원번호	사원명	생년월일	취미
1	유동오	19900102	수영 독서
2	이진연	19800304	캠핑 배드민턴

[그림 1-2-36] 단일 값 속성과 다중 값 속성

식별자(Identifier)

식별자는 주문 엔티티의 주문번호처럼 엔티티에서 인스턴스를 개별적으로 식별할 수 있는 속성(들)이다. 자체 속성들의 조합이거나 주문상품의 식별자가 주문 엔티티에서 상속받은 주문번호와 상품번호로 구성된 것처럼 부모 엔티티와의 관계를 통해 상속된 식별자와 자체 식별자를 조합하여 정의할 수 있다.

식별자의 특징으로 유일성, 최소성, 불변성, 존재성이 있다.

1) 사원 엔티티의 사원번호 속성처럼 엔티티의 모든 인스턴스를 유일하게 식별할 수 있어야 하고(유일성, Uniqueness), 2) 식별자를 구성하는 속성은 유일성을 만족하는 최소 속성들로 구성해야 하는데(최소성, Minimum) 예를 들면 부서코드+사원번호 또는 사원번호 속성으로 유일한 경우 최소성의 원칙에 따라 사원번호 속성을 식별자로 한다. 3) 일단 엔티티의 식별자

를 지정하면 그 식별자의 값은 변하지 않아야 하고(불변성, Stability), 4) 모든 직원은 사원번호를 가지 듯이 식별자는 반드시 데이터 값이 존재(Not Null)해야 한다(존재성, Mandatory).

실제 프로젝트에서 식별자를 잘못 구성한 예를 살펴보자. 고객번호만으로 유일한 값을 가지지만 식별자를 최소 속성인 고객번호로 구성하지 않고, 고객구분과 고객번호로 구성하였다. 고객마스터를 참조하는 다른 엔티티들에서 고객번호뿐 아니라 고객구분 속성을 추가로 포함하므로 복잡성이 증가한다. 또한, 동일 고객번호에 대해 여러 고객구분 값을 가질 수 있어 오류 데이터를 발생시킬 수 있는 여지가 있다.

식별자를 고객번호 속성만으로 구성하는 것이 데이터 모델을 단순화할 수 있고, 데이터 품질 및 처리에 유리하다.

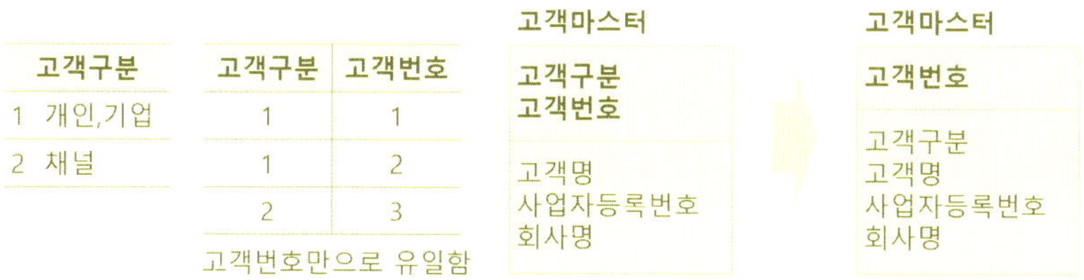

고객구분		고객구분	고객번호
1	개인,기업	1	1
2	채널	1	2
		2	3

고객번호만으로 유일함

고객마스터
고객구분
고객번호
고객명
사업자등록번호
회사명

→

고객마스터
고객번호
고객구분
고객명
사업자등록번호
회사명

[그림 1-2-37] 식별자를 최소 속성으로 구성하지 않은 경우

또 다른 예로 속성 값이 변하는 속성을 식별자로 설계한 경우다. 이력 엔티티에서 유효종료일자를 식별자로 하는 경우를 종종 볼 수 있다. 현재 시점에서 유효종료일자를 '99991231'로 입력하고, 향후 이력이 추가될 경우 현재일-1일로 수정한다. 일부 DBMS에서 PK를 수정할 수 있어서 값이 변할 수 있는 속성으로 식별자를 설계했을 수도 있다. 하지만 식별자 속성 값은 변경되지 않아야 하며, 값이 변경되는 속성이 있다면 변경되지 않는 속성으로 대체 식별자를 구성해야 한다.

일련 번호	주소	유효 시작일자	유효 종료일자
1	양평동	20190101	99991231 →20190131
2	당산동	20190201	99991231

[그림 1-2-38] 식별자 속성의 값이 변하는 경우

식별자는 실 세계(업무)에서 자연적으로 가지는 특성인지 시스템에서 필요에 의해 추가한 속성인지에 따라 본질 식별자와 인조 식별자로 나눌 수 있다.

대표성 여부에 따라 주 식별자와 주 식별자를 대체하는 대체(보조) 식별자로 분류할 수도 있다. 식별자를 어떻게 분류(예, 주민등록번호나 주문번호가 본질 식별자인지 인조 식별자인지)하고, 어떤 용어(Alternate, Surrogate)를 사용하느냐에 대한 의견이 다를 수 있다. 중요한 것은 집합을 명확히 정의하고, 식별자를 식별하는 과정이다.

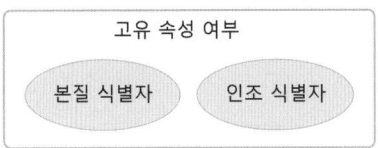
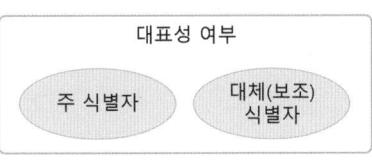

[그림 1-2-39] 식별자 유형

본질 식별자는 주민등록번호나 사원번호처럼 실 세계(업무)에서 일반적으로 통용되는 식별자이고, 인조 식별자는 주문일련번호나 입출금일련번호처럼 업무에서 사용하지 않지만, 데이터를 효율적으로 관리하기 위해 별도로 추가한 식별자를 말한다.

[그림 1-2-40] 본질 식별자와 인조 식별자

주 식별자와 대체 식별자는 상대적인 개념이다. 어떤 본질 식별자 또는 인조 식별자가 주 식별자 일 때 다른 본질 식별자는 대체 식별자가 된다.

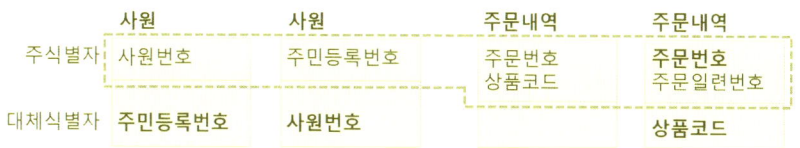

[그림 1-2-41] 주 식별자와 대체 식별자

관계형 데이터 모델 이론

관계형 데이터 모델은 데이터를 2차원 테이블(표) 형식으로 정의하고 표현한 모델이다. 이러한 테이블 형태를 릴레이션(Relation)이라고 한다. 릴레이션은 정의에 해당하는 릴레이션 스키마(헤더)와 실제 값인 릴레이션 인스턴스(본문)로 구성된다.

사원번호	사원명	입사일자
1	유동오	2019-01-01
2	조성덕	2019-02-01
3	이진연	2019-03-01

릴레이션명: 사원
스키마: 어트리뷰트(Attribute)
인스턴스: 튜플(Tuples)

[그림 1-3-1] 릴레이션(Relation) 구성

릴레이션 스키마는 릴레이션명과 어트리뷰트(Attributes)를 포함하고, 튜플(Tuples)은 릴레이션 인스턴스에 해당한다. 릴레이션은 수학적으로 두 개 이상의 집합으로부터 각 집합을 구성하는 원소들의 순서쌍에 대한 집합을 의미한다.

사원번호 = { 1, 2, 3 }
사원명 = { 유동오, 조성덕, 이진연 }
→ 순서쌍 = { ⟨1, 유동오⟩, ⟨2, 조성덕⟩, ⟨3, 이진연⟩ }

어트리뷰트는 릴레이션을 구성하는 각 열을 의미한다. 사원 릴레이션은 사원번호, 사원명, 입사일자 어트리뷰트를 가진다. 튜플은 릴레이션의 각 행에 해당하며, 인스턴스 데이터이다. 사원 릴레이션의 첫 번째 튜플은 <1, 유동오, 2019-01-01> 이다.

릴레이션의 튜플은 모두 다른 값을 가지며 중복된 튜플을 허용하지 않는다. 튜플들은 순서와 무관하며 순서가 특별한 의미를 가지지 않는다. 어트리뷰트는 더 쪼갤 수 없는 원자 값으로 구성되며, 튜플 순서처럼 어트리뷰트 순서도 의미를 가지지 않는다. 어트리뷰트 명칭은 서로 다르며 유일하지만, 어트리뷰트 값은 동일 해도 상관없다.

관계형 모델과 관계형 데이터베이스(또는 SQL) 모델이 동일한 개념은 아니다. 관계형 데이터베이스가 관계형 모델을 기본으로 하고 있지만 사용하는 용어나 일부 개념이 다른 것도 사실이다. 관계형 모델에서 사용하는 릴레이션, 어트리뷰트, 튜플은 우리가 흔히 알고 있는 관계형 데이터베이스의 테이블, 컬럼, 로우와 대응된다. 엄밀하게는(이론적으로는) 관계형 모델과 관계형 데이터베이스 시스템에서 사용하는 용어로 서로 다른 개념이지만 여기서는 동일한 의미로 사용할 것이며, 기술하는 내용의 의미를 더 명확하게 하기 위해 일부는 릴레이션, 어트리뷰트, 튜플 대신 테이블, 컬럼, 로우라는 용어를 혼용하여 사용할 것이다.

관계형 모델의 키

슈퍼 키(Super Key) : 튜플을 고유하게 식별 할 수 있는 속성 집합을 말한다. 릴레이션은 한 개 이상의 슈퍼 키를 가질 수 있으며, 슈퍼 키 값은 모든 튜플에서 유일해야 한다. 사원 릴레이션(테이블)에서 사원번호 또는 {사원번호, 사원명}로 특정 사원을 식별할 수 있으므로 사원번호 또는 {사원번호, 사원명} 모두 슈퍼 키에 해당한다.

　　후보 키(Candidate Key) : 튜플을 고유하게 식별 할 수 있는 최소한의 속성 집합을 후보 키라고 한다. 사원번호 또는 {사원번호, 사원명}은 슈퍼 키에 해당하고, 이 중 최소한의 속성 집합인 사원번호가 후보 키에 해당한다. 모든 후보 키는 슈퍼 키이지만, 모든 슈퍼 키가 후보 키는 아니다(슈퍼 키가 후보 키를 포함한다).

　　기본 키(Primary Key) : 릴레이션은 하나 이상의 후보 키가 있을 수 있으며 그 중 하나만을 기본 키로 선택할 수 있다. 사원번호, 전화번호 둘 다 후보 키에 해당하고, 둘 중에서 사원번호를 기본 키로 할 수 있다. 후보 키와 마찬가지로 유일성, 최소성을 가진다.

　　대체 키(Alternate Key) : 후보 키 중에 기본 키가 아닌 후보 키가 대체 키에 해당한다. 예를 들어, 후보 키인 {사원번호, 전화번호} 중 사원번호를 기본 키로 정의했으므로 전화번호는 대체 키가 된다.

　　외래 키(Foreign Key) : 어떤 릴레이션의 어트리뷰트 값이 다른 릴레이션에 속한 어트리뷰트의 기본 키를 참조하는 경우를 말한다. 외래 키는 NULL이 될 수 있고 중복된 튜플을 가질 수 있다. 사원자격증 릴레이션에서 사원번호는 사원 릴레이션의 기본 키인 사원번호를 참조하며, 사원자격증 릴레이션 내에서 유일하지 않다.

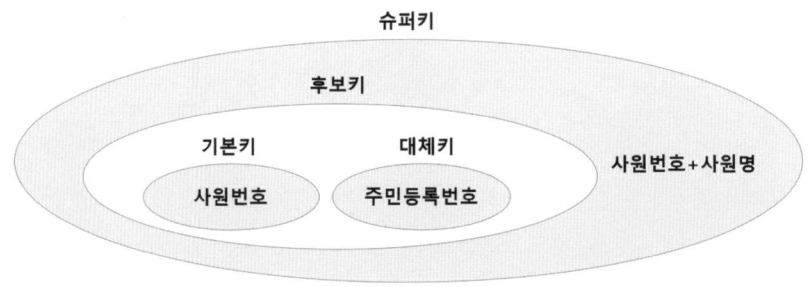

[그림 1-3-2] 키 관계

제약조건

제약조건은 키 제약조건과 무결성 제약조건으로 나눌 수 있으며, 무결성 제약조건에는 실체무결성, 영역무결성, 참조무결성 제약조건이 있다.

키 제약조건 : 키는 사원의 사원번호처럼 튜플을 유일하게 식별할 수 있는 어트리뷰트들로 구성하며, 다른 튜플의 키 값과 중복된 값이 있어서는 안된다.

실체무결성 : 주문상품의 주문번호, 상품번호처럼 릴레이션의 기본키를 구성하는 모든 어트리뷰트는 NULL 값이 아니어야 하고, 릴레이션 내에서 오직 하나의 값만 존재해야 한다.

영역무결성 : 주문수량이 소수점을 포함하지 않는 정수 값인 것처럼 릴레이션 내의 각 어트리뷰트 값은 반드시 정의된 도메인에 속한 값이어야 한다.

참조무결성 : 사원의 부서코드는 부서의 부서코드에 모두 존재하는 값인 것처럼 자식 릴레이션의 외래키는 참조하는 부모 릴레이션의 기본키 값 이외의 값을 가질 수 없으며, 두 릴레이션 값의 일관성을 유지해야 한다.

함수 종속(Functional Dependency)

관계형 데이터모델은 수학적인 이론을 바탕으로 하며, "관계형"이라는 용어 자체가 수학의 집합론(Set Theory)의 관계형 이론(Relational theory)으로 부터 유래하였다. 관계형 데이터베이스를 설계할 때 정규화 과정을 거치게 되는데, 이 때 함수 종속성 개념이 중요하게 사용된다.

"함수종속성은 관계 스키마(relation schema) 중에서 어느 속성군의 값이 정해지면 다른 속성군의 값이 정해지는 것. A, B가 각각 관계 R의 속성인 경우, 임의 시점에서 A의 어떤 값도 반드시 B의 하나의 값에 대응되지만, B의 하나의 값이 A의 복수의 값에 대응되는 경우에 B는 A에 함수 종속이라

고 하며 A→B와 같이 표기한다."(출처:TTA정보통신용어사전)

함수 종속성은 일종의 무결성 제약조건으로서 키의 개념을 일반화한 것이며, 어떤 릴레이션 R에서 속성 X의 값 각각에 대해 속성 Y의 값이 오직 하나만 연관되어 있을 때 Y는 X에 함수적으로 종속되어 있다고 하고, X->Y로 표시한다. X의 속성 값이 Y의 속성 값을 결정하며 이때 X를 결정자(Determinant)라 하고, Y를 종속자(dependent)라고 한다.

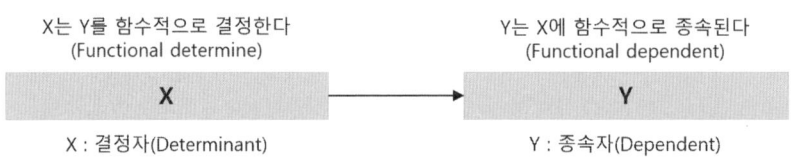

[그림 1-3-3] 함수적 종속성

예를 들면, "고객" 테이블에서 고객번호, 고객명, 생년월일, 전화번호, 주소 속성을 가지고 있을 때, 고객번호 컬럼에 다른 컬럼들이 함수적으로 종속된다.

고객번호 → (고객명, 생년월일, 전화번호, 주소)

다시 말하면, 함수 종속성은 테이블의 특정 컬럼 A의 값을 알게 되면 다른 컬럼 B의 값을 알 수 있을 때, 컬럼 B는 컬럼 A에 함수적 종속성이 있다고 한다. 고객번호를 알면 고객명을 알 수 있으며, '고객명은 고객번호에 함수적 종속성이 있다'라고 말한다.

함수 종속성은 완전 함수종속, 부분 함수종속, 이행적 함수종속, 결정자 함수종속, 다중 값 종속, 조인 종속으로 분류할 수 있으며, 순서대로 제

1정규형, 제2정규형, 제3정규형, BCNF정규형, 제4정규형, 제5정규형과 관계가 있다. 데이터모델링 관점에서 제3정규형까지는 이해할 필요가 있으며, 그와 관련된 함수 종속에 대해서도 살펴볼 필요가 있다.

완전 함수종속(Full Functional Dependency) : 임의의 릴레이션 R에서 속성 또는 속성들의 집합 X에 대해 Y가 함수적으로 종속되나, X의 부분 집합에 대하여서는 함수적으로 종속하지 않은 경우, Y는 X에 대하여 완전 함수 종속성을 갖는다고 한다. 예를 들어 주문내역의 기본키가 주문번호와 상품코드로 구성된 경우 주문수량은 주문번호 또는 상품코드에 종속되는 것이 아니라 주문번호, 상품코드 조합에 종속되므로 주문번호, 상품코드와 완전 함수종속성을 갖는다.

부분 함수종속(Partial Functional Dependency) : 완전하게 함수적으로 종속하지 않으면 부분 함수종속성을 갖는다. 여러 개의 속성이 모여서 하나의 기본키를 이룰 경우, 기본키를 구성하는 일부 속성만으로도 종속관계가 결정되면 부분 함수종속이라고 한다. 예를 들어, 상품단가는 기본키인 주문번호, 상품코드의 일부인 상품코드에 의해 결정되며, 기본키인 주문번호, 상품코드에 부분 함수종속성을 가진다.

이행적 함수종속 (Transitive Functional Dependency) : 함수 종속관계 X→Y와 Y→Z가 성립되면, 논리적 결과로 X→Z가 성립한다. 이 때 속성 Z는 X에 이행적 함수종속성을 갖는다. 이행적 함수종속은 데이터 변경 이상의 원인이 된다. 예를 들어, 주문번호를 알면 고객번호를 알 수 있고(주문번호→고객번호), 고객번호를 알면 고객명을 알 수 있으므로(고객번호→고객명), 주문번호를 알면 고객명을 알 수 있다(주문번호→고객명).

정규화(Normalization)

정규화(Normalization)는 함수적 종속성과 같은 이론에 근거하여 관계형 데이터베이스의 테이블에 대해 데이터를 입력, 수정, 삭제할 때 발생하는 이상(Anomaly) 현상을 최소화하기 위해 좀 더 작은 단위의 테이블로 설계하는 과정이다.

정규화를 하게 되면 데이터를 관리하고 처리하는 데 여러 가지 좋은 점이 있다.

첫째, 데이터를 입력, 수정, 삭제하는 과정에서 발생하는 이상 현상을 최소화할 수 있다.

둘째, 상호 종속성이 강한 데이터 요소들을 분리하여 독립된 개념(엔티티)으로 정의함에 따라 높은 응집력과 낮은 결합도 원칙에 충실하면서, 데이터 구조 변경 시 유연성이 증가한다(유연성 극대화). 예를 들어, 고객정보에 계좌정보가 포함된 구조보다 고객과 계좌가 별도로 분리된 경우, 고객과 계좌가 1:1 또는 1:M 관계를 가지게 되어 현업의 다양한 요구사항에 대해 데이터 모델 변경을 최소화하면서 업무 요건을 수용할 수 있다.

셋째, 개념을 좀 더 작은 단위로 세분할 경우 해당 개념에 대한 재활용성이 높아진다. 일반적으로 각종 참조 모델(Reference Model)은 정규형을 만족하고 있다.

넷째, Non-key 데이터 요소가 한번만 표현됨에 따라 중복을 최소화하고(중복 최소화), 데이터 품질 문제를 줄일 수 있으며, 저장공간을 최소화할 수 있다.

다섯째, 데이터 입력, 수정, 삭제에 대한 작업을 최소화하여 수행속도가 향상된다.

데이터 모델링은 일반적으로 각각의 엔티티, 속성, 관계에 대한 업무적인 '개념(Concept)'을 정의하는 과정이며, 각각의 개념은 다른 개념과 독립적인 성격으로 설계되기 때문에 데이터 모델링의 결과로 도출되는 데이터 모델(ERD)은 이미 정규화된 형태를 가진다.

정규형을 만족하지 못하는 모델은 '개념'이 명확하지 않거나 혹은 다수의 '개념'을 하나의 엔티티에 포함한 것이므로 개념을 분리하여 모델링을 하면 대부분 정규형을 만족하는 결과를 얻게 된다. 그러므로, 별도 정규화 과정을 거치지 않았다 해도, 데이터 모델의 완전성을 확인해 본다는 측면에서 정규형을 만족하고 있는지 검토할 수는 있다. 종종 리버스 모델링을 중심으로 상향식 모델링을 진행할 경우, 현행 데이터 모델이 정규형을 만족하고 있는지 검토하여 개선점을 도출하기 위한 용도로 활용할 수 있다.

한편, 정규화를 너무 심하게 할 경우 응용 프로그램에서 조인(Join)이 빈번하게 발생하여 성능이 저하되지 않을까 걱정할 수 있다. 조인이 발생한다는 사실은 맞지만 이로 인해 반드시 성능 문제가 발생한다고는 볼 수 없다. 성능이 저하되는 문제는 조인이 원인이라기보다는 데이터베이스 특성을 고려하지 않고 사용할 때 발생하는 경우가 더 많다.

때로는 반정규화(De-normalization)를 하기도 하는데, 이 경우도 매우 제한적으로 사용해야 하고, 데이터 중복으로 인한 각종 이상현상이 발생하지 않도록 많은 노력을 기울여야 한다.

정규화는 ER 모델이 아닌 관계형 모델과 관련이 있다. 관계형 모델이 물리 모델과 더 관련되어 있지만, 정규화는 물리 모델링이 아닌 논리 모델링 과정에서 ER 모델 기법과 함께 적용하는 것이 일반적이다. 정규형을 설명하면서 관계형 모델 용어인 릴레이션(테이블)과 어트리뷰트(컬럼)로 표현했으나, ER 모델의 엔티티와 속성으로 이해해도 무방하다.

제1정규형(1st NF)

관계형 데이터베이스의 테이블은 릴레이션이다. 각각의 어트리뷰트(스키마)에 대한 도메인은 원자 값이고, 각각의 어트리뷰트 값(인스턴스)은 단일 값이어야 한다(사원 테이블의 입사일자는 날짜형 도메인이고, 사원번호 1의 입사일은 2019년1월1일이다). 제1정규형에 대한 기준은 학자마다 조금씩 다르다. 가장 일반적인 특징은 관계형 테이블은 중복되는 행이 없어야 하고, 모든 열의 값은 원자 값(Atomic value)을 가져야 한다는 것이다.

중복 행은 키와 관련되어 있고, 행이 중복되지 않도록 기본 키를 지정해야 한다. 테이블의 모든 열 값이 단일 값이 되려면 개념적으로 중복 열이 없어야 하고, 다중 값이 발생하지 않아야 한다.

[중복 열]

고객번호	고객명	전화번호1	전화번호2
1	유동오	02-111-1111	02-222-2222
2	지우근	02-333-3333	02-444-4444

[다중 값]

고객번호	고객명	전화번호
1	유동오	02-111-1111 02-222-2222
2	지우근	02-333-3333 02-444-4444

[그림 1-3-4] 중복 열과 다중 값

개념적으로 중복되는 열은 전화번호1, 전화번호2 처럼 동일한 개념의 어트리뷰트가 여러 개 있는 형태를 의미하고, 다중 값은 "02-1111-1111, 02-2222-2222"과 같은 형태로 볼 수 있다. 이렇게 중복 어트리뷰트(컬럼)이거나 다중 값을 가지는 어트리뷰트는 별도 릴레이션(테이블)로 분리해야 한다.

예를 들어, 상품코드, 상품명, 상품단가, 주문수량은 하나의 주문에 대해 다수 개의 값(다중 값, Multivalue)을 가질 수 있으므로 분리해야 하며, 정규화에 의해 분리된 테이블(예, 주문내역)은 일반적으로 원래 테이블의 기본키를 상속하며 해당 테이블의 기본키로 정의한다. 분리된 컬럼 중에서 나머지 컬럼을 유일하게 식별할 수 있는 컬럼(예, 상품코드)이 있으면 이를 기본키로 추가하고, 그렇지 않으면 대체키를 추가하여 설계한다.

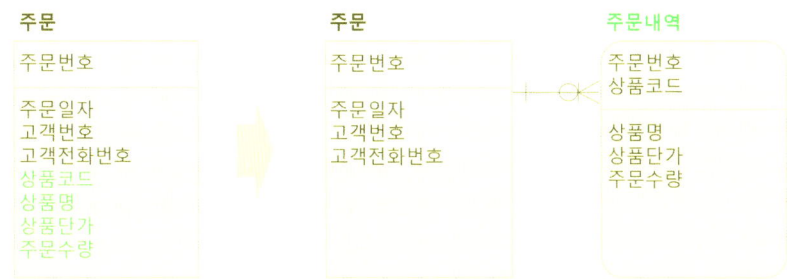

[그림 1-3-5] 제1정규형 예시

원자성에 대한 정의가 모호하다는 비판이 있다. 더 이상 쪼개지지 않는다는 것을 의미하지만, 상황에 따라 판단하기 애매한 부분이 있는 것이 현실이다. 예를 들어, 우리가 많이 사용하는 도로명 주소는 시도, 시군구, 읍면동, 도로명, 건물명 등으로 구성되어 있다. 시도, 시군구 등을 분리할 수 있으므로 원자 값이 아니라고 할 수 있는가? 전화번호도 지역번호, 국번호, 가입자번호가 조합된 형태이다. 이렇게 분리할 수 있는 여러 개 값으로 구성되어 있다고 해서 원자 값이 아니며, 값을 분리해서 관리해야 하는 것일까? 원자성에 대한 판단은 업무를 처리하는 기준에 따라 바뀔 수 있다. 주소를 관리하는 이유가 단지 배송을 위한 것이라면 단일 값을 가진 정보로 보는 게 맞을 것이며, 시·도 정보를 구분하기 위해 프로그램 등에서 문자열을 잘라서 사용한다면 다중 값이므로 정규화 대상으로 보는 게 설득력 있어 보인다. 전화번호를 "02-1111-2222, 010-1111-2222" 형식으로 한 컬럼에서 콤마(",")로 구분하여 관리하는 경우는 어떨까. 저장된 컬럼 정보를 읽어 자동으로 전화를 걸거나 걸려온 전화를 고객DB와 비교해야 한다면 여러 값을 가진 다중 값 정보로 보는 편이 타당할 것이고,

업무 담당자가 컬럼 정보를 단순 텍스트 정보를 활용하여 일반전화 또는 휴대폰으로 연락할 수만 있다면 단일 정보로 봐도 무방할 것이다.

다른 예를 하나 더 살펴보자. 고객의 경우 집주소도 있고, 회사주소도 있을 수 있다. 이 경우 별도 테이블로 분리해야 하는지 고민될 때가 있다. 만약, 집주소와 회사주소만 관리하기로 했다면 고객 엔티티에서 집주소, 회사주소라고 명확히 명명하고 컬럼만 별도로 관리하면 될 것이다. 하지만 또 다른 주소를 추가할 수 있고 더 많은 주소를 관리한다면 제1정규형에 위배되므로 고객주소 테이블을 별도로 설계하는 게 더 타당하다.

제2정규형(2st NF)

제1정규형을 만족하고, 키가 아닌 어트리뷰트(후보키에 속하지 않는 속성)는 후보키 전체에 종속되어야 한다. 즉, 후보키에 종속적이지 않거나 후보키 일부 어트리뷰트에 종속적인 어트리뷰트는 별도 릴레이션(테이블)으로 분리해야 한다.

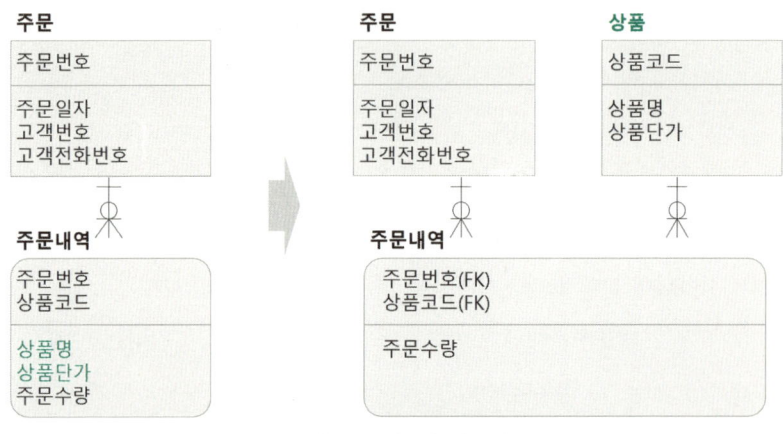

[그림 1-3-6] 제2정규형

주문내역에서 상품명, 상품단가는 기본키인 주문번호, 상품코드 전체에 종속되어 있는 것이 아니라 기본키의 일부인 상품코드에 종속되어 있다. 제2정규형을 만족하기 위해 별도 테이블인 상품 테이블을 추가하고, 컬럼을 상품 테이블로 분리해야 한다. 이때 상품코드를 상품 테이블의 기본키로 지정한다.

제3정규형(3rd NF)

제2정규형을 만족하고, 키가 아닌 어트리뷰트들 간에는 서로 종속적인 관계가 없어야 한다. 즉, 키가 아닌 어떤 어트리뷰트가 다른 어트리뷰트에 종속된 경우 별도 릴레이션으로 분리해야 한다.

[그림 1-3-7] 제3정규형

주문 테이블에서 고객명, 고객전화번호는 기본키가 아닌 고객번호에 종속되어 있으므로 별도 테이블(고객)로 분리해야 한다. 이때 분리된 테이블의 기본키로 고객번호(결정자)를 지정한다.

S사의 연수원에서 현업을 대상으로 데이터베이스에 대한 강의를 할 때이다. 2주 동안 차수별로 동일 내용을 반복하여 진행했는데, 데이터모델링도 포함되어 있었다. 실습 없이 이론적인 내용을 설명하다 보니 뜬구름 잡는 얘기처럼 들렸을 것이다. 어느 날 집에서 연수원으로 가는 도중에 패스트푸드점에 들러 햄버거와 커피를 주문했다. 영수증을 보면서 데이터모델과 정규화를 설명하면 좋겠다고 생각했다. "영수증의 데이터를 엑셀로 표현하면 4건이 된다. 만약 전화번호가 변경되면 4건을 다 바꿔야 하고, 햄버거 단가가 바뀌어도 관련된 내용을 모두 바꿔야 한다. 4건이 아니라 1,000만건이면 엄청난 작업이 될 것이다. 이러한 문제점을 해결하기 위해 데이터구조를 잘 설계해서 저장해야 한다. 전화번호, 주소는 매장에 따라 결정되며 주문과 아무 상관 없다. 단가도 마찬가지다. 영업하기 전부터 상품별로 단가는 이미 책정되어 있다." 등등.

	주문번호	매장명	전화번호	주소	주문일시	상품명	수량	단가	금액	합계
	0001	롯*	275-4*	경기도 ...	2017-05-29	새우버거	2개	3,400	6,800	11,800
	0001	롯*	275-4*	경기도 ...	2017-05-29	카페라떼	2개	2,500	5,000	11,800
	0002	롯*	275-4*	경기도 ...	2017-05-30	불고기버거	1개	3,400	3,400	5,400
	0002	롯*	275-4*	경기도 ...	2017-05-30	아메리카노	1개	2,000	2,000	5,400

매장명	전화번호	주소
롯*	275-4*	경기도 ...

주문번호	매장명	주문일시	주문금액
0001	롯*	2017-05-29	11,800
0002	롯*	2017-05-30	5,400

상품명	단가
새우버거	3,400
카페라떼	2,500
불고기버거	3,400
아메리카노	2,000

주문번호	상품명	수량	금액
0001	새우버거	2개	6,800
0001	카페라떼	2개	5,000
0002	불고기버거	1개	3,400
0002	아메리카노	1개	2,000

교육생(현업)의 표정이 이전보다 훨씬 밝아진 것 같았다. 1정규화, 2정규화 등을 굳이 설명하지 않아도 해당 속성이 누구 것인지 파악하여 구조화해도 정규화 과정과 유사해 진다.

연결함정(Connection Trap)

연결 함정(Connection Trap)은 관계형 모델에서 모호한 관계가 발생하는 현상으로 정규화 과정에서 무손실 분해의 원칙이 지켜지지 않아 원래 있던 관계성을 잃어 버리는 현상이다. 엔티티와 엔티티 사이에 부여하는 관계성 집합의 의미가 모호하여 원하는 결과를 얻을 수 없거나, 엔티티 간의 관계가 불분명해지거나 업무적인 연관성이 모호해지는 것이다.

일반적으로 세 엔티티 사이의 삼항관계(ternary relationship)를 두 엔티티 간의 이항관계(Binary Relationship)로 분할하여 표현한다. 이때 삼항관계를 이항관계로 분할하면서 원래 삼항관계 릴레이션을 재현하지 못하게 될 때 연결함정이 발생한다.

연결함정은 관계의 모호성 형태에 따라 부채꼴 함정(Fan Trap)과 균열 함정(Chasm Trap)으로 나눌 수 있다.

부채꼴 함정(Fan Trap)

엔티티 사이에 관계가 정의되어 있지만, 관계가 모호할 때가 있다. M:N 관계를 해결하기 위해 교차 엔티티를 추가하면서 1:M 관계를 만들 때 나타날 수 있다. 엔티티 간의 관계를 잘못 설계하여 연계된 정보를 추적하지 못해 발생하므로, 이들 간의 관계를 명확히 하여 해결할 수 있다.

회사에서 물품을 구매한 공급사를 관리하고, 여러 상품을 구매한다고 가정해 보자. 이들 간의 관계를 공급사와 회사, 회사와 물품의 관계로 표현했을 때 해당 물품이 어느 공급사에서 구매한 것인지 알 수 없는 문제가 발생한다.

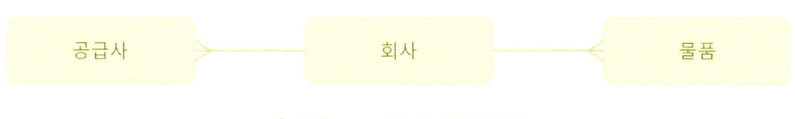

[그림 1-3-8] 부채꼴 함정

회사와 (물품을 납품하는) 공급사 간의 관계와 공급사와 (공급사에서 제공하는) 물품 간의 관계로 변환하여, 이들 간의 관계를 다시 명확하게 표현하도록 ER 모델을 재구성할 수 있다.

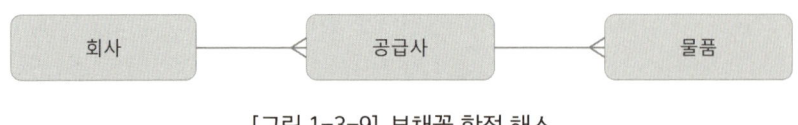

[그림 1-3-9] 부채꼴 함정 해소

균열 함정(Chasm Trap)

엔티티 사이에 관계가 정의되어 있지만, 일부 엔티티와 엔티티 사이의 관계가 존재하지 않는 경우에 발생한다. 이 경우 일부 누락된 관계를 추가하여 해결 할 수 있다.

만약, 회사에서 공급사를 통해 물품을 구매하는 경우가 대부분이지만, 회사가 공급사를 통하지 않고 직접 물품을 구입한다고 가정해 보자. 아래 그림과 같이 회사와 공급사, 공급사와 물품 관계로 표현하면, 공급사를 통하지 않고 구매한 물품은 표현하지 못하는 문제가 발생한다.

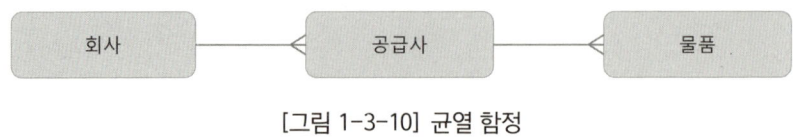

[그림 1-3-10] 균열 함정

공급사를 통하지 않고 직접 물품을 구매한 경우 회사와 물품 간의 관계를 추가해야 한다. 이 경우 공급사와 물품, 회사와 물품 간의 관계가 중복된 것처럼 보일 수 있는데, 중복된 관계를 제거할 때 정말 중복된 것인지 중복된 것처럼 느껴지는 것인지 다시 한번 확인할 필요가 있다.

[그림 1-3-11] 균열 함정 해소

회사에 신입사원이 입사한 경우 근무 부서가 정해지지 않았을 때, 인사과로 임시 발령을 내는지, 소속이 없는 상태가 가능한지 확인할 필요가 있는 것처럼 말이다.

업무적인 개념을 구체화하여 ER 모델로 표현하든, 정규화 과정을 거쳐서 모델을 설계하든 ER 모델, 함수종속, 정규화, 연결함정 등 데이터모델에 활용되는 기본적인 개념과 지식을 습득할 필요는 있다. 그러나, 너무 기술적인 부분에 치우쳐 마치 수학공식처럼 접근하지는 않았으면 좋겠다. 표현하려는 업무에 대한 지식을 바탕으로 업무를 정의하고 업무처리 과정에 대해 의문을 가지고 고민하고 검토하다 보면, 집합이 명확해 지고 자연적으로 데이터모델을 완성해 나갈 수 있으니 말이다. 얼마 전 동료 몇 명에게 '개인적으로 모델링에서 업무 지식이 차지하는 비율이 70% 이상이라고 생각하는데, 어떻게 생각하느냐?'라고 물어본 적이 있다. 대답은 80~90% 이상으로 높게 나왔다. 모델링 기술에 대해 공부하는 것도 중요하지만 많은 책을 읽고 다양한 경험을 하면서, 상식적인 관점에서 이것저것 의문을 가지고 생각해 보는 습관도 많은 도움이 된다.

ER 모델과 관계 모델

ER 모델은 관계 모델(Relational Model), 망 모델(Network Model), 엔티티 집합 모델(Entity Set Model)을 기초로 이들 간의 서로 다른 개념을 통합하여 실 세계를 표현하는 것을 바탕으로 하고 있다.

관계 모델과 엄연히 다른 개념이지만 관계 모델과 일정 부분 관계를 가지고 있다고 볼 수 있다. 우리가 흔히 ER 모델과 관계 모델을 같은 것으로 혼동하는 것도 어떻게 보면 자연스러운 일일지도 모르겠다. 우리가 처한 현실에서 보면 데이터 모델을 ER 모델로 표현하지만 관계형 데이터베이스를 통해 구현하는 프로젝트가 대부분이다. ER 모델의 엔티티는 관계형 모델의 릴레이션(테이블)으로 구축되고, 속성은 어트리뷰트(컬럼)로, 관계는 외래 키나 참조 무결성을 통해 구현된다. ER 모델에서 추상화 기법을 통해 엔티티를 구체화하고 정의하는 과정과 관계형 모델에서 정규화를 통해 릴레이션(테이블)을 설계하는 과정이 다르면서도 비슷한 결과로 이어지게 된다.

우리는 흔히 데이터 모델을 프로젝트 단계나 성격에 따라 개념, 논리, 물리 모델로 구분하여 진행한다. ER 모델을 관계 모델로 적용하는 단계를 논리 모델로 보는 경우도 있고, 물리 모델로 보는 경우도 있다. 일반적으로 논리 모델을 ER 모델로 보는 시각이 좀 우세한 것 같다. 논리 모델이 ER 모델을 상세화한 것으로 보는 시각에서는 논리 모델을 관계형 데이터베이스에 맞게 변환한 것으로 물리 모델을 보지만, 논리 모델을 관계형 데이터베이스를 표현한 것으로 보는 측면에서는 테이블 분할, 인덱스 설계 등 실제 데이터에 대한 저장 구조 등의 설계를 물리 모델로 보기도 한다. 또한, 개념 모델을 데이터 전체에 대한 대략적인 뼈대로 충분하다고 보는 관점과 구축될 DBMS에 상관없이 개념적인 모델은 맞지만, 전체 업무를 상세화해야 한다는 의견도 있다. 여러분도 의견이 분분할 것이다. "데이터 모델 리소스 북 Vol. 3"에서는 데이터 모델에 대한 패턴을 중심으로 다루고 있는데, 개념, 논리, 물리 모델이 아닌 패턴으로 구분하는 이유에 대해 언급하고 있다. 데이터 관리 분야의 저명 인사인 카렌 로페즈(Karen Lopez)의 세미나에서 데이터 관리 분야에서 개념 데이터 모델, 논리 데이터 모델, 물리 데이터 모델이 정확하게 무엇인지에 대한 논쟁이 있다는 점을 들고 있다. 실제 프로젝트에서는 ER 모델로 데이터 모델링을 진행하지만 우리는 이미 관계형 데이터베이스로 구축할 것을 염두에 두고 모델링을 하고 있을 수도 있다. 이것이 틀리다고 말하고 싶진 않다. 다만 이론과 현실 측면에서 바라보는 관점이 조금 다르고 접근하는 방향이 차이가 있을 뿐이라고 생각한다.

개념적으로는 논리와 물리, ER 모델과 관계 모델은 독립적인 것이 맞지만, 실제 데이터 모델링을 완전히 별개로 진행해야 한다고 생각하지는 않는다. 이론적인 배경이나 지식을 바탕으로 하되 프로젝트 상황에 맞게 현실을 고려하여 적용하는 것이 중요하다. 프로젝트의 성격이나 상황에 따라 개념 모델 수준으로 할지, 구축을 위한 물리 모델까지 염두에 둘 것인지 판단해야 하고, 상세화 수준을 어디까지 할 것인지도 다를 수 있다. ISP프로젝트라면 DBMS에 상관없이 ER 모델 관점에 접근하되 상세화 수준을 고객과 협의하여 진행하는 것이 타당해 보인다. 실제로 공공기관 ISP 프로젝트는 구축프로젝트에서 활용할 수 있는 수준의 데이터모델을 산출물로 요구하는 경우도 많다. SI프로젝트라면 분석 단계와 설계 단계에서 데이터 모델링을 어떻게 진행할지, 각 단계의 산출물은 무엇이고 산출물 간의 정합성과 요건 변경에 따른 현행화 수준을 어디까지 할 것인지 등을 고려하여 방향을 정하는 것도 방법일 것이다.

지금까지 ER 모델과 관계 모델의 중요한 이론 및 개념에 대해 살펴보았다. 다음 장부터는 실제 프로젝트의 데이터 모델 영역에서 수행하는 개념 모델링, 논리 모델링, 물리 모델링에 대해 다루려고 한다. 모델링 단계에 따라 모델링 기법이나 방법이 크게 다르지 않다. 실제 프로젝트에서 모델링 단계별로 어떤 절차로 진행하고 어떤 이슈가 있는지를 다루려고 한다. 개념 모델링은 데이터 주제영역을 나누고 주제영역별로 핵심 엔티티를 중심으로 업무를 설명할 수 있는 대략적인 수준의 모델을 설계하는 것이다. 논리 모델링은 개념 모델을 바탕으로 업무를 상세화하여 표현하고 ER 모델의 추상화 기법과 관계 모델의 정규화를 적용한 것이다. 물리 모델링은 관계형 데이터베이스에 맞게 데이터를 구축하기 위한 목적으로 데이터 구조를 설계하고, 데이터를 저장하고 활용하기 위한 DBMS 관점의 물리 설계를 포함한다.

    앞서도 얘기 했지만 개념 모델, 논리 모델, 물리 모델을 바라보는 관점이나 상세화 수준은 의견이 분분하다. 여기 기술한 내용은 필자의 경험을 바탕으로 기술한 것이고, 꼭 이렇게 해야 한다는 의미는 아니니 참고하기 바란다.

02

개념 모델링

데이터 모델링 접근방법

최근 들어 사업영역을 확장하거나 아예 다른 영역으로 사업을 변경하는 경우를 종종 볼 수 있다. 그러나, 일반적으로 기업이 수행하고자 하는 사업의 본질은 잘 변하지 않으며, 조직에서 보유하고 있는 데이터의 본질도 큰 틀에서는 동일하다. 치열한 무한 경쟁 시대를 살아가면서 변화하는 기업환경과 기술발전에 유연하고 신속하게 대처하기 위해서는 사업에 필요한 본질적인 정보를 체계적으로 잘 구축하고 변화에 적응하기 위한 데이터 아키텍처가 필수적이다. 데이터모델은 데이터 아키텍처의 핵심 구성요소다. 조직의 목표를 달성하고, 조직을 관리, 운영하기 위해 필요한 데이터를 식별하고 데이터 자산을 효율적으로 관리하기 위한 틀을 제공한다. 차세대 시스템을 구축하면서 데이터의 중요성이 갈수록 높아짐에 따라 데이터 설계에 많은 공을 들이고 있다.

데이터 모델링은 프로젝트 상황에 따라 하향식(Top-Down) 접근 방식이나 상향식(Bottom-Up) 접근방식을 선택하거나 적절히 섞어서 진행할 수 있다. 하향식은 전체 데이터를 큰 개념으로 분할하고 업무 담당자별로 단위 개념을 식별하면서 정의해 나가는 방식으로 개념 모델링, 논리 모델링, 물리 설계 순으로 상세화하면서 진행하게 된다. 일반적으로 프로젝트 규모가 크고 업무 영역별로 현업 또는 전산 담당자가 있어 업무 지원이 원활한 경우에는 Top-Down 방식으로 접근하는 편이다. 현업과 계속 의사소통하면서 모델링 과정을 같이 진행하므로 나중에 결과물에 대한 의견 일치 및 소유감이 높고 다른 업무영역의 문제 제기에 대해 적극적인 도움을 받을 수 있다.

상향식 접근은 업무 단위의 프로젝트 등 규모가 비교적 작거나 현업의 참여가 한정된 경우 기존 ERD, 보고서, 매뉴얼, 업무지침서 등을 통해 관리해야 할 데이터 항목을 조사한 후 이를 근거로 하여 데이터 모델링을 진행하는 방식이다. 이 경우에도 모델링 과정을 정기적으로 현업을 포함한 업무 관련자와 공유하면서 진행해야 나중에 의견차나 설계 변경을 줄일 수 있다. 어떤 방식으로 접근하든지 현업을 포함한 프로젝트 관련자들과 중간 과정을 공유하고 의견을 반영하는 과정은 반드시 필요하다. 다양한 이해 관계자들로부터 지지를 받지 못할 경우 데이터모델의 신뢰성을 확보하지 못해 프로젝트 내내 다른 영역의 담당자로부터 모델에 대한 불만과 도전에 직면할 수 있다.

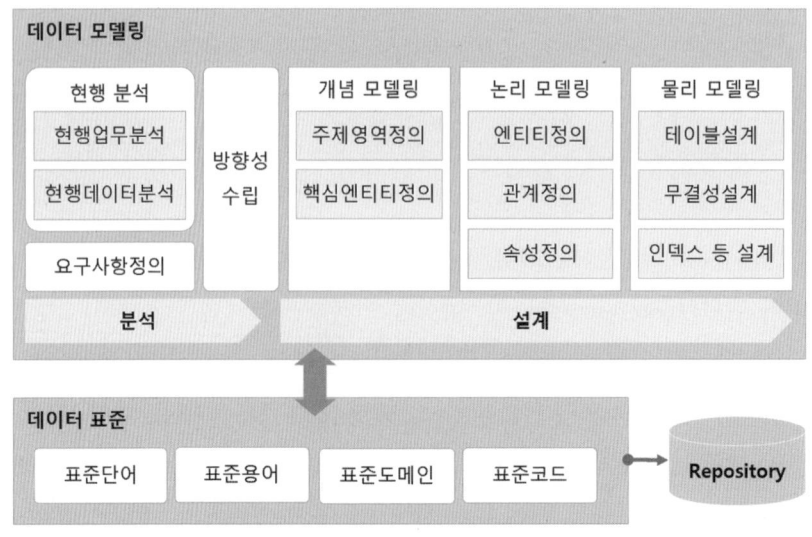

[그림 2-1-1] 데이터 모델링 절차

데이터 모델링은 구축할 정보시스템에 대한 요구사항을 수집하고, 요구사항 및 현행 시스템의 데이터 구조를 분석하여 문제점 및 개선 방향을 도출한다. 개념모델링은 전체 데이터 영역을 대상으로 데이터 주제영역을 식별하고 정의하며, 높은 응집도 및 낮은 결합도(High Cohesion & Loose Coupling) 관점에서 주제영역을 세분화하고 핵심 엔티티 및 식별자를 도출하여 관계를 정의한다. 논리 모델링 단계에서는 주제영역의 핵심 엔티티를 중심으로 업무와 관련된 모든 엔티티를 도출하고 속성과 관계를 식별하여 세부적인 데이터 모델을 완성하는 과정이다. 모델 검토 및 검증과정을 거쳐 논리 모델이 완성되면 데이터베이스(또는 DBMS) 특성을 고려하여 엔티티를 테이블로 속성을 컬럼으로 변환하고, 관리적인 측면, 성능적인 측면 등을 고려하여 파티션이나 인덱스를 설계한다.

현행 분석 및 방향성 수립

현행 분석은 현행 업무 분석과 현행 데이터 분석을 포함한다. 현행 업무에 대한 기본적인 지식을 습득하거나 업무를 파악하면서 업무 특성이나 흐름을 파악하고, 문제점 및 개선방안을 도출할 수 있다.

현행 데이터 분석은 현행 ERD, 테이블정의서 등의 산출물을 수집하여 분석하고, 실제 데이터를 분석하거나 운영 담당자를 통해 데이터 구조나 성능적인 이슈를 중심으로 자료를 분석한다. 요구사항정의는 제안요청서나 제안서에 기술된 요구사항에 대해 데이터 모델링 관점에서 관련된 요구사항을 수집하고, 현업 및 운영담당자와 인터뷰를 통해 요구사항을 상세화하는 과정이다. 현행 분석 및 요구사항정의를 통해 현행 시스템에 대한 현황 및 문제점을 도출하고, 목표 시스템에 대한 데이터 모델링 관점의 개선 및 설계 방향을 수립한다. 방향성 수립을 통해 큰 틀에서 현행 데이터 모델의 문제점을 개선하고, 요구사항을 반영하여 형상화한 개념적인 데이터 모델을 제시한다.

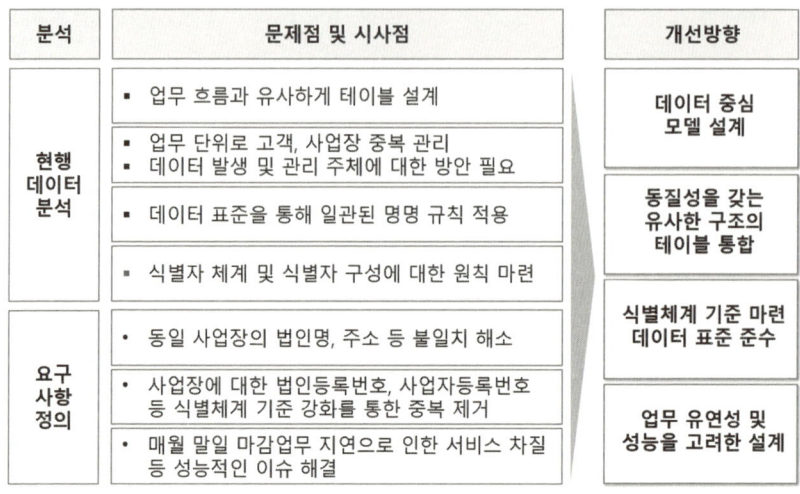

[그림 2-1-2] 현행 분석 및 방향성 수립 예시

고객, 상품 등 통합이 이슈라면 현재 고객, 상품의 현황과 문제점을 파악하고 통합 방안을 마련하여 현행 데이터 모델과 비교하여 개념적이거나 구체적인 목표 데이터 모델을 제공할 수 있다.

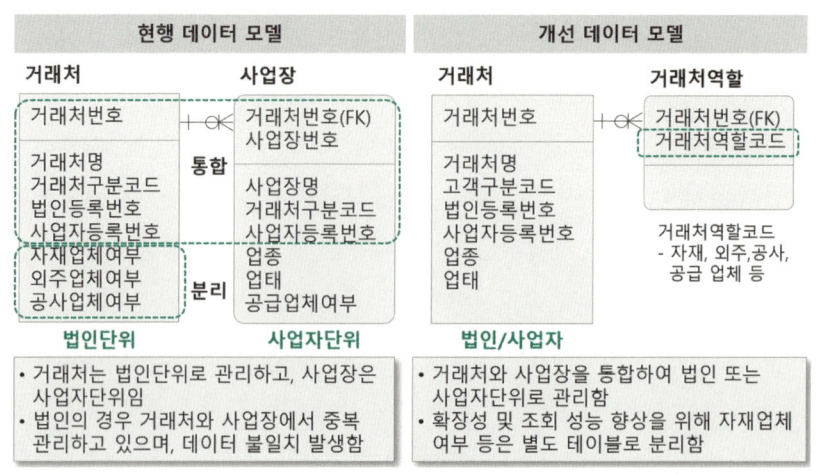

[그림 2-1-3] 거래처 통합 방안 예시

현행 데이터 문제점을 파악하거나 목표 시스템에 대한 요구사항을 도출하여 데이터 모델링을 진행하는 방법은 다양하다.

현업과 협업, 리버스 모델 활용, 문서나 산출물을 활용하는 방법 등이 있다. 프로젝트 초기에는 현업 담당자나 시스템 운영 담당자와 인터뷰를 통해 현행 문제점을 파악하거나 업무 요건을 도출하고, 실제 모델링 단계에서는 리버스 모델을 활용하여 진행하는 것이 효율적이다.

현업담당자와 협업 : 현업 담당자와 협업을 통해 모델링을 진행하는 방법은 현업이 모델링 과정을 전폭적으로 지원하므로 가장 좋은 접근 방법이다. 현업 담당자와 원활한 의사소통을 위해 모델러는 업무에 대한 기본적인 이해가 필수적이다. 사업에 대한 경험이 있어 업무에 대한 지식이 있는 경우라면 좋겠지만, 처음 접하는 업무라면 업무지침서, 교육자료, 매뉴얼 등 해당 조직에서 얻을 수 있는 문서를 참고하여 최대한 빨리 업무 지식을 쌓는 것이 중요하다. 또한, 현업에게 ER 표기법 등의 모델링 관련 교육을 사전에 진행할 필요가 있고, 진행 과정을 보면서 직접 모델링 과정에 참여시킬 수도 있다. 현업의 업무 요건이 시스템 또는 데이터로 어떻게 구현될지 확인할 수 있으므로 좀 더 견고한 데이터 모델 도출이 가능하다.

현업 담당자와 회의나 인터뷰를 진행하는 방법은 현업과 모델러, 현업과 응용설계자가 따로 진행하거나 현업, 모델러, 응용설계자 모두 같이 진행하는 방법이 있다. 따로 진행할 경우 데이터 관점과 응용설계 관점에서 관심 있는 부분에 집중할 수 있는 반면, 현업 담당자 입장에서는 시간을 두 배로 투자해야 하고, 중복된 내용일 수도 있다. 같이 진행할 경우 현업은 시간을 절약할 수 있으나, 모델러와 응용설계자의 집중도가 떨어지고 회의 시간이 길어지게 된다. 인터뷰할 내용을 미리 작성하여 응용설계자와 겹치는 부분에 대해서는 같이 진행하고, 나머지는 따로 진행할 수도 있다. 프로젝트 상황을 고려하여 현업 및 응용설계자와 인터뷰 일정에 관해 사전에 협의하여 정하는 것이 좋다.

> 모델링 경험이 많지 않던 시절에 채권 업무영역의 데이터모델링을 수행한 적이 있다. 프로젝트 내에 업무영역별로 현업 및 전산 담당자가 전업으로 참여하고, DA 담당 현업도 참여한 아주 좋은 환경이었다. 문제는 필자가 채권에 대한 업무 지식이 없는 상태였고, 출근 첫 주부터 현업과 업무 및 데이터 요건 도출을 위한 인터뷰 일정이 잡혀 있었다. 첫 번째 미팅은 서로 인사하고 모델링 방향에 관해 설명하는 등 어떻게 진행했는데, 이대로는 안 되겠다는 생각을 했다. 투입 전에 기본적인 내용은 학습했으나, 부족함이 많음을 깨닫고, 두 번째 인터뷰 일정을 한 주 미루자고 요청했다. As-Is 리버스 모델링을 진행하는 단계였으므로 리버스를 하는 한편으로 업무 지침서 등을 통해 채권에 관해 공부하기 시작했다. 다행히 온라인 교육 자료도 있고, 참고할 업무 문서들이 잘 되어 있었다. 현업과 협업하는 방법은 가장 좋은 방법이지만, 업무 지식이 뒷받침되어야 서로 시간 낭비하지 않고 좋은 결과를 도출할 수 있음을 명심해야 한다.

문서를 통한 업무 요건 파악 : 문서를 통해 데이터 요건을 수집하는 경우도 있는데, 업무지침서, 과거 프로젝트 구축 산출물, 업무(시스템) 매뉴얼 등 관련된 문서를 통해 업무나 데이터 구조를 파악할 수 있다. 이 방법은 대상 업무 및 데이터 구조가 복잡하지 않으면서, 시간을 줄이기 위해 사용할 수 있으며, 이미 구축된 시스템이 있고 새로 구축할 시스템의 업무 요건이 크게 다르지 않으리라고 예상되는 경우 적용할 수 있다.

전적으로 문서에 의존하여 파악하기보다는 현업 담당자와 전산 담당자의 지원이 한정된 상태에서 보조 수단으로 사용할 수 있다. 비록 문서에 의존해 데이터 모델링을 진행한다고 할지라도 정기적으로 현업과 공유 및 검토하는 과정은 필요하다. 문서에 지나치게 의존할 경우 시간만 소비하고 원하는 성과를 얻을 수 없을지도 모른다.

  문서를 참고하되 궁금한 사항이나 확인 필요한 사항을 꼼꼼히 체크하여 질문 목록을 만들고, 현업과 대면이나 서면을 통해 답변을 얻는 것이 좋다.

  지금은 업무처리 시스템이 없는 경우가 별로 없다. 그래서인지 문서에 의지해서 하는 경우도 드물다. 모 공공기관 시스템을 구축할 때 시스템이 있긴 했으나, 기능이 매우 제한적이었고 현업의 도움도 거의 받지 못하는 상황이었다. 다행히 업무에 대한 방법 및 절차가 규정에 따라 진행되므로 업무지침서를 여러 번 정독하여 데이터 요건을 도출한 적이 있다. 이 경우 엔티티도 엔티티이지만 속성을 하나하나 도출하고 검토하는 데 많은 시간이 걸렸던 것으로 기억된다. 일부는 각종 양식이나 보고서가 별첨 형태로 첨부되어 있어 그나마 어떤 속성을 관리하는지 한 눈에 파악할 수 있었다. 문서에 의지하여 설계를 진행할 때는 최대한 빠르게 정리하고, 여러 번 현업과 검토하는 과정을 거치는 것이 중요하다. 그렇지 않으면 이론과 실제 업무 사이의 괴리가 생기고 후반으로 갈수록 많은 변경이 발생하기 때문이다.

  리버스 모델 활용 : 현행 ERD가 없거나 현행화가 이루어지지 않은 경우 현행 시스템의 DB 메타정보를 이용하여, 엔티티 및 속성을 도출하고 관계를 식별하여 ERD를 작성할 수 있는데, 이처럼 데이터모델을 현행화하는 과정을 리버스 모델링이라고 한다. 일반적으로 현행 시스템이 존재하는 경우가 대부분이며 핵심 사업 영역이 변하지 않는 한 데이터 또한 크게 달라지지 않는다. 이미 구축된 데이터 모델을 리버스 한다면 빠른 시간 내에 대상 시스템의 핵심 데이터 구조를 이해하고, 업무 흐름을 비교적 쉽게 파악할 수 있는 장점이 있다.

리버스를 통해 현행 DB의 구조적인 문제점을 파악할 수 있어 개선 방안을 도출하는 데 활용할 수 있다. 속성의 경우 오랜 시간 사용하면서 도출된 정보이므로 누락 위험 없이 속성을 도출할 수 있다. 현업이나 문서를 통해 속성 하나하나를 일일이 파악하는 것보다 훨씬 빠르고 효율적으로 작업할 수 있다. 이렇게 도출된 속성 정보를 활용하여 기초 데이터 표준 작업을 수행할 수도 있다. 의외로 속성에 대한 한글화하는 작업이 만만치 않을 뿐만 아니라 엔티티 간의 관계를 제대로 파악하는 것이 어렵다는 것을 알게 될 것이다.

상세화 작업은 리버스 과정에서 가장 중요하고, 시간이 오래 걸리는 작업이기도 하다. 상세화 수준에 따라 이후에 진행될 데이터 모델링 작업이 쉽게 진행될 수도 있고 많은 시행착오를 거칠 수도 있다. 리버스 모델의 품질이 높을수록 향후 데이터 표준이나 데이터 모델 설계 시 불필요한 작업 및 시간을 줄일 수 있다는 점을 염두에 두고 최대한 충실하게 작성하는 게 좋다. 리버스 모델링은 절대 불필요한 작업도 단순한 작업도 아님을 알았으면 한다. 한편으로는 리버스에 의존할 경우 기존 데이터 모델에 얽매여 새로운 사고로 확장하는 데 어려움이 있고, 창의적인 개념에 대한 불안감이 커질 수 있다. 리버스를 이용하여 빠르게 접근하되 새로운 관점에서 생각하는 습관이 필요하고, 이 경우 현업의 지원이 반드시 필요하다.

리버스 모델링(Reverse Modeling)

리버스 모델링 작업은 DB 메타 정보를 이용하여 기초 데이터 모델을 생성(엔티티)하고, 컬럼에 대한 Comment정보을 이용하거나 시스템 운영자의 지원을 받아 한글명으로 속성명을 수정한다. 엔티티 간의 관계를 파악하여 관계선을 작성하는 작업은 매우 중요하다. FK 제약조건이 없는 경우가 대부분이므로 현행 시스템 산출물을 최대한 활용하고, 업무나 시스템을 잘 아는 시스템 운영자에게 도움을 요청할 수 있다.

리버스 작업은 Erwin의 '리버스 엔지니어' 기능처럼 데이터 모델링 툴에서 제공하는 기능을 활용하며, 작업의 효율성을 높이기 위해 모델을 관리할 수 있는 단위로 나누어 진행하게 된다. 일반적으로 주제영역별로 테이블을 나누어 수행하고, 속성 및 관계에 대한 상세화를 진행한다. 단순하게 DB메타 정보를 이용하여 엔티티 박스만 그리는 게 중요한 게 아니라 목표 데이터 모델링을 효율적으로 진행할 수 있도록 최대한 상세화하는 것이 중요하다.

리버스 작업 시 해당하는 모든 테이블을 대상으로 리버스 작업을 한번 수행하는 방법과 업무나 주제영역 또는 테이블 Owner 단위로 작업을 나누어 리버스를 수행하는 방법이 있다. 한 번에 모두 수행할 경우 DB에 접속하거나 스크립트를 실행하는 작업을 반복하지 않아도 되므로 작업이 편하다. 하지만 이후에 진행될 엔티티 식별 및 엔티티 간의 관계를 도출하는 작업이 훨씬 어려워진다. 수천 개 이상의 엔티티를 정리하는 것도 어려울 뿐만 아니라, 박스 형태의 수 많은 엔티티를 그대로 둔 상태에서 엔티티 간의 관계를 파악하는 것은 거의 불가능하며 생산적이지도 않다. 반면에 작업을 여러 번 나누어 진행할 경우 당장은 반복 작업이 성가시고 불편하지만, 엔티티를 도출하고 관계를 식별할 때는 대상 테이블이 적어 훨씬 효율적으로 작업할 수 있다. 어렵고 복잡한 큰 작업을 작은 단위로 분할하면 비교적 쉽게 문제를 해결할 수 있는 것처럼 말이다.

ERWin에서 작업할 때 빈 ERD 파일에서 주제영역을 미리 만들어 작업하는 것이 효율적이다. 리버스 작업을 반복하면 모델(파일)이 하나씩 더 생기며 해당 모델에 생성된 엔티티 박스를 복사해서 최초 생성한 주제영역에 '붙여넣기'한다. 작업이 완료되면 주제영역별로 엔티티 박스 바탕색을 다르게 지정하여 테이블을 합쳐 작업하는 경우에도 주제영역을 구분할 수 있도록 하는 것이 좋다. 참고로 리버스 작업을 여러 번 나누지 않고 한번에 작업하는 경우라도 업무나 주제영역명을 테이블명 앞에 추가하는 것이 좋다. ERD 파일에서 테이블이 테이블명으로 정렬되어 표시되므로, 그나마 테이블을 업무 단위로 나눌 수 있다.

이 과정 못지않게 중요한 작업이 리버스 대상을 선별하는 작업이다. 어쩌면 너무 당연하지만, 굳이 불필요한 엔티티를 대상으로 엔티티를 정의하고, 관계를 파악하는 데 인력과 시간을 낭비할 필요는 없다. 현재 DB에 구축된 테이블 절반 이상이 결과적으로 쓸모 없었던 경우도 여러 번 보았다. 사용하지 않는 테이블을 작업 대상 목록에서 삭제하는 것에 대해 망설이지 말자. 좀 더 과감해질 필요가 있다. 마음 한구석에 불안한 기분은 누구나 있다. 우리가 망설이면 현업은 더 주저하고 머뭇거리게 된다. 꼭 필요한 테이블은 언제든 다시 식별되고 설계될 것이다.

Erwin을 이용하여 리버스하는 경우 DB에 직접 접속하거나 DDL문이 작성된 파일을 이용하는 방법이 있다.

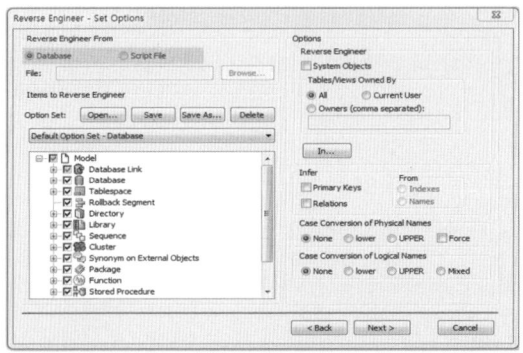

[그림 2-1-4] Erwin Reverse Engineer 화면

리버스 대상이 되는 DB에는 미사용, 백업, 임시 테이블이 혼재해 있으며, 리버스를 수행하는 과정에서는 테이블명을 가지고 1차적으로 리버스 대상인지 판단하게 된다. DB에 직접 접속할 경우 해당 Owner의 모든 테이블을 대상으로 하므로 필요한 테이블만 선별하여 작업하기 어려운 부분이 있다.

DB 메타 정보에서 테이블명 기준으로 백업, 임시 테이블을 제외한 상태에서 DDL 문을 생성하여 리버스하는 방법이 더 효율적이다.

```
SELECT (CASE WHEN C.COLUMN_ID = 1
            THEN 'CREATE TABLE ' || A.TABLE_NAME || ...
            ELSE '     , ' || B.COLUMN_NAME || ...
     , 'COMMENT ON COLUMN ' || D.TABLE_NAME || ...
  FROM USER_TABLES          A
     , USER_TAB_COMMENTS    B
     , USER_TAB_COLUMNS     C
     , USER_COL_COMMENTS    D
 WHERE ...
   AND NOT REGEXP_LIKE(A.TABLE_NAME,'_[0-9]')   -- "날짜" 형식 제외
   AND A.TABLE_NAME NOT LIKE 'MIG%'             -- 이관 테이블 제외
   AND A.TABLE_NAME NOT LIKE '%BACK%'           -- 백업 테이블 제외
   AND A.TABLE_NAME NOT LIKE '%BAK%'            -- 백업 테이블 제외
   AND A.TABLE_NAME NOT LIKE '%TEMP '           -- 임시 테이블 제외
```

[그림 2-1-5] DDL 생성 SQL

오라클 USER_TABLES(또는 ALL_TABLES) 테이블 등을 이용하여 스크립트를 추출한다. 테이블명이 'EMP_2019', 'EMP_BACKUP' 등으로 날짜나 백업, 임시 테이블 등을 제외할 수 있다.

DDL 스크립트는 테이블 생성, PK Constraint 생성, 테이블 및 컬럼 Comment 생성 문을 포함하면 좋다.

```
CREATE TABLE TCU_CUST(
    CUST_NO                         NUMBER(10)
  , CUST_NM                         VARCHAR2(100)
  , ADDR               VARCHAR2(200)
  , MOBL_TELNO         VARCHAR2(20)
);
ALTER TABLE TCU_CUST ADD CONSTRAINT TCU_CUST_PK PRIMARY KEY(CUST_NO);
COMMENT ON TABLE TCU_CUST IS '고객';
COMMENT ON COLUMN TCU_CUST.CUST_NO IS '고객번호';
```

[그림 2-1-6] DDL 스크립트

컬럼 Comment(한글명) 정보를 이용하여 속성명을 일괄 변경한다.

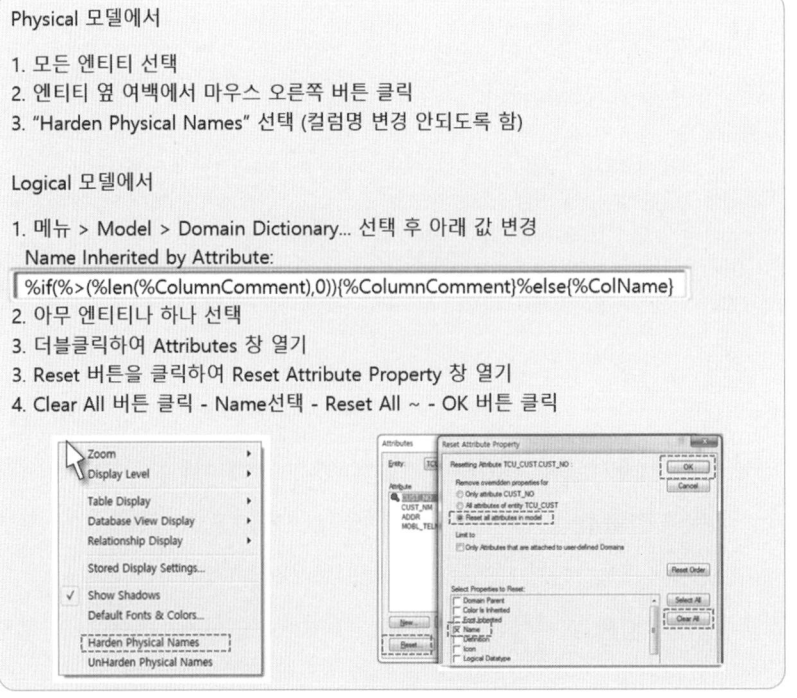

[그림 2-1-7] 데이터 모델링 절차

DB접속 또는 스크립트 방식을 통해 리버스 작업을 수행하면 무수히 많은 엔티티가 표시되는데, 박스 형태의 엔티티만 그려지기 때문에 눈으로 보기에도 힘들다(그림2-1-8 작업1). 엔티티 간의 관계를 식별하면서 관련된 엔티티를 모으고 위치를 조정하려면 리버스 된 엔티티를 좀 더 작은 업무 단위나 유사한 그룹으로 나누어 배치하여 작업하는 것이 좋다.

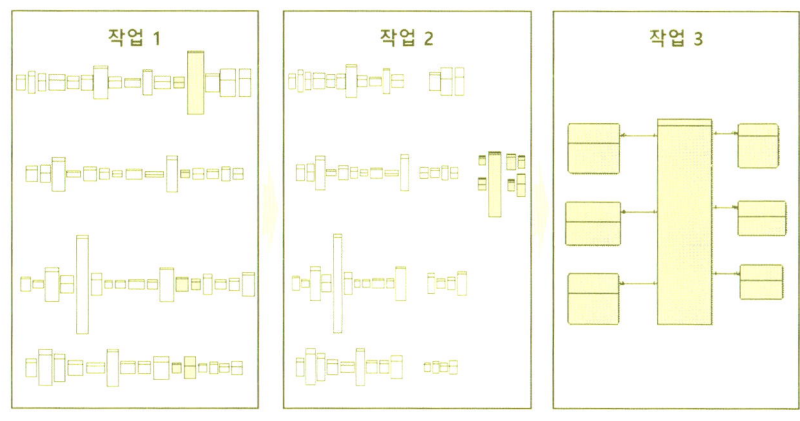

[그림 2-1-8] 데이터 모델링 절차

작은 단위로 나누는 방법은 테이블명이 유사하거나 특정 컬럼(예, 주문번호, 출고번호 등)이 들어 있는 테이블을 선별하여 바탕색을 특정 색으로 표시하고(작업1), 노란색 엔티티들을 한 곳으로 이동시킨다(작업2). 이동한 엔티티에서 식별자를 중심으로 관리하는 데이터의 업무 성격을 파악하여 엔티티 간 관계를 파악한다(작업3). 그리고 마지막으로 엔티티 위치를 조정하여 깔끔하게 정리한다. 이런 작업(작업1~작업3)을 여러 번 반복하다 보면 전체 리버스 모델을 완성할 수 있다.

리버스 작업이 단순한 작업을 여러 번 반복하는 것 같지만, 꼭 그런 것만은 아니다. 해당 업무에 대한 사전 지식이 없을 때 리버스를 하는 과정에서 고객사가 관리하는 데이터를 파악할 수 있고 대략적인 업무 흐름을 알 수 있어 나중에 모델링할 때 많은 도움이 된다. 힘들게 작업할수록 기억에도 많이 남는다.

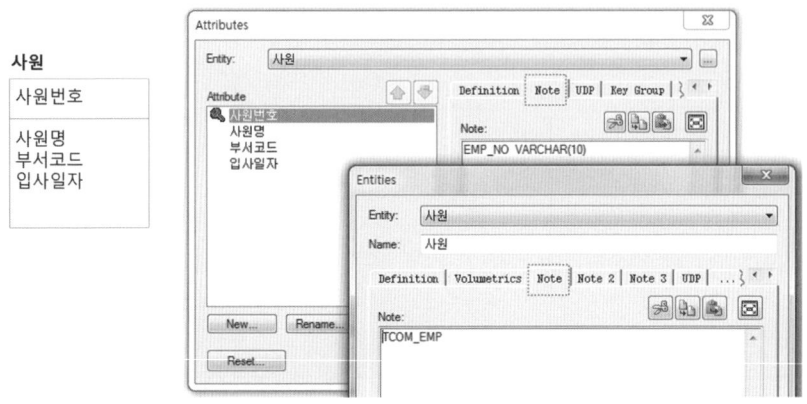

[그림 2-1-9] As-Is 매핑 정보

리버스 작업이 어느 정도 마무리되었으면 테이블 및 컬럼의 노트 탭에 테이블명과 컬럼명, 데이터타입을 기록해 두자. 나중에 리버스 ERD를 바탕으로 To-Be 데이터 모델링을 진행할 경우 ERD에서 테이블 및 컬럼에 대한 '노트' 정보를 추출하여 컬럼에 대한 매핑 자료로 활용할 수 있다. 완전하지 않더라도 기초적인 매핑 자료를 제공할 수 있어 데이터 이행 자료를 작성할 때 많은 도움이 된다.

리버스 모델링은 데이터 모델링 과정에서 아주 중요한 작업이며, 논리 모델링을 진행하기 전에 더 상세히 작업을 수행하기도 한다. 리버스 모델과 논리 모델을 별도로 구분하지 않고 진행하기도 한다. 그러나, 필자는 리버스 모델링 단계와 논리 모델링 단계를 구분하는 것이 좋다고 본다. 리버스 모델은 말 그대로 현행 데이터 모델을 역공학을 이용하여 생성한 모델이다.

비록 속성이나 관계 등을 목표 시스템을 고려하여 수정한 경우라도 말이다. 리버스 단계(산출물 등)를 확정해야 리버스 과정에서 생산된 문서를 바탕으로 데이터 표준화를 모델링과 병행하여 수행할 수 있다. 그렇지 않다면 데이터 표준화 작업이 늦어지고, 다시 데이터 모델링 일정에 영향을 주게 된다. 여기서는 AS-IS 테이블과 테이블 간의 관계선을 도출한 것까지만 기술(리버스 데이터 모델)할 것이며, 이후 작업은 논리 모델링(논리 모델)에서 설명할 것이다.

일반적으로 데이터 이관을 위해 소스와 타겟 테이블 간의 매핑 설계를 하게 된다. 프로젝트를 하다 보면 이 매핑 작업을 누가 해야 하는지가 이슈화되는 경우가 종종 발생한다. 응용설계자가 프로그램 설계와 데이터 모델링을 같이 수행한 경우 보통 응용개발팀이 데이터 이관도 같이 수행하므로 매핑 역할에 대한 이슈가 없다. 하지만 데이터 모델을 데이터 팀에서 별도로 수행한 경우 데이터 매핑에 대한 오너십 문제가 발생할 수 있다. '데이터모델을 설계했으니 모델러가 해야 한다.' '모델러가 현행 데이터까지 속속들이 알 수 없고, 데이터 발생 규칙을 응용개발팀에서 잘 알고 있으므로 응용개발팀과 데이터이관팀 주도로 해야 한다'는 등이다. 모두 맞는 말이고 정답이 정해져 있는 것도 아니다. 프로젝트 일정 및 인력 투입 현황 등 프로젝트 상황을 고려하여 역할을 정하고 진행하는 수밖에 없다. 다만, 데이터 모델링에 앞서 리버스 모델링을 진행한다면 리버스 한 이력을 남기면 매핑할 때 많은 도움이 된다.

개념 모델링

개념 모델링은 데이터 분석 과정에서 수립한 방향성에 맞게 전체적인 관점에서 개략적인 데이터 모델을 제시하는 단계이다. 모델링 대상인 업무영역(Business Domain)에 대해 전반적인 구조를 제시하고, 상위 수준의 데이터 구조를 설계하는 과정이다. 전사 관점의 데이터를 다루기 때문에 대상 업무 전체를 포괄적으로 수용하면서, 데이터 주제영역을 계층적으로 도출하는 접근방식을 주로 사용한다.

개념 모델링 절차는 업무 영역으로부터 요구사항을 형상화하여 개념(Concept)을 도출하고, 개념을 구체화하여 엔티티를 식별한다. 엔티티 도출은 최하위 데이터 주제영역 내 핵심 엔티티를 도출하고, 엔티티 간 관계를 식별한다. 개념모델링은 모델링의 근간을 이루는 뼈대를 만드는 작업이므로 변경이 발생할 경우 후속 작업에 큰 영향을 미치고, 수정사항을 지속적으로 반영해야 한다. 예를 들어, 주제영역 단위로 테이블명을 부여하는 경우가 많은데, 주제영역이 확실하게 정의되지 않으면 테이블명이 바뀔 수 있다. 그러므로 명확한 원칙과 기준에 따라 진행해야 한다. 개념 모델링 과정은 일반적으로 아래와 같은 작업을 통해 진행한다.

- 주제영역 도출
- 주제영역 분류 및 정의
- 핵심 엔티티 정의 및 관계 정의

주제영역

주제영역은 기업이나 기관이 관리하는 데이터를 일관된 기준을 가지고 최상위 단계에서 분류한 데이터 집합이다. 주제영역은 독립된 단위로 이루어지며, 주제영역 내에서 데이터는 상호 밀접한 관계를 가지며, 다른 주제영역과 명확히 분리된다. 타 영역 데이터와 상호작용은 최소화하도록 정의해야 한다.

공공질서 및 안전	공통행정지원	과학기술	교육	교통 및 물류
국방	국회	농림	문화체육관광	보건
사회복지	산업·통상·중소기업	일반공공행정(고유)	재정·세제·금융	지역개발
통신	통일·외교	해양수산	환경	

출처: 범정부 DRM v3.0

[그림 2-2-1] 범정부 데이터 분류체계 (주제영역)

주제영역은 전사 데이터 모델이 비즈니스 환경 변화에도 일관된 분류 원칙에 따라 업무 환경 변화에 따른 데이터 영향을 최소화할 수 있는 바탕을 제공한다. 동일한 분류 체계를 통해 현업과 전산담당자가 신속하게 업무 데이터를 파악할 수 있으며, 장기적으로 일관된 전사 데이터 모델 및 데이터 관리 체계를 구축할 수 있다.

주제영역의 가장 큰 특징은 기업에서 보유하거나 관리하는 데이터가 무엇인지 누가 오너십을 가졌는지 큰 틀에서 파악할 수 있다는 것이다.

업무 관점에서는 전사 차원에서 관리하는 데이터 분석을 통해 조직에서 발생한 데이터들을 서로 연결하여 업무 처리 효율을 높일 수 있고, 생산한 데이터를 잘 활용할 수 있다. 서로 다른 조직에서 발생하는 데이터를 중복

없이 관리하고, 통제함으로써 중복으로 인한 데이터 불일치 문제를 최소화하고, 데이터에 대한 신뢰도를 높일 수 있다. 더 나아가 조직에서 축적된 데이터를 파악하여 가치 있는 데이터를 재생산함으로써 새로운 사업기회를 창출할 수도 있다.

A사의 EDW 시스템은 장비에 대한 제원이나 장비에서 발생한 신호 데이터를 원천 시스템으로부터 추출하여 적재한다. 마트 구축을 통해 장비 오류 원인을 분석하여 대응함으로써 서비스 품질 개선을 통해 고객 만족을 실현하는 것이다. 처음 프로젝트를 시작할 때 원천 시스템이 100여 개 되고, 대상 시스템에 대한 명칭, 설명, 관리부서 등을 정리한 엑셀 자료가 작성된 상태였다. 어떤 시스템이 있는지 모르는 상황에서 조직이나 장비 단위로 필요할 때마다 시스템을 구축하면서 100여개에 이르렀고, ERD 등 구축 산출물을 제대로 관리하는 경우도 드물었다. 원천 시스템에 대한 구축 범위나 구체적인 데이터 구조에 대한 분석이 이루어지지 않은 상태여서 어떤 시스템이 어떤 데이터를 가지고 있는지 모르는 상황이었다. 프로젝트를 하면서 원천 시스템에 대한 데이터 구조를 파악하여, EDW 대상 시스템과 적재 대상 테이블을 확정하기까지 꽤 오랜 시간이 걸렸다. 전사 차원에서 원천 시스템에 대한 데이터 주제영역이 있었다면 어땠을까? 주제영역을 통해 필요로 하는 데이터가 어떤 시스템에서 제공되는지 알 수 있어 원천 시스템이 100여 개까지 늘어나지 않았을지도 모른다. EDW에 대한 구축 방향을 수립하는 데 주제영역을 활용할 수 있어 EDW 구축을 통해 어떤 데이터들이 적재되고, 데이터들 간의 연계 분석을 통해 서비스 품질을 높일 수 있는 방안을 마련하기가 좀 더 쉬웠을 것이다.

시스템 관점에서는 할당된 IT 자원을 파악할 수 있어 정보시스템 구축 등 IT 구축에 따른 중복투자를 방지할 수 있고, 이미 투입된 자원을 효율적으로 재분배 할 수 있다. 정보시스템에 대한 오너십을 결정하거나 시스템 간의 연계를 판단하는 데 도움을 준다.

데이터 관리 차원에서는 데이터에 대한 통합, 연계, 중복 등에 대한 방안을 수립하는 데 기초 자료로 활용할 수 있으며, 최상위 수준의 데이터 아키텍처를 제공한다. 데이터 분산 전략 수립 시 데이터 주제영역별로 분산 방법을 정할 수 있고, 데이터에 대한 오너십을 주제영역 단위로 부여할 수 있다.

데이터 설계 관점으로는 전사 차원의 데이터 영역을 조망할 수 있고, 통합 관점의 데이터 모델링을 통해 논리 모델, 물리 모델로 구체화하는 과정에서 방향을 제공한다. 주제영역 단위로 담당자를 지정하여 데이터 모델링 작업을 수행하고, 각각의 데이터 모델을 통합할 수 있는 근간을 제공하여 시스템 개발 및 유지보수 활동을 효율적으로 수행할 수 있다.

주제영역도출

주제영역은 업무에서 흔하게 사용하는 용어, 또는 업무지침서의 목차, 기업의 조직 및 팀 구성 등의 자료를 통해 얻을 수 있고, 현행 시스템의 주제영역이나 테이블을 참고하여 파악할 수도 있다.

예를 들어 독자들이 이용하는 인터넷뱅킹 홈페이지를 통해서 인터넷뱅킹 업무의 주제영역 후보들을 쉽게 찾아낼 수 있는데, 홈페이지의 메뉴 등에 나타나는 개인, 기업, 상품, 이체, 예금 등이 좋은 예이다.

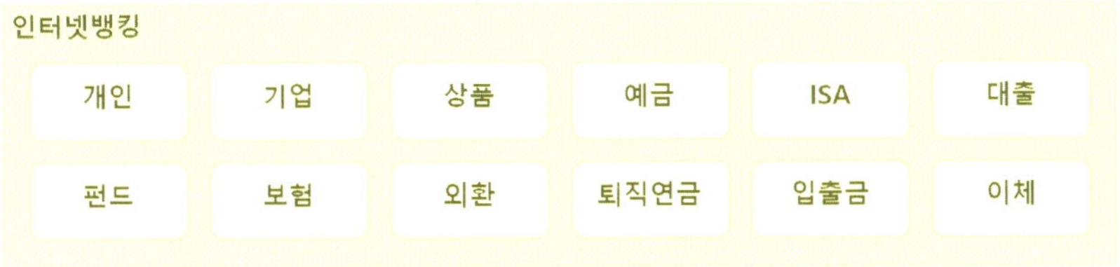

인터넷뱅킹

개인	기업	상품	예금	ISA	대출
펀드	보험	외환	퇴직연금	입출금	이체

[그림 2-2-2] 주제영역 도출

주제영역을 도출하는 방법은 상위 주제영역인 '상품'을 식별하고, 상품에 속하는 '예금', 'ISA', '대출' 등으로 계층을 세분화해 나가는 하향식 방법과 엔티티를 분류하고 그룹핑하여 주제영역을 도출하는 상향식 접근 방법이 있다. 하향식 방법은 현행 시스템에 대한 구체적인 자료가 없거나 새롭게 시스템을 구축할 때 적용할 수 있다. 상향식 방법은 업무나 데이터에 대한 구분이 비교적 자세히 식별된 상태에서 분류 원칙이나 기준에 따라 주제영역을 분류할 수 있을 때 적용할 수 있는 방법이다.

주제영역분류

주제영역 후보를 도출하였으면 다음으로 일정한 기준에 따라 데이터를 분류하고 통합하는 과정이 필요하다. 데이터를 분류하는 방법에는 여러 가지가 있다. 범정부 데이터분류체계(주제영역)처럼 정부 조직(업무기능)을 중심으로 데이터를 분류하는 경우도 있고, 업무 기능이 아닌 데이터 관점에서 데이터를 분류할 수도 있다.

데이터 관점에서 주제영역을 분류한다면 주제영역 프레임워크를 이용하여 좀 더 쉽게 분류할 수 있을 것이다.

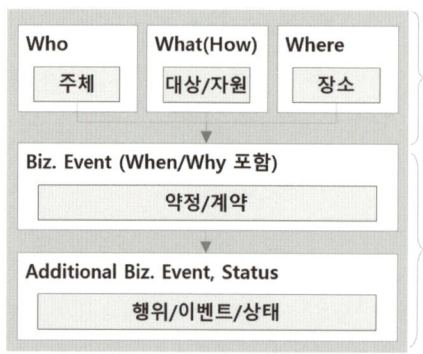

[그림 2-2-3] 주제영역 프레임워크 (출처 : 비투엔 자료)

"유동오(주체,Who)는 은행 영업점(장소,where)을 방문하여 급여 통장(대상/자원, What)을 만들고(이벤트), 인터넷뱅크 서비스(대상/자원, What)도 신청(이벤트)했다."와 같이 업무에서 발생하는 데이터를 발생 주체, 발생한 장소 등의 관점에서 데이터를 분류할 수 있다.

주제영역 후보를 대상으로 프레임워크를 이용하여 분류한 결과이다.

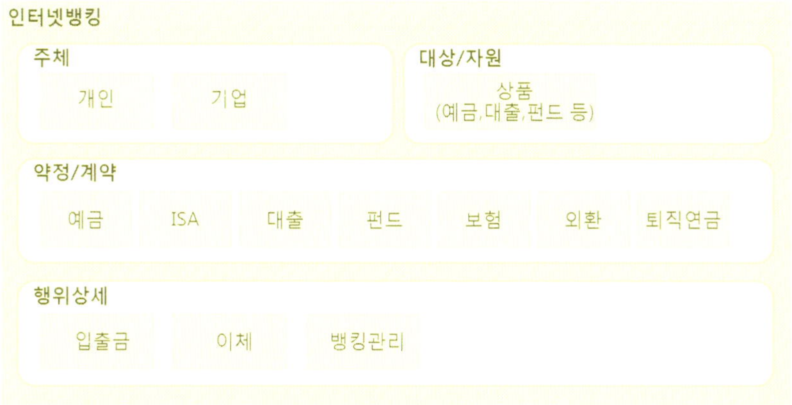

```
인터넷뱅킹
  주체                              대상/자원
    개인      기업                     상품
                                  (예금,대출,펀드 등)

  약정/계약
    예금    ISA    대출    펀드    보험    외환    퇴직연금

  행위상세
    입출금    이체    뱅킹관리
```

[그림 2-2-4] 주제영역 분류

주제영역은 수평적인 측면에서 데이터 범위를 나눌 수 있고, 수직적으로는 계층을 나눌 수 있다. 먼저, 범위를 나눌 때는 주제영역의 의미가 모호함 없이 명확해야 하고, 주제영역이 중복되지 않으면서 누락이 없어야 한다(MECE). 또한, 동일한 레벨의 주제를 정의할 때 비슷한 수준의 하위 주제영역을 갖도록 분류하는 것이 좋다. 거래행위에 해당하는 중요(Main) 데이터 주제영역은 주제영역 내에 존재하는 엔티티 수가 비슷하도록 분류하는 것이 좋다. 주제영역 간의 엔티티 수가 크게 차이 난다면 다른 주제영역과 통합하거나 세분화하여 비슷한 수준의 엔티티 개수를 유지하도록 주제영역

을 조정할 수 있다.

[그림 2-2-5] 주제영역의 MECE 원칙

주제영역 MECE 원칙에 대한 예를 들면, 인터넷뱅킹에서 제공하는 모든 상품이 포함되어야 하고, 예금이면서 동시에 ISA에 해당하는 상품이 존재하지 않아야 한다.

- 상품 = 예금 ∪ ISA ∪ 대출 ∪ 펀드 ∪ 보험 ∪ 외환 ∪ 퇴직연금
- 예금 ∩ ISA, 펀드 ∩ 보험, … = 공집합

주제영역을 계층에 따라 상세화하는 기준은 데이터 측면과 관리적인 측면으로 구분할 수 있다.

	데이터 측면(응집도)		관리적 측면(업무)
	1레벨	2레벨	3레벨
일관된 원칙과 기준	상품	상품기본	상품특징
			금리이율
		약관	
	계약	수신	
		여신	

[그림 2-2-6] 주제영역 상세화

상위 주제영역의 경우 통합 및 연계를 고려하여 고객, 상품, 계약 등 데이터 응집력을 높이는 관점에서 분류한다. 하위 주제영역은 수신계약, 여신계약처럼 관리적(업무)인 측면으로 접근할 수 있으며, 상위 레벨에서 분류했던 원칙과 기준을 하위 레벨에도 그대로 적용해야 한다. 동일 레벨이라 하더라도, 상품과 같은 기준정보 성격의 주제영역은 상품기본, 약관/설명처럼 데이터 군으로 분류할 수 있고, 상품가입처럼 계약/거래/이벤트 성격의 주제영역은 가입, 입금/출금, 해지 등 업무의 선·후 관계에 따라 분류할 수 있다.

'상품' 주제영역을 하위 주제영역으로 나누면 어떻게 될까? 혹시 '예금', 'ISA', '대출'과 같은 상품 종류별로 하위 주제영역을 나누지 않았는가? 언뜻 생각하면 그럴듯해 보인다. 마치 우리가 '고객' 엔티티의 서브타입으로 '개인고객'과 '법인고객'을 떠올리듯이 말이다. 만약 '장기연금' 상품이 추가되면 상품의 하위 주제영역을 별도로 하나 더 추가 해야 한다. 기준정보성격의 주제영역이 아니라 업무 이벤트에 해당하는 주제영역이라면 업무 복잡성 등을 고려하여 새로 추가 할 수도 있다. 상품, 고객과 같은 기준정보는 상품종류나 고객역할(예, 개인, 사업자, 거래처, 대리점 등)은 다르지만 관리하는 정보항목은 비슷하다. 종류나 역할보다는 데이터의 공통점을 식별하고, 개념을 일반화하여 관리하는 것이 업무 변화에 유연할 수 있다.

주제영역은 데이터 관점에서 분류하는 것이 기본이지만 서비스 관점이나 업무 관점에서 분류할 수도 있다. 주제영역을 데이터 관점에서 분류하는 것은 데이터 통합 개념을 포함하고 있다는 의미이기도 하다. 업무 관점이나 기능 관점으로 주제영역을 나눌 경우 여러 주제영역에서 중복된 데이터가 존재할 수 있다. 데이터 통합을 전제로 한 데이터 중심의 주제영역으로 나누는 것이 이상적이지만, 현업이나 개발자 등 이해 관련자 입장에서는 업무나 기능 중심의 분류체계가 직관적이고 이해하기 쉬운 것이 현실이다. 데이터를 바라 보는 관점에 따라 완전히 다른 주제영역으로 분류될 수 있으므로, 데이터 관점으로 접근할지 업무나 기능 중심으로 분류할지 고객을 포함한 이해관계자와 충분히 협의하여 진행하는 것이 좋다. 현실적인 이유로 업무나 기능 중심의 주제영역으로 분류하더라도 고객, 상품처럼 핵심(마스터) 데이터는 중복으로 관리하지 않도록 통합을 염두에 두고 데이터 중심으로 주제영역을 분류해야 한다.

범정부 DRM(Data Reference Model)에 대한 데이터 분류체계 변화 과정을 통해 데이터 중심의 주제영역과 업무 중심의 주제영역의 차이를 알 수 있고, 데이터 관점의 주제영역에 대해 실제 현장에서 어떻게 인식하고 있는지 살펴볼 수 있다.

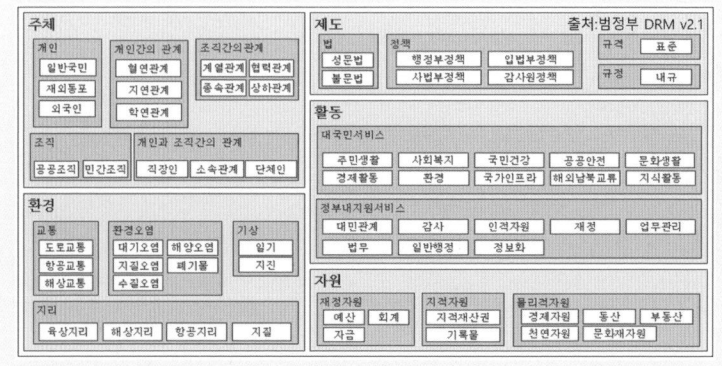

범정부 DRM v2.1 데이터 분류체계는 데이터 관점에서 대분류(5개), 중분류(18개), 소분류(65개), 하위분류(138)로 주제영역을 정의하고 있다.

공공질서 및 안전	사회복지	산업·통상·중소기업	일반공공행정(고유)	교육
경찰	고용노동	공정거래	국가통계	고등교육
법무 및 검찰	공적연금	무역및투자유치	국민권익·인권	교육일반
…	…			…

교통및물류	공통행정지원	문화체육관광	농림	과학기술
도로	기관일반행정지원	관광	농업·농촌	과학기술연구
물류등기타	기관운영지원	문화예술	임업·산촌	과학기술진흥
…	…			원자력기술

보건	환경	재정·세제·금융	지역개발	국방
건강보험	대기	금융	산업단지	방위력개선
보건의료	상하수도·수질	기획재정	수자원	병력운영
식품의약안전			지역 및 도시	…

통일·외교	통신	해양수산	국회	
외교	방송통신	해양수산·어촌	국회	
통일	우정			

출처:범정부 DRM v3.0 중에서

반면 v3.0에서는 업무 관점에서 기존과 완전히 다르게 분류하였으며, 업무의 정책 분야를 가리키는 대분류는 행정·공공기관의 조직이나 개인이 수행하는 업무 활동과 서비스에 대한 최상위 분류 기준으로 구성된다. 기존 데이터 중심의 분류체계(주체, 자원, 활동, 제도, 환경)가 정보화 담당자 등 현장에서 활용이 저조하고, 복잡하며, 이해하기 어려운 측면이 있어 업무 관점의 분류 체계로 변경한 것이다.

주제영역정의

주제영역을 설명하고 해당하는 데이터 범위나 내용을 명확히 정의하는 과정이다. 업무영역 전체를 포함하는지 중복된 부분은 없는지, 주제영역 간 동일한 기준이 적용되었는지 검토한다. 주제영역 정의를 작성하고, 주제영역 내에 포함되는 정보 유형 및 항목을 정의한다. 주제영역명은 아래와 같이 명명 규칙을 정하여 부여한다.

- 주제영역명은 관리하는 정보를 설명하는 단수형 명사를 사용한다.
- 한글과 영문 대문자를 사용하고, 숫자 및 특수 문자는 사용하지 않는다.
- 주제영역에 대한 영문약어는 알파벳 대문자와 숫자로 구성하며, 1레벨 주제영역은 영문 2자리로 구성하고, 하위 주제영역은 상위 주제영역 약어에 숫자 2자리를 붙여 구성한다. 예) CU01, CU0201

주제영역을 정의하는 과정에서 현업 담당자가 적극적으로 참여하는 경우, 주제영역에 관해 설명하고 같이 검토하는 과정을 거친다. 작업 과정이 오래 걸릴 수 있으나, 주제영역을 확정하는 시간을 줄일 수 있다. 주제영역이 어떻게 만들어졌는지 자연스럽게 알 수 있어 큰 이슈 없이 결론에 도달할 수 있다.

[그림 2-2-7] 주제영역도

주제영역을 정의할 때 데이터 관점에서 바라보는 것도 중요하지만, 현업은 업무 또는 기능측면에서 접근하는 경향이 있으므로 무조건 데이터만 강조하면 의견을 일치하기가 어렵다는 점을 염두에 두어야 한다.

주제영역		정의	정보유형	주요정보항목
고객		인터넷뱅킹 홈페이지를 통해 회원 가입한 개인 또는 기업		
	고객기본	고객 기본정보 및 직장 정보	고객기본, 주소, 직장	생년월일, 연락처, 주소
	고객부가	개인신용정보 등 부가 사항에 대한 등록사항	개인신용정보 동의	이용기간, 동의여부
계좌		예금, 대출, ISA 등의 상품에 가입한 경우 계좌 및 약정 체결 정보		
	계좌기본	성품 가입에 따른 계좌 기본 내용	계좌	계좌번호, 상품번호, 해지
	약정	상품 가입 약정 내용 및 변경 이력	약정내용, 이율	약정기간, 적용이율

[그림 2-2-8] 주제영역정의서

앞서 언급한 것처럼 고객, 상품과 같은 기준정보는 데이터 관점에서 접근하고, 예금, 대출 등의 거래 데이터는 현업 의견을 존중하는 것도 좋은 방법이다.

주제영역을 분류하고 산출물을 검토하다 보면 '이게 업무 분류인지 데이터 분류인지 모르겠다'는 생각이 들 때가 있다. 데이터 관점에서 업무의 큰 그림을 그리는 과정인데, 데이터가 통합되어 있지 않은 느낌이 들 때도 있다. 데이터 관점에서 업무를 통합하여 그리면 현업은 우리 업무는 어디 있느냐고 하고, 업무 관점에서 접근하면 조직도나 시스템 메뉴 구조와 유사해 지기도 한다. 어떻게 접근하는 게 맞는 것일까? 데이터만 고집하는 것도 방법은 아닌 것 같다. '데이터 주제영역을 정의하는 목적이 무엇일까?'를 생각해 보면 좀 더 나은 답이 있지 않을까?

주제영역을 정의할 때 어려운 점

개념 부족 : 현업 담당자의 주제영역 개념에 대한 이해도가 낮아 주제영역을 통한 의사소통을 하는 데 어려움이 있을 수 있다. 데이터 주제영역을 데이터 측면이 아닌 업무의 기능관점이나 프로그램 메뉴를 생각하는 경우가 많아 주제영역을 어떻게 검토해야 하는지 모를 때가 있다.

주제영역을 정의하기 전에 현업을 대상으로 주제영역 개념에 관해 설명하고, 주제영역이 어떻게 활용되는지 예를 들어 설명하는 것이 필요하다. 주제영역 도출 및 분류 시 현업이 최대한 참여하도록 유도하고, 확정된 주제영역에 대해 전사적으로 공표하고 활용할 수 있도록 해야 한다.

의견 차이 : 주제영역을 정의하는 과정에서 모델러는 데이터 관점에서 접근하려 하고, 현업은 실제 업무의 기능이나 흐름을 구현하려고 한다. 시스템 운영 담당자는 시스템을 관리하고 운영하는 관점에서 바라보게 된다. 서로의 관심이 다르다 보니 동일한 데이터를 보더라도 다른 기준으로 분류하게 되며, 다른 사람이 분류한 내용을 이해하고 수긍하는 게 힘들어 진다. 용어 하나만 하더라도 현업은 조직에서 오랫동안 써왔던 단어를 선호하고, 모델러는 표준용어를 고집 할 수도 있다. 이러한 의견 차이는 현업의 참여가 부족하거나 현업을 이해시키려는 노력이 부족할 때가 많다.

주제영역을 정의하는 모델러는 데이터 측면에서 접근하되 다양한 관점에서 생각하는 습관이 필요하고, 업무를 이해하거나 업무지식을 습득하는 노력을 해야 한다. 현업 담당자는 업무 전문가 입장에서 업무를 충분히 설명하고, 적극적으로 참여해야 한다. 시스템 운영 담당자는 시스템 관점에서 문제점과 개선방향을 제시하되, 시스템 측면에서만 바라보는 것을 피해야 한다. 이를 위해 현업에게 우선 업무 설명을 듣고, 작업을 진행할 때 현업과 운영담당자가 같이 참여할 수 있도록 하며, 중간 산출물에 대해 공유하고 검토하는 시간을 최대한 확보할 필요가 있다.

확신 부족 : 해당 산업 경험이 없는 모델러는 주제영역을 어떻게 나누어야 좋을지 모르는 경우가 있다. 주제영역을 잘 정의했는지 판단하기 어렵고 검증할 방법도 마땅히 떠오르지 않을 수 있다. 모델러의 경험 부족도 문제지만 명확한 기준과 방향이 수립되지 않아 검증이 어려운 경우도 있다. 주제영역이 잘 정의되었는지 참조할 수 있는 자료나 참조 모델이 있다면 많은 도움이 될 것이다. 하지만 이런 자료를 만들거나 구하기는 쉽지 않다. 각자 진행한 자료를 가지고 동료들과 토론하면서 논리적인 오류는 없는지 다른 사람과 분류기준이나 방향이 같은지 검토하는 방법도 있고, 이해 관계자들과 자료를 공유하고 의견을 반영하는 방법도 있다. 주제영역은 정답이 없다. 최대한 간단하면서 일관된 기준을 적용하여 이해 당사자들 간에 생각 차이를 좁히는 수밖에 없다.

오너십 : 오너십을 부여하는 기준으로 주제영역을 활용하는 좋은 점도 있으나, 오너십으로 인해 주제영역을 나눌 때 이해관계자의 동의를 얻는 데 어려움을 겪을 수도 있다. 데이터 오너십에 대한 역할이나 책임이 분명하지 않은 상태에서 해당 주제영역을 맡았을 때 주제영역에 포함된 모든 오브젝트나 데이터를 관리해야 하는 것 아니냐는 현실적인 두려움을 가지고 접근하게 된다. 주제영역과 데이터 오너십이 독립적이라고 설명해도 의심은 사라지지 않는다. 데이터 오너십의 범위를 오브젝트 관리로 한정할 것인지 데이터의 생성에서 소멸까지 데이터 생명주기 전체에 대한 오너십인 지도 명확하지 않다. 여러 업무에서 공통으로 사용하는 데이터인 경우 데이터 관점에서 보면 통합하는 것이 당연하지만, 데이터 오너십 때문에 주제영역을 별도로 분류하는 데 주저할 수도 있다. 현업이나 개발자의 반발을 최소화하기 위해서라도 주제영역을 정의하면서 데이터에 대한 역할 및 책임을 일정 부분 정의하는 것도 필요하다. 키 데이터가 아닌 거래 행위 데이터를 공통으로 사용한다면 가장 중요하게 관리하거나 밀접한 업무 영역에서 오너십을 갖도록 관련자들과 협의하여 역할을 정의할 수 있다.

> 얼마 전에 수행한 A건설 프로젝트에서의 일이다. 설계나 개발을 업무영역인 공사, 영업, 조달 등으로 나누어 진행하고 있으며, 특정 영역에 해당하지 않거나 여러 영역에서 같이 사용하는 경우 '공통' 업무영역에서 오너십을 가지고 관리하거나 처리하도록 했다. 거래처, 전표처럼 전체 업무영역에서 공통으로 사용하는 데이터에 대한 오너십도 마찬가지였다. 공통으로 사용하므로 특정 업무영역에 두기 어려운 측면이 있기는 했으나, 데이터의 생명 주기와 아무 상관도 없는 공통 영역에서 단지 공통으로 사용한다는 이유로 오너십을 가지면서 프로그램이나 데이터를 구축하는 데 어려움이 발생하였다. 차라리 데이터 생성 규칙이나 활용 측면을 고려하여 가장 관련이 깊은 회계 업무영역에서 오너십을 가졌으면 좋았을 텐데 말이다.

핵심 엔티티 식별

주제영역이 확정되면 최하위 데이터 주제영역별로 대표성을 갖는 핵심 엔티티를 도출하고 식별한다. 모든 최하위 데이터 주제영역은 하나 이상의 핵심 엔티티를 포함해야 하고, 만약 주제영역을 대표하는 엔티티가 없다고 판단되면 주제영역을 과도하게 세분화한 것이기 때문에 타 주제영역과 통합할 필요가 있는지 검토해야 한다.

핵심 데이터 주제영역에서 핵심 엔티티는 주제영역과 마찬가지로 업무 주체, 대상, 자원, 장소 등에 해당하는 엔티티다. 고객 주제영역의 고객, 거래처, 신용평가, 채널 등이 핵심 엔티티로 도출될 수 있다. 업무 행위에 해당하는 중요 데이터 주제영역에 속하는 핵심 엔티티는 계약, 주문, 입출금 등 업무 영역 내에서 상위 수준에 해당하는 엔티티이거나, 발주번호처럼 독립적인 식별자를 가지는 엔티티가 대상이 된다. 인터넷뱅킹시스템에서 고객기본, 고객부가, 상품기본, 약관/설명 등 최하위 주제영역 내에서 핵심 엔티티는 최하위 주제영역과 동일하게 고객기본, 고객부가 등으로 주제영역에서 하나씩 도출할 수도 있다. 업무 행위에 해당하는 계좌, 예금, 대출 등은 경우에 따라 10개 이상이 될 수도 있다.

    핵심 엔티티를 얼마나 도출해야 하는지 어느 레벨까지 상세화해야 하는지 정해진 것은 없다. 핵심 엔티티는 해당 데이터 주제영역을 대표하는 엔티티를 설계하는 것이기 때문에 전반적인 데이터 구조와 관계를 파악할 수 있을 만큼 식별하는 것이 좋다. 만약, 이보다 더 많은 엔티티를 추가해야 하고 데이터의 의존성이 크지 않다면, 주제영역을 세분화할 필요가 있다. 최하위 주제영역 당 1~2개 일 수도 있고, 10여개 이상이 될 수도 있다. 다만, 도출된 엔티티를 가지고 현업을 포함한 이해관계자들과 의사소통할 때 업무를 누락 없이 설명할 수 있어야 한다. 앞서 설명한 것처럼 가급적이면 주제영역 간에 핵심 엔티티 수가 크게 차이 나지 않도록 비슷한 수준으로 도출하는 것이 좋다.

    퇴직연금 프로젝트 경험을 바탕으로 A은행 퇴직연금 홈페이지를 참고하여 데이터 주제영역을 구성하였다. 퇴직연금 업무를 다음과 같이 설명할 수 있을 것이다. "회사는 확정기여형(DC형) 퇴직연금 제도를 도입하고 있으며, A은행과 운용관리 및 자산관리 계약을 체결하여 매월 일정액의 퇴직적립금을 위탁하여 운용하고 있다. 확정기여형 제도는 회사(사업장)가 계약자이고, 직원(개인)은 가입자에 해당한다. 가입자인 직원 개인이 A은행에서 취급하는 원리금보장형과 투자형 상품 중에서 원하는 상품을 택해 부담금이나 적립금을 운용한다. 운용한 결과에 따라 적립금에 대한 손익이 발생하고, 운용관리 및 자산관리에 대한 수수료도 발생한다. 향후 퇴직연금 수급 요건에 해당하면 연금이나 일시금 형태로 퇴직연금을 수령할 수 있다."

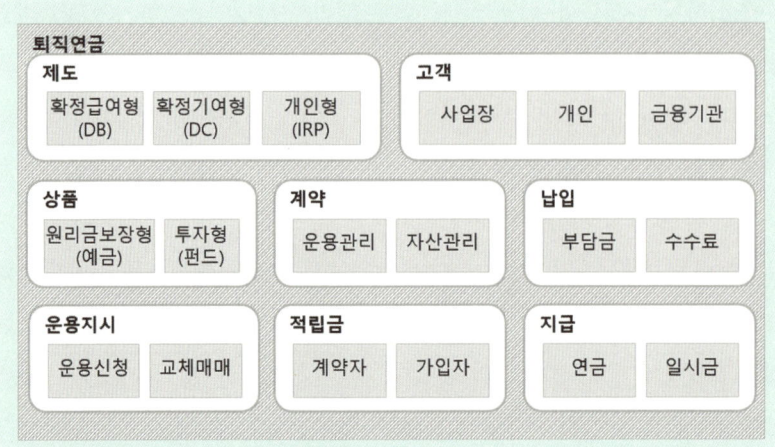

혹시 주제영역을 보면서 불편한 마음이 들지는 않았는가? 최하위 주제영역별로 핵심 엔티티를 도출해야 한다면, '제도'의 확정급여형, 확정기여형, 개인형 주제영역에 해당하는 엔티티가 있어야 할 텐데, 제도 엔티티 외에 딱히 떠오르는 엔티티가 없다. 하위 주제영역 내에 엔티티가 하나도 없거나 다른 주제영역의 엔티티와 중복된다면, 하위 주제영역을 다른 기준으로 다시 분류하거나 하위 영역을 갖지 않아야 한다. 이처럼 핵심 엔티티를 도출하는 과정에서 주제영역을 검증할 수 있다.

식별자 및 속성 정의

속성은 모두 도출해야 하는 것은 아니지만 식별자 및 주요 속성은 가급적 식별하여 데이터 집합을 명확히 하고, 이해 당사자와 의사소통 시 문제가 없도록 하는 것이 좋다. 식별자는 엔티티 개념을 가장 명확하게 표현할 수 있는 속성으로 구성한다.

개념 모델링을 하다 보면 모델러에 따라 속성 전체를 도출해야 한다는 사람도 있고, 식별자와 일부 속성 정도로 극히 일부만 도출하면 된다는 사람도 있다. 의견이 분분할 수 있지만 이렇게 작성된 개념 모델을 누가 어떤 용도로 사용할지를 생각한다면 답은 대충 나온 거 같다. 원론적인 측면에서 보면 개념 모델은 관리자나 의사결정을 하는 사람들이 전반적인 데이터를 파악할 수 있는 목적으로 작성한다고 알고 있다. 그렇다면 활용하는 사람이 이해할 수 있는 수준으로 속성을 도출하는 것이 합당하다고 보는데, 여러분 생각은 어떠한가? 또한 정규화된 형태일 필요도 없다고 필자는 생각한다. 상대방에게 개념을 쉽게 설명하려면 정규화(일반화) 된 형태보다는 다소 중복되더라도 직관적인 형태가 나을 수도 있을 것이다. 개념적인 엔티티이기 때문에 엔티티 간 관계는 다대다(M:N)로 표현되는 경우를 자주 볼 수 있다. 주제영역 간의 관계가 매우 많아 복잡해질 경우 주제영역이 과도하게 분류된 것이기 때문에 해당 주제영역을 통합해야 한다. 주제영역 내에서 관계가 복잡하다면 핵심 엔티티를 추가로 도출하여 관계를 명확하게 정의해야 한다.

지금까지 살펴본 것처럼 개념 모델링 단계에서는 주제영역을 정의하고 사업영역의 골격이 되는 핵심 엔티티를 도출한다. 모든 프로젝트에서 주제영역과 개념 모델을 꼭 작성해야 하는 것은 아니지만, 전체적인 윤곽을 그리고, 방향을 설정하는 데 많은 도움이 되므로 가급적 개념 모델링을 수행하는 것이 좋다. 여의치 않을 경우 주제영역 만이라도 분류하여 정의하면 좋을 것이다.

퇴직연금을 취급하는 금융회사는 고객과의 계약에 따라 운용관리기관이나 자산관리기관의 역할을 담당하게 된다. 현행 시스템에서는 운용관리계약과 자산관리계약 엔티티를 나누어 별도 관리하고 있으며, 동일한 금융기관이 운용관리기관이면서 자산관리기관인 경우 동일한 계약 데이터를 중복하여 관리하고 있다. 금융기관의 계약 역할에 따라 계약 데이터를 별도로 관리하면서 업무 처리도 어렵고, 데이터도 복잡해지는 문제가 발생한다. 데이터 측면에서 이러한 문제를 해결하기 위해 운용관리계약과 자산관리계약을 통합하여 계약 엔티티로 관리하고, 운용관리 또는 자산관리 역할을 계약종류 속성으로 추가하여 관리하도록 목표 모델을 제시하였다.

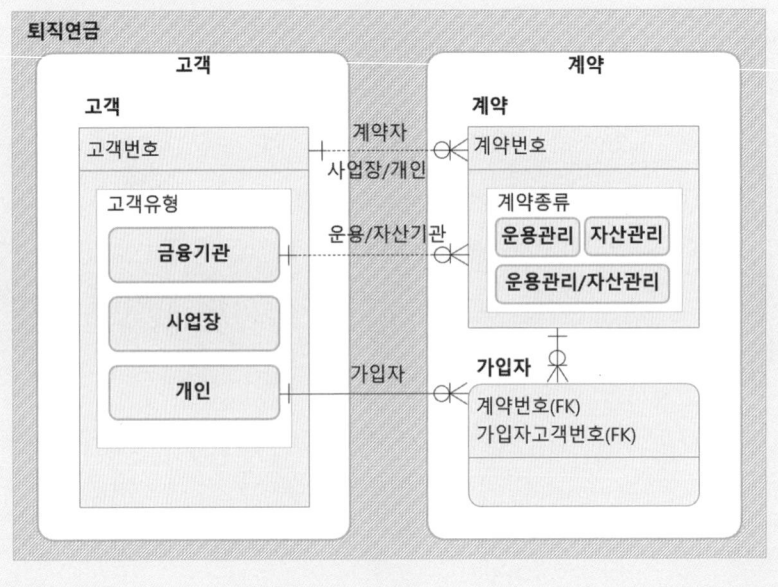

03

논리 모델링

논리 모델링이란

논리 모델링은 비즈니스에서 필요로 하는 데이터를 명확하고 구체적으로 정의하는 과정으로, 비즈니스 전체 영역에 대한 상세한 수준의 데이터 구조를 설계한다. 일반적으로 데이터 주제영역 단위로 데이터모델링을 진행하며 데이터에 관한 업무 특성을 모두 반영해야 한다. 핵심 엔티티를 중심으로 업무에 필요한 하위 엔티티로 확장하면서 엔티티를 상세화한다. 엔티티를 정의하고 관계를 명확히 하되, DBMS의 물리적인 특성까지 고려할 필요는 없다.

구축 방법론에 따라 기초 논리 데이터 모델(Primitive Logical Data Model) 설계와 논리 데이터 모델(Logical Data Model) 설계로 분리하여 진행할 수 있다. 기초 논리 데이터 모델링 과정에서 주제영역별로 핵심 엔티티를 도출하고 그들 간의 주요 관계를 설계하고, 엔티티별로 식별자를 정의하며, 주요 속성을 도출한다. 논리 데이터 모델링은 모든 업무영역에 필요한 데이터 모델을 설계하고, 시스템 관점에서 필요한 데이터 항목은 반영하지 않는다. 데이터에 대한 이력관리 대상은 업무 측면에서 꼭 관리할 필요가 있는 부분은 반영해야 하며, 단순히 정보의 변경 이력을 추적하거나, 과거 통계 정보의 재현을 위한 이력은 반영하지 않아도 된다. 논리 모델링은 개념 데이터 모델과 지속해서 구조적 일관성을 유지하면서 진행한다.

엔티티 정의 및 상세화

앞에서 "ER모델 요소" 중 엔티티를 설명하면서 엔티티를 생성 관점에 따라 핵심 엔티티(Key Entity), 중요 엔티티(Main Entity), 행위 엔티티(Action Entity)로 세분화할 수 있다고 언급한 바 있다. 주문 업무에서 고객, 상품 엔티티는 핵심 엔티티로 볼 수 있고, 주문 엔티티는 중요 엔티티, 주문상세 또는 주문결제 등은 행위 엔티티로 볼 수 있다.

핵심 엔티티(Key Entity, 기준정보)

업무처리와 상관없이 독립적으로 이미 정의한 엔티티거나, 업무를 위해 미리 정의한 엔티티다. 고객, 부서, 직원, 상품 등 단독으로 존재하거나 다른 핵심 엔티티에 종속되기도 한다. 데이터 모델링 과정에서 가장 먼저 분석해야 할 대상이며, 모든 업무 행위는 핵심 엔티티에 의해 정의되거나 핵심 엔티티 간의 관계에 의해 정의된다고 해도 과언이 아니다.

핵심 엔티티는 업무 행위의 주체가 되거나 혹은 행위의 대상(목적)이 되는 경우가 대부분이며, 업무 행위(Event)에 대한 집계 또는 통계 자료 작성 시 집합의 크기를 결정하는 디멘전(Dimension)으로 사용된다(예, 부서별 고객별 주문건수). 핵심 엔티티를 데이터 성격에 따라 나누면 다음과 같이 분류할 수 있다.

- 유형 및 분류(Type & Category) : 각종 코드 정보로 실 세계 데이터 집합을 유형화하거나 계층적으로 분류하는 정보. 고객유형코드, 상품분

류코드 등 각종 코드정보
- 업무규칙 및 지식(Rule & Knowledge) : 업무처리를 위한 각종 규정과 지식, 비즈니스 이벤트 발생을 위한 조건. 직급별 연봉, 보험료 조건, 지역별 담당자
- 업무주체 및 대상(Subject & Object) : 비즈니스 이벤트의 주체 또는 대상. 부서, 사원, 고객, 상품
- 장소(Where) : 비즈니스 이벤트가 발생하는 장소. 물류창고, 공장, AS센터, 도로, 채널, 지역, 좌표 등

핵심 엔티티는 타 엔티티 유형의 존재 유무와 관계없이 독립적으로 존재하며 식별할 수 있다. 예를 들어, 동네에 있는 카페를 생각해 보자. 가게를 오픈(업무시작 전)하기 전에 이미 매장(매장명, 매장주소, 전화번호)이 있어야 하고, 판매할 상품에 대한 정보(상품명, 단가) 및 정책(쿠폰) 등이 마련되어 있다. 핵심 엔티티를 식별할 때 엔티티 전체 집합의 범위가 어디부터 어디까지 이고 어떤 유형들이 있는지 명확히 해야 한다.

예를 들어, 회계 전표에 기재되는 거래처 및 매장을 고객에 포함하여 고객 엔티티에서 관리할 것인지, 단순 거래처로 간주하여 전표에서 거래처명 등을 관리할 것인지 정의해야 한다. 엔티티 집합을 명확하게 정의하고, 인스턴스 생애주기에 대한 충분한 이해를 바탕으로 설계해야 한다(언제 신규로 생성되고, 언제 속성들이 갱신되고, 삭제 시 인스턴스 삭제를 수반하는지, 물리적으로 완전히 삭제할 것인지 "삭제" 표시만 할 것인지, 언제 삭제되는지 등). 개인 고객의 경우 개인정보 관리 정책에 따라 데이터를 생성하고, 파기할 수 있도록 관리해야 한다.

엔티티 전체 집합을 구성하는 중요 부분 집합을 도출하여 서브타입(Subtype)으로 설계한다. 엔티티 요소(Element 또는 Instance)를 식별하

기 위한 식별자를 정의하고, 주요 속성들을 도출한다.

유형 및 분류(Type & Category) : 한국표준산업분류는 기업이나 사업자 등의 생산주체에 대한 산업활동을 체계화한 것으로 기업 활동에 대한 통계 수집 및 분석을 위한 기준으로 활용한다. 대분류, 중분류, 소분류, 세분류 코드로 구성되며 코드 간 계층 구조를 가진다.

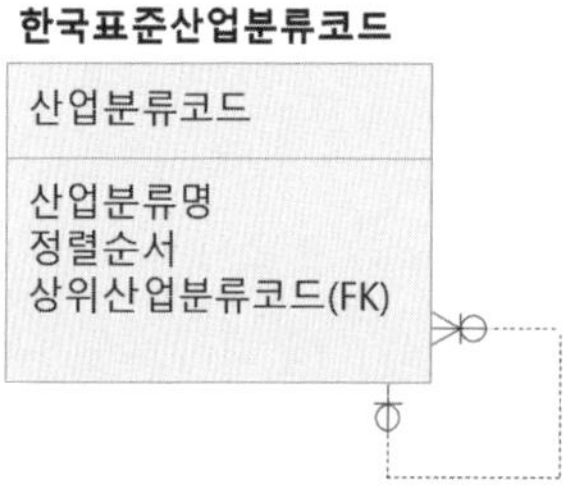

한국표준산업분류코드
- 산업분류코드
- 산업분류명
- 정렬순서
- 상위산업분류코드(FK)

대분류코드	대분류명
A	농업, 임업 및 어업(01~03)
B	광업(05~08)
C	제조업(10~34)
D	전기, 가스, 증기 및 공기 조절 공급업(35)

[그림 3-1-1] 통계청 한국표준산업분류

유형 및 분류는 한국표준산업분류처럼 별도 엔티티로 구성할 수도 있고, 여러 분류를 일반화하여 공통코드로 통합하여 관리할 수도 있다. 명확한 기준은 없으나 분류 체계가 복잡하거나 관리할 속성이 특별한 경우, 업무에서 중요한 위치를 차지할 때 별도 엔티티로 구성할 수 있다.

분류 엔티티의 구조는 간단하지만, 분류체계(데이터)를 만드는 일은 매우 어려우면서 중요한 과정이다. 분류체계는 자원을 식별하고, 기업 활동이나 고객 서비스를 제공하기 위한 판단 기준이 되는 등 업무 전체 영역에 미치는 영향이 크기 때문에 분류체계에 대한 연구 과제를 별도로 진행하여 분류체계를 수립하기도 한다.

업무규칙 및 지식 엔터티(Rule & Knowledge) : 업무규칙이나 지식 등을 데이터로 관리하면 업무 요건이 변경되었을 때 프로그램을 수정하지 않고도 데이터를 반영하여 일정 부분 손쉽게 변경사항을 시스템에 반영할 수 있다.

예를 들어, 고용복지정책에서 제공하는 서비스와 서비스를 이용할 수 있는 대상(자격)을 규정하고, 대상을 선별할 수 있는 요건을 데이터로 관리할 수 있다. 고객이 가진 속성을 바탕으로 콘텐츠를 제공하거나 요건을 만족하는 대상에게 서비스를 추천할 수 있고, 고객이 서비스를 신청할 때 고객이 갖춘 요건을 기준으로 자격 유무를 판단할 수 있다.

[그림 3-1-2] 서비스-자격, 자격-요건 업무규칙 정의

업무 주체 및 대상(Subject & Object) : 보통 현실 세계에 실제로 존재하는 유·무형의 실체에 해당한다. 업무나 거래 주체는 고객, 사원, 부서, 협력회사 등이 있으며, 거래나 서비스 제공의 대상이 되는 상품/제품 등이 있다. 상품은 전자제품, 도서처럼 눈에 보이는 형태도 있고, 보험이나 여행상품처럼 눈에 보이지 않는 서비스 형태로 거래되기도 한다.

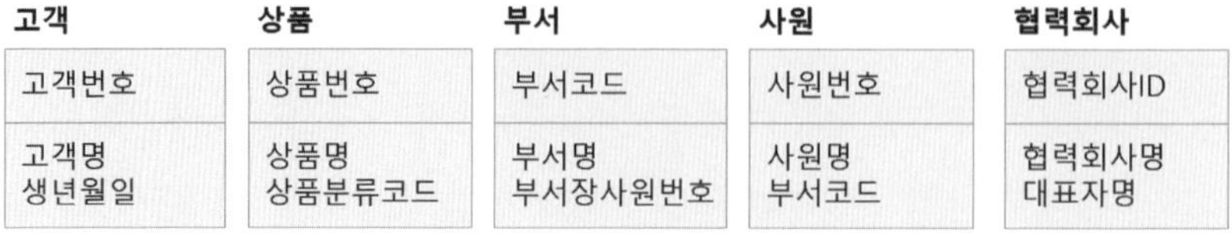

고객	상품	부서	사원	협력회사
고객번호	상품번호	부서코드	사원번호	협력회사ID
고객명 생년월일	상품명 상품분류코드	부서명 부서장사원번호	사원명 부서코드	협력회사명 대표자명

[그림 3-1-3] 업무 주체 및 대상

고객은 기업에서 가장 중요한 엔티티 중 하나이며, 데이터 집합을 정의하기 까다롭다. 고객 집합을 정의하면서 고객을 어떤 기준으로 분류할지, 고객을 바라보는 비즈니스 관점에 따라 어느 범위까지 확장할지 다양한 이슈가 발생하기 때문이다.

- 고객은 누구인가? 비회원도 고객인가? : 비회원, 웹회원, 세대, 협력업체 등 비즈니스에 따라서 고객의 식별 관점은 다양하며, 비즈니스 도메인에 맞는 고객을 정의해야 한다.
- 고객을 등록하기 위해 최소 필요한 정보는 무엇인가? : 주민등록번호, 성명 등과 같이 고객을 식별할 수 있는 최소한의 정보는 반드시 필요하다. 이런 데이터를 수집할 수 있는 대상이 고객이 될 수 있고, 동의절차 등을 통과해야 비로소 고객 집합에 포함할 수 있다.
- 주민등록번호가 없어도 고객인가? : 주민등록번호의 대신 I-PIN 번호로 대체할 수 있고, 외국인 등 주민등록번호가 없는 경우도 해당 집합이 비즈니스에서 고객으로서 필요한 가치가 있다면 고객에 포함해야 하고 고객을 식별할 수 있는 방법을 명확히 해야 한다(외국 사이트의 사례, 고객정보를 식별하기 위해서 여권번호, 사회보장번호 등 유형별 식별번호를 요구해서 받기도 함). 주민등록번호를 확보할 수 없는 경우에 실제 고객수보다 더 많은 숫자로 집계되는 등 통계 왜곡이 어쩔 수 없이 발생하기도 한다. 따라서 고객 접촉이나 캠페인 활동을 통해 동일인임을 식별하는 것도 좋은 방법일 것이다.

- 개인과 개인사업자는 동일한 고객인가? : 개인사업자 정보는 보통 자연인인 개인과 동일시 되기도 한다. 하지만 개인과 사업자 정보(주소, 연락처)가 동일하다고 볼 수는 없다. 무엇보다 비즈니스 측면에서 우리 회사가 관심을 가지는 대상이 자연인인 개인인지 사업자인지 명확히 해야 하며, 동일한 고객으로 볼 것인지 별개로 볼 것인지 검토해야 한다.

장소(Where) : 장소를 나타내는 엔티티는 통신회사의 기지국사나 유통의 물류창고처럼 장소 자체가 의미를 가지는 엔티티도 있지만, 보통은 다른 핵심 엔티티의 공간이나 위치 속성으로 존재하기도 한다. 물리적인 형태의 독립적인 엔티티로 식별하는 것이 좋은지, 조직 등의 일부로만 관리해도 되는지 판단하는 것이 중요하다.

통신회사는 조직과 별도로 국사 정보를 관리할 필요가 있으며, 은행의 영업점은 지역이나 장소의 의미를 가지지만 은행 조직의 일부로 관리하는 것이 더 일반적이다. 예전보다 장소나 위치에 대한 중요성이 커지고 있으며, 건물 등에 대한 위치정보(좌표)도 비교적 쉽게 얻을 수 있다.

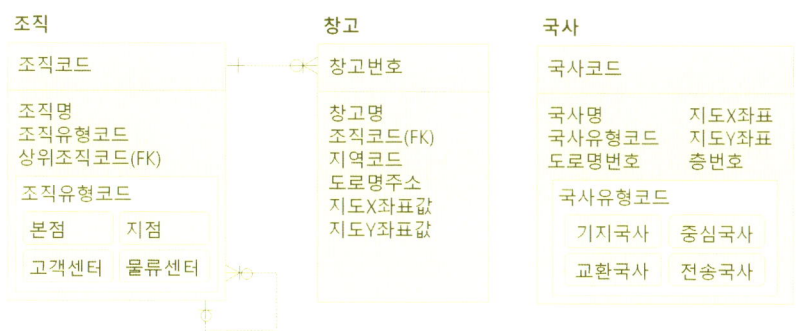

[그림 3-1-4] 창고, 통신 국사 등 장소 관련 엔티티

장소에 해당하는 엔티티를 설계하기 전에 도로명주소 기준정보를 별도

로 관리하여 연동할지, 단순히 주소 등만 관리할지 회사의 사업방향이나 업무적인 관점의 논의가 선행되어야 한다. 도로명주소나 건물의 위치정보 데이터를 주기적으로 제공받을 수 있는지 등도 같이 고려해야 한다.

> 통신회사의 네트워크 장비 구축 프로젝트에서의 일이다. "기지국"이라는 용어를 아주 자연스럽고 당연한 의미로 사용하고 있었는데, 실제로는 업무 담당자에 따라 서로 다른 의미로 해석하고 있었다. 어떤 담당자는 통신 설비나 장비를 의미하는 것으로, 어떤 담당자는 통신서비스의 개념으로, 어떤 사람은 장비가 위치한 공간이나 건물을 떠올리며 의사소통하고 있었다. 통신장비인 기지국도 물리적인 개념보다는 논리적인 개념이며, 기지국을 구성하는 실제 장비는 eNB, RRH(Remote Radio Head) 등이다. 기지국이 장소를 의미하는 경우 중심국사, 전송국사처럼 "국사"를 붙여 "기지국사"로 하는 것이 어떤지 얘기한 기억이 난다. 데이터 모델 측면에서는 장비에 해당하는 기지국(eNB)과 장소에 해당하는 기지국(기지국사)을 분리하여 엔티티를 구성하였다. 장소인 기지국사의 경우도 건물 단위인지, 건물의 층을 말하는지, 층의 특정 공간인지 모호한 측면이 있어 개념을 정리했다.

중요 엔티티(Main Entity, 업무기본)

업무 주체(예, 고객, 직원)와 업무 대상(예, 상품) 간의 거래나 업무 행위에 의해 발생하며, 주문, 약정, 입출고처럼 구별 가능한 업무 행위를 대표하는 엔티티다.

핵심 엔티티 간의 관계 엔티티(종속적인) 성격을 가지면서, 업무영역 내에서는 비교적 독립적인 성격(강한 엔티티, Strong Entity)을 가진다.

[그림 3-1-5] 업무영역 중요 엔티티

　상위 엔티티의 주 식별자를 상속받지 않고, 계좌번호와 같은 독립적인 주 식별자를 가지고 있다는 점에서 업무 내의 다른 엔티티들과 구분할 수 있다. 실무에서 흔히 얘기하는 기본정보, 부가정보가 중요 엔티티에 해당한다.
　주문번호, 계좌번호, 입출고번호처럼 업무행위를 대표하는 별도의 번호 및 번호 구성 체계를 가진다. 별도 번호 체계를 가지고 있기 때문에 독립된 엔티티로 생각할 수 있으나, 의미적인 측면이나 집합적인 측면에서 업무 행위의 주체나 대상에 종속되는 경우가 대부분이고, 다른 행위 엔티티에 종속될 수도 있다.

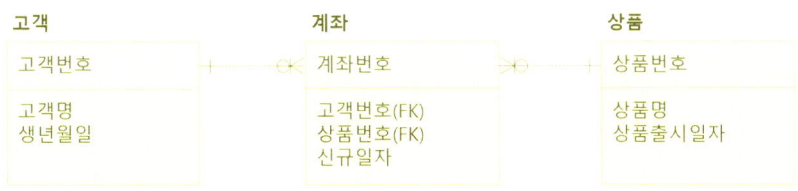

[그림 3-1-6] 계좌는 고객과 상품 간의 관계 엔티티

　중요 엔티티(Main Entity)는 업무의 핵심 기능과 밀접한 관련이 있고, 주요 업무에서 반복하여 발생하는 데이터를 관리하는 엔티티다. 보통 해당 업무에 대해 일정기간 업무처리를 담당하는 담당자가 존재한다.

업무 영역에서 가장 중심적인 업무처리에 대한 데이터 집합이며, 이를 중심으로 상세 업무 데이터, 이력이나 상태를 기록하기 위한 데이터들이 하위 엔티티들로 구성된다. 예를 들면, 발주 업무는 중요 엔티티인 발주 엔티티를 중심으로 행위 엔티티에 해당하는 발주상품, 발주진행상태 등으로 구성된다.

행위 엔티티(Action Entity, 업무상세)

업무 행위에 대한 상세내역 및 업무 결과에 대한 상태(Status)를 나타내는 엔티티이며, 중요 엔티티에 종속되거나 다른 행위 엔티티에 종속된다. 주로 중요 엔티티에 인스턴스가 발생함과 동시에 행위 엔티티에도 하나 이상의 인스턴스가 발생하며, 주문내역, 결제내역, 배송지상세내역 등이 해당된다. 행위 엔티티는 하위에 또 다른 행위 엔티티를 가질 수 있으며, 정규화 과정에서 다른 엔티티로 분리하기도 한다. 하위 엔티티는 보통 2~3레벨까지 관리한다. 일반적으로 행위 엔티티는 중요 엔티티에 종속되므로, 중요 엔티티를 삭제하면 행위 엔티티도 더 이상 관리하지 않는다.

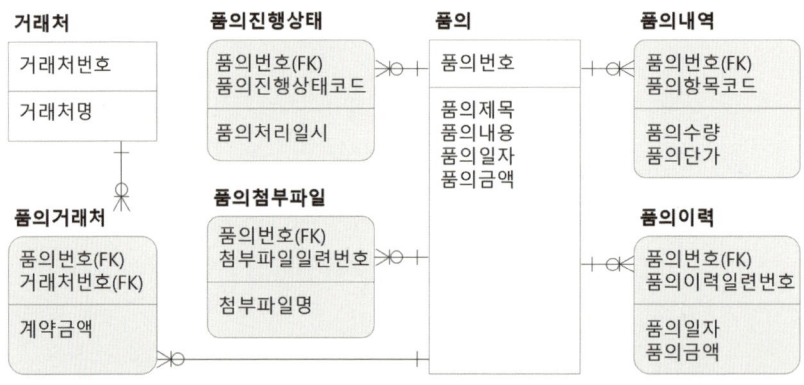

[그림 3-1-7] 행위 엔티티 유형

중요 엔티티인 품의 엔티티를 중심으로 업무에 대한 상세나 내역(품의내역, 품의거래처, 품의첨부파일), 상태(품의진행상태), 이력관리 (품의이력) 성격의 엔티티들로 구성된다. 엔티티를 상세나 내역, 상태, 이력 성격의 엔티티로 구분하는 것은 엔티티를 분류하려는 목적이 아니라, 중요 엔티티를 구성하는 엔티티 성격을 구분함으로써 엔티티를 식별하는 데 도움이 되기 때문이다.

상세/내역 : 주문내역이나 예산내역처럼 중요 엔티티에 해당하는 주문이나 예산을 구성하는 항목 단위로 분류하거나 더 작은 단위로 세분화한 엔티티에 해당한다. 일반적인 마스터, 디테일 관계에서 디테일에 해당하는 엔티티로 봐도 큰 무리가 없을 것이다.

시간의 흐름을 내포하고 있는 이력과 구분할 수 있다. 상세나 내역은 '주문상품', '입찰품목'처럼 비교적 엔티티 성격을 명확하게 식별하는 명칭을 사용하는 경우도 있으나, 보통 '품의내역', '품의상세' 등으로 내역, 상세, 세부 등의 단어를 혼용하여 엔티티명으로 사용하는 경우가 많다. 이 경우 어느 것을 사용해도 의미가 다르거나 어감이 다르지 않다면 '내역'으로 통일하여 사용하는 것이 좋다. 굳이 '상세'를 사용해야 한다면 '예산상세내역' 등으로 '내역'을 꾸미는 말로 사용하는 게 좋을 듯하다.

상태 : 일반적으로 업무는 더 작은 업무 단위로 나누어 처리되며, 시간의 간격을 두고 업무 단계별로 담당자가 업무를 처리하는 흐름을 가진다.

[그림 3-1-8] 결재 프로세스

예를 들어, 기안자가 문서를 작성하여 기안을 올리면 결재 단계에 따라 여러 번의 승인 과정을 거치게 된다. 단순히 업무상태와 업무처리일시를 관리하기도 하고, 내용에 대한 변경도 같이 관리하기도 한다.

시간의 흐름에 따른 정보의 상태나 내용 변경 면에서는 이력 엔티티와 유사할 수 있다. 이력이 시간의 흐름에 따른 정보 변경을 관리한다면 상태는 업무처리 흐름에 대한 상태를 관리한다고 할 수 있다. 상태는 업무처리 과정에서 반드시 발생하는 데이터이며, 상태코드 값은 사전에 업무적으로 이미 정해진 값을 사용한다. 반면에 이력은 업무처리 과정에서 변경이 발생하지 않을 수 있으며, 업무처리와 무관하게 발생하기도 한다. 변경된 값은 정해진 값이 아닐 수도 있다.

이력 : 이력은 원래 관리하던 데이터가 변경되었을 때 변경 전 데이터를 추가로 관리하는 엔티티다. 행위 엔티티를 포함한 모든 엔티티에 대해 이력 엔티티를 추가로 설계할 수 있으며, 이력 데이터를 통해 특정 시점의 데이터를 재현할 수 있다.

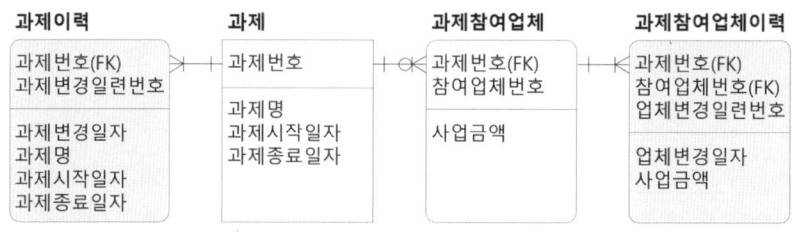

[그림 3-1-9] 이력 엔티티

이력 관리 범위에 따라 속성 전체를 대상으로 이력을 관리하거나, 일부 속성을 대상으로 이력을 관리할 수 있다.

[그림 3-1-10] 이력관리 범위 및 형태

속성 전체를 이력으로 관리하는 경우는 보통 원래 엔티티와 동일한 형태로 이력 엔티티를 설계하여 변경된 항목(속성) 구분 없이 전체 데이터(로우)를 생성하여 관리한다. 일부 속성만 관리할 때는 이력 관리할 속성을 식별하고 코드화하여 행(로우)으로 관리한다. 해당 속성의 값이 변경된 경우만 데이터를 생성하여 관리한다.

과제이력				
과제번호(FK) 과제변경일련번호	변경일자	과제명	과제시작일자	과제종료일자
	20181231	질의형 검색	20190101	20192231
과제변경일자 과제명 과제시작일자 과제종료일자	20190201	질의응답형 검색	20190101	20191231
	20190205	질의응답형 검색	**20190107**	**20191227**

[그림 3-1-11] 전체 항목 이력 관리

2019. 2. 1에 과제명 변경에 대해 변경되지 않은 다른 속성을 포함하여 1건을 추가하였다. 어떤 항목의 데이터가 변경되었는지 알 필요 없이, 특정 시점 데이터를 재현만 하면 되는 경우에 비교적 쉽게 이력을 생성할 수 있다.

과제이력				
과제번호(FK) 과제변경일련번호 과제변경항목코드	변경일자	변경항목	변경전항목값	변경후항목값
	20190201	과제명	질의형 검색	**질의응답형 검색**
과제변경일자 변경전항목값 변경후항목값	20190205	과제시작일자	20190101	**20190107**
	20190205	과제종료일자	20191231	**20191227**

[그림 3-1-12] 변경 항목만 이력 관리

변경된 항목만 관리하는 방법은 이력으로 관리할 항목을 식별하여 코드화(변경항목코드)하고, 해당 항목이 변경된 경우 항목별로 데이터를 생성하여 관리한다. 2월 5일에 과제시작일자와 과제종료일자가 변경되어 이력 데이터 2건을 생성하였다. 이 방식은 어떤 정보 항목이 언제 변경되었는지 식별할 필요가 있을 때 주로 사용한다.

데이터는 데이터 유효 기간에 따라 단순 일회성 이벤트 성격인 데이터와 일정한 기간을 포함하는 데이터로 구분할 수 있다. 착수보고, 완료보고 업무는 일회성 이벤트 성격으로 보고일자를 의미 있는 데이터로 볼 수 있고, 분석, 설계 업무 등은 단계 시작일자와 종료일자 등을 포함하는 기간 개념을 포함하고 있다.

이력 데이터에 대한 변경 시점을 관리하는 방법도 이벤트 시점만 관리하는 방법과 기간으로 관리하는 방법이 있다. 업무가 이벤트 성격인 경우 이력 데이터로 이벤트 일자만 관리하고, 기간을 포함하는 업무인 경우 시작일자와 종료일자 데이터를 관리하는 것이 기본이다. 하지만 데이터를 쉽게 처리하기 위해 이벤트 성격 데이터도 종료일자를 추가하여 기간 개념으로 데이터를 관리할 수 있다. 데이터 생성 규칙이 좀 복잡하긴 하지만, 쉽게 데이터를 추출할 수 있어 구간 형태로 설계하는 경우가 많다.

과제번호	변경번호	변경일자
S1	1	20181231
S1	2	20190201
S1	3	**20190205**
S1	4	20190501

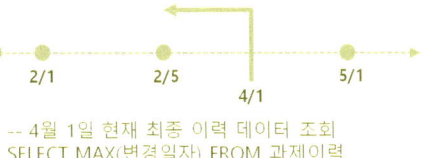

-- 4월 1일 현재 최종 이력 데이터 조회
SELECT MAX(변경일자) FROM 과제이력
 WHERE 변경일자 <= '20190401'

[그림 3-1-13] 변경 시점을 이벤트로 관리할 때 데이터 처리

변경일자(이벤트)만 관리할 경우 4월 1일 이전에 변경된 데이터 중 최종 이력 1건을 추출한 후 다시 해당 이력에서 변경된 데이터를 추출해야 하므로 SQL이 복잡해 진다.

과제번호	변경번호	변경시작일자	변경종료일자
S1	1	20181231	20190131
S1	2	20190201	20190204
S1	3	**20190205**	**20190430**
S1	4	20190501	99991231

-- 4월 1일 현재 이력 데이터 조회
WHERE 변경시작일자 <= '20190401'
  AND 변경종료일자 >= '20190401'

[그림 3-1-14] 변경 시점을 구간으로 관리할 때 데이터 처리

이력을 구간으로 관리하는 방식은 데이터 변경이 발생했을 때 이전 이력의 변경종료일자를 전일('99991231' ➔ '20190430')로 UPDATE하고, 새로운 이력에 대해 변경시작일자('20190501')와 변경종료일자('99991231') 구간으로 관리한다. 4월 1일 현재 시점의 이력은 변경시작일자와 변경종료일자 사이에 해당하는 구간을 찾으면 되므로 최종 이력을 쉽게 찾을 수 있다. 이력 데이터는 변경 전 데이터만 관리할 수도 있으나 보통은 최종 데이터를 포함하여 관리한다.

과제이력(최종 제외)			
과제번호	변경번호	변경일자	과제명
S1	1	20181231	질의형 검색

"질의형 검색" ➔ "질의응답형 검색" (2019.2.1)

과제이력(최종 포함)			
과제번호	변경번호	변경일자	과제명
S1	1	20181231	질의형 검색
S1	2	20190201	질의응답형 검색

[그림 3-1-15] 최종 데이터 포함 이력

기타 : 세무서에 세무 신고한 내역이나 실제 거래(수납)한 데이터 그대로 데이터를 보관하는 거래로그(원장) 데이터, 시스템 접속이나 개인정보를 관리하기 위한 시스템 로그, 타 시스템과 데이터를 주고 받기 위한 연계 데이터, 원천 데이터를 가공하거나 집계하여 통계를 제공하기 위한 집계 데이터, 임시저장이나 엑셀 자료를 로딩하기 위한 작업 데이터를 관리하는 엔티티 등으로 구분할 수 있다.

엔티티 도출 및 식별

엔티티 도출 및 식별은 관심 대상이 되는 데이터를 분석하여 엔티티로 구체화하는 과정이다. 가장 일반적이면서 효과적인 접근 방법은 현행(As-Is) 데이터모델을 바탕으로 현업의 기능 및 데이터 요구사항을 정의하면서 엔티티를 도출하고 식별하는 것이다. 만약, 현행 데이터 모델이 없다면 앞서 설명한 리버스 작업을 먼저 수행하는 것이 좋다. 무에서 유를 만들어 내는 데는 많은 시간과 노력이 들어가지만, 현재 것(데이터모델)을 개선하고 추가하는 일은 적은 비용으로 가능하다.

먼저 현행 데이터 모델에서 불필요한 업무나 기능과 관련된 테이블을 식별하여 삭제한다. 필요한지 불필요한지 잘 모르거나 판단이 서지 않는다면 일단 삭제하고 시작한다. 이미 그려진 그림을 지우는 일은 생각보다 어렵다. 현행 데이터 모델에서 대상을 선별하는 작업이 어느 정도 마무리되면 현업과 인터뷰하기 전에 엔티티명, 관계선, 속성명을 정리하는 것이 좋다.

예를 들어, 고객으로 보이는 엔티티가 여러 개 존재한다면 통합을 염두에 두고 한군데로 모은 다음 대략적인 형태의 고객 엔티티를 추가하는 방법이 있을 수 있다.

근로자	고객	거래처		고객
근로자번호	고객번호	거래처번호	→	고객번호
근로자명 내외국인구분 주소 전화번호	고객명 외국인여부 사업자구분코드 주민법인등록번호	거래처명 기업구분코드 사업자등록번호 주사업장여부		고객명 내외국인구분코드 사업자구분코드 고객식별번호암호화 주사업장여부 주소 전화번호

[그림 3-1-16] 고객 엔티티 도출 예시

속성명의 경우 현행 데이터 모델이 데이터 표준화가 적용된 상태라면 좋겠지만, 그렇지 않다면 To-Be 데이터 표준화를 염두에 두고 기본적인 단어나 용어를 통일하는 것이 좋다.

엔티티명	속성명	컬럼명		엔티티명	속성명	컬럼명
예산	진행상태	STAT	→	예산	예산진행상태코드	STAT
입찰	상태코드	STAT		입찰	입찰상태코드	STAT
계약	상태코드	STATECD		계약	계약상태코드	STATECD
결재	상태코드	STATUS		결재	결재상태코드	STATUS

[그림 3-1-17] 단어 및 용어 통일

현행 속성명은 '예산진행상태'처럼 분류어(도메인)가 없거나 '상태코드'처럼 의미를 알 수 없는 경우가 많다. 분류어가 없는 경우는 데이터타입을 기준으로 샘플 데이터를 조사하여 보완할 수 있다. VARCHAR(4)자리 이하인 컬럼의 데이터 값이 '01', '02' 등으로 저장되어 있다면 코드 도메인으로 추정할 수 있다. VARCHAR(100) 자리 이상은 명칭이나, 내용 도메인으로 볼 수 있다. 속성명이 너무 일반적인 명칭이어서 의미를 알 수 없는 경우는 데이터타입이나 데이터 값으로 도메인을 파악하는 데 한계가 있다. 현행 시스템 운영담당자를 통해 어떤 데이터를 저장하는지, 어떤 용도인지 확인하면서 속성명을 구체화해야 한다.

엔티티 간의 관계는 과거 산출물을 이용하거나 시스템 운영자의 도움을 받아 어느 정도 파악할 수 있다. [그림 3-1-18]은 운영자가 가지고 있는 이미지(jpg) 파일을 이용하여 현행 리버스 모델에 관계선을 반영한 모습이다. 식별자를 중심으로 엔티티 간의 관계를 유추하고 DB에 저장된 데이터를 확인해 가면서 좀 더 구체화할 수 있다. 행위 엔티티 식별자는 중요 엔티티의 식별자를 포함하고 있으며, 중요 엔티티에는 업무 주체 및 대상에 해당하는 속성이 있으며 핵심 엔티티 식별자에 해당한다.

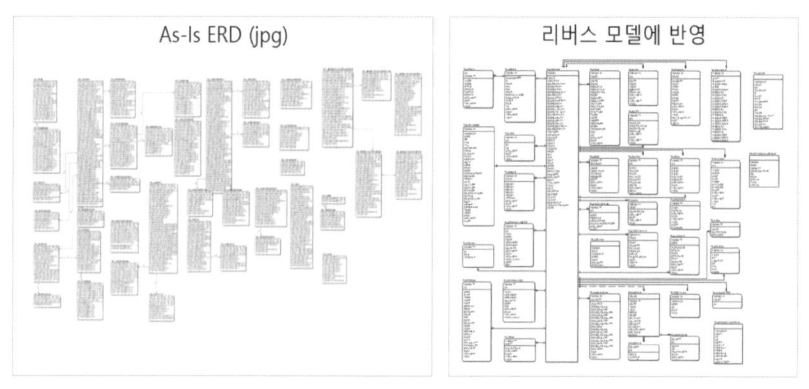

[그림 3-1-18] As-Is 산출물 활용

이와 같이 리버스 자료를 구체화하는 과정에서 자연스럽게 업무와 관련된 데이터 구조를 어느 정도 파악할 수 있고, 분석이 잘 안 되는 부분에 대해서 궁금증이 생기게 된다. 자료를 찾거나 데이터를 봐도 모르는 사항은 나중에 현업이나 시스템 운영자와 인터뷰할 때 질문하면 되므로 인터뷰 질의서 등에 잘 기록해 두어야 한다.

엔티티 명명

엔티티명은 전체 주제영역 내에서 유일하게 부여하며, 관리하는 데이터를 가장 명확히 표현할 수 있도록 명명해야 한다. 너무 길지 않아야 하고, 일반적인 용어보다는 구체적인 용어를 사용하는 것이 좋다. 매우 유사한 엔티티를 통합하지 않고 별도 엔티티로 설계한 경우, 주제영역이나 수식어를 붙여서 엔티티를 구분한다. 예를 들어, 여신과 수신 업무에서 '계좌'를 각각 정의한 경우 여신계좌, 수신계좌로 명확히 해주는 것이 좋다. 엔티티명은 아래와 같이 명명 규칙을 정하여 부여하는 것을 원칙으로 한다.

- 엔티티 명은 기본적인 업무를 의미하거나 설명하는 최적화된 단수형 명사를 사용한다.
  예) 고객, 부서, 상품, 주문, 계약
- 엔티티에서 관리하는 데이터의 범위와 내용을 명확히 정의하기 위해 수식어를 사용한다.
  예) 주소 -> 고객주소, 입금내역 -> 계약입금내역
- 교차 엔티티는 양쪽 엔티티 명의 조합을 기본 명칭으로 사용한다.
  예) 계약 + 상품 -> 계약상품
- 낱 단어는 정확한 의미를 파악하기 어려우므로 아주 예외적인 경우를 제외하고는 사용하지 않는다.
  예) 고객별실적 -> 고객단위실적, 예산계획및실적 -> 예산계획실적
- 한글과 알파벳 대문자를 사용하고, 숫자, 언더바("_")를 제한적으로 허용하며, 띄어쓰기나 기타 특수 문자는 사용하지 않는다.

명칭 구성	엔티티 구분 + 주제영역 + "_" + 수식어 + 주제어 + 수식어
	(선택)　　(필수)　　(필수)　　(선택)　　(필수)　　(선택)
엔티티 구분	• 타 모델의 엔티티를 참조하여 Logical Only 로 표현할 때 사용한다. • Logical Only 엔티티 유형 - 복제 : 동일 주제영역　엔티티를 ERD 에서 가독성을 목적으로 복제하여 사용할 경우 엔티티 명칭 앞에 "[복제]"로 표시한다. - 가상 : 실제로 존재하지 않는 엔티티이지만 모델의 가독성 및 설명을 위해 추가한 엔티티는 엔티티 명칭 앞에 "[가상]"으로 표시한다. - ERwin의 경우 해당 옵션을 선택하여 물리 모델에서는 보이지 않도록 한다.
주제 영역	• 주제영역에 대한 영문약어 2 자리를 사용한다. 　예) CU : 고객, PD : 상품
수식어	• 표현하고자 하는 데이터 정보를 보다 명확히 하기 위해 주제어를 수식하는 명칭을 기술한다.
주제어	• 엔티티 의미를 가장 잘 표현하는 명칭을 기술한다. • 엔티티 주제어는 가능한 표준단어를 사용하여 명명한다. • "정보", "관리" 등의 명칭을 붙이지 않았을 때 아주 어색한 경우를 제외하고는 사용하지 않는다.
수식어	• 데이터의 성격을 나타내는 명칭으로 "이력", "임시" 등이 해당하며, 표준단어의 약어명을 사용한다. 예) 기본, 부가, 내역, 상태, 이력, 로그, 원장, 임시, 작업, 로드
예시	• CU_고객기본, CU_고객부가, CU_고객연락처이력 • [복제]CU_고객기본, AG_계약, AG_계약내역, AG_계약첨부파일, AG_계약변경로그

[표 3-1-1] 엔티티명 명명 규칙 예시

엔티티 정의

엔티티 정의는 엔티티에 대한 설명으로 관리하는 데이터 집합을 규정하고, 데이터에 대한 발생 규칙 및 업무 규칙 등을 기술함으로써 엔티티를 정의하는 과정이다. 엔티티를 정의하는 방법은 원래 존재하는 엔티티(독립적인 엔티티)인지, 엔티티 간의 거래 등의 관계에 해당하는 엔티티(종속적인 엔티티)인지에 따라 접근하는 방법이 다르다.

독립적인 엔티티는 주민등록번호, 상품번호 등과 같은 식별자가 이미 존재하므로 식별자를 중심으로 정의하는 것이 좋고, 종속 엔티티는 엔티티 간 관계의 성격(거래, 이벤트, 역할)을 파악하여, 집합 단위나 데이터 발생 기준을 정의하는 것이 좋다. 독립 엔티티의 경우 사람이나 상품처럼 눈으로 볼 수 있는 실체도 있지만, 법인처럼 서류로 존재할 수도 있고, 금융 상품처럼 가상의 형태로 존재하는 때도 있어 집합을 명확하게 정의하기가 결코 쉽지만은 않다. 우선 실체인지 관계(역할)인지 따져 봐야 한다.

고객이 은행이나 보험회사를 통해 보험계약을 체결할 경우 보험계약에 대한 계약자나 피보험자 관계를 가진다.

[그림 3-1-19] 고객 관계

만약, 부모가 자녀의 어린이보험을 드는 경우 계약자는 부모가 되고, 피보험자(수혜자)는 자녀가 된다(계약1). 본인이 종신보험을 드는 경우는 계약자, 피보험자 모두 본인이 된다(계약2). 실체인 사람(고객)이 거래에 해당하는 보험계약(계약1, 2)에서 계약자가 되기도 하고, 피보험자가 되기도 한다. 달리 말하면 보험계약이 존재하지 않으면 계약자도 피보험자도 없다.

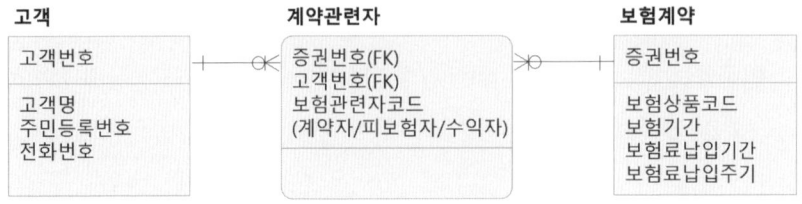

[그림 3-1-20] 계약관련자

펀드를 가입할 때도 은행, 증권회사 등이 수행하는 업무 성격에 따라 다양한 역할을 담당하게 된다.

[그림 3-1-21] 금융기관 역할

펀드는 은행뿐 아니라 증권회사나, 보험회사, 자산운용회사 등을 통해서도 가입할 수 있다. 그리고 펀드 업무 역할에 따라 펀드를 판매한 판매회사, 펀드를 운용하는 운용회사, 자산의 신탁을 담당하는 수탁회사, 사무를 전담하는 사무관리회사 등으로 나눌 수 있다.

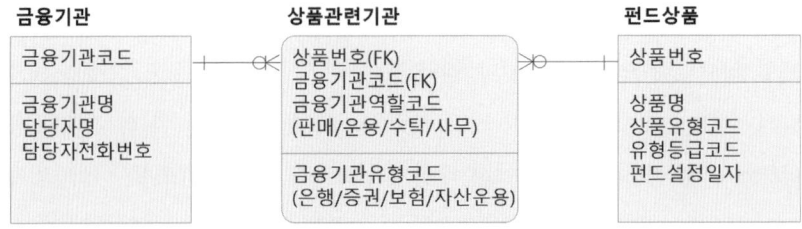

[그림 3-1-22] 금융기관 역할 엔티티

펀드 가입고객은 판매, 운용, 수탁, 사무 보수를 금융기관에 지급한다. 고객의 역할이 보험계약 체결에 따라 역할이 나누어 지는 것과 비교하면, 펀드 가입 전에 이미 해당 펀드에 대한 판매회사, 운용회사 등으로 금융기관의 역할이 나누어져 있다는 점이 조금 다르다. 실체인 사람은 독립적인 엔티티(고객)로 보는 게 합리적이고, 역할은 관계 엔티티로 정의하는 것이 적합하다(고객도 엄밀한 의미에서는 역할에 해당하지만, 대체할 수 있는 실체가 없으므로 실체로 봐도 무방할 것이다). 이 정도면 실체와 역할을 구분할 수 있으리라 생각한다.

실체를 정의할 때는 데이터를 유일하게 식별할 수 있는 식별자 속성이 무엇인지 파악하고, 식별자 속성을 기준으로 데이터 집합을 정의한다. 은행 뱅킹시스템의 고객 엔티티를 정의한다고 생각해 보자. "고객은 현재 거래 중이나 휴면 계좌를 보유하고 있는 개인 및 기업을 포함한다."로 관리해야 할 고객 범위를 계좌를 보유한 개인과 기업으로 규정했다.

고객번호	고객명	고객식별번호	고객구분
1	유동오	1901011234567	개인
2	비투엔	1234567890123	법인

고객번호	고객명	고객식별번호	고객구분
1	유동오	1901011234567	개인
2	유동오	1234567890	개인사업자
3	비투엔	1234567890123	법인
4	비투엔	1028612345	법인사업자

[그림 3-1-23] 고객 정의

그러나 아직 애매한 부분이 많다. 질문을 던져 보자. '자연인 유동오와 개인사업자인 유동오는 같은 고객일까?', '자연인 유동오가 보유한 계좌는 개인사업자 유동오의 계좌도 포함해서 조회될까?', '서로 다른 고객이라면 어떤 기준으로 구분할 수 있을까?'. 이런 애매한 부분에 대해 좀 더 자세히 정의해 보자. "고객은 현재 거래 중이나 휴면 계좌를 보유하고 있는 개인(자연인)과 법인 등을 포함하되, 개인 등(법인 포함)이 사업자에 해당하는 경우 자연인인 개인고객과 구분하여 개인사업자 고객을 추가하여 관리한다. " 등으로 최대한 자세히 기술하는 것이 좋다.

그래도 불분명하다면 주민등록번호, 법인등록번호, 사업자등록번호 등 유일하게 식별할 수 있는 속성을 추가로 언급해도 된다. 핵심 엔티티나 중요 엔티티에 해당하는 경우 애매한 부분이 없도록 기술하는 것이 좋으며, 상품코드처럼 실제 존재하는 속성이 아닌 "~관리번호" 형태의 인조 식별자를 추가한 경우 집합을 분명히 식별할 수 있도록 자세하게 정의해야 한다.

채권 관리번호	채무 고객번호	채권명	채권 발생일시	채권 금액	사건번호	문서 접수일시
1	C1	공사대금	2019-01-01	100		2019-01-02
2	C1	압류및추심명령	2019-01-05	30	2019나채4567	2019-01-06
3	C1	가압류	2019-01-02	50	2019가단123	2019-01-07

[그림 3-1-24] 엔티티 식별자

"채권은 채무자에 대해 채권이 발생한 시점에 대한 채권 금액을 1건의 채권(채무고객번호, 채권명, 채권발생일시, 채권금액)으로 인식하며, 채권관리번호를 생성하여 관리한다"로 정의할 수 있다. 일부 엔티티는 주 식별자만 명확히 정의해도 어떤 데이터를 관리하는 엔티티인지 파악할 수 있으며, 엔티티 정의를 상세하게 기술할 필요 없이 간략하게 정의할 수 있다.

데이터가 생성될 때 이미 식별자가 있는 독립 엔티티와 다르게, 종속 엔티티는 독립 엔티티 간의 관계를 규명해 가는 과정에서 식별 가능한 속성들을 찾거나 새롭게 정의할 수 있다. 오픈 마켓에서 고객이 상품을 주문하는 경우를 생각해 보자.

주문번호	고객명	주문일시	주문금액
1	유동오	2019-07-12 09:01:00	100
2	유동오	2019-07-12 09:02:00	200
3	유동오	2019-07-12 09:03:00	300

- 주문처리 단위는 무엇인가?
- 주문일시, 주문금액은 무슨 기준인가?

[그림 3-1-25] 거래나 이벤트 식별자

주문을 "고객이 하나 이상의 상품을 구매하기 위해 주문처리를 요청하고, 결제처리를 완료한 상태이다"로 정의했다. 주문(이벤트)은 고객 엔티티의 주민등록번호와 같은 식별자가 미리 존재하지 않는다. 주문 버튼을 클릭하고, 주문금액을 결제 했을 때 주문번호라는 식별자가 생성된다. 이렇게 거래나 이벤트 성격의 데이터는 "~ 주문(버튼)을 요청(클릭)하고, 바로 결제 프로세스를 완료한 상태"처럼 하나의 이벤트를 어떻게 볼 것인지 명확하게 정의하는 것이 좋다.

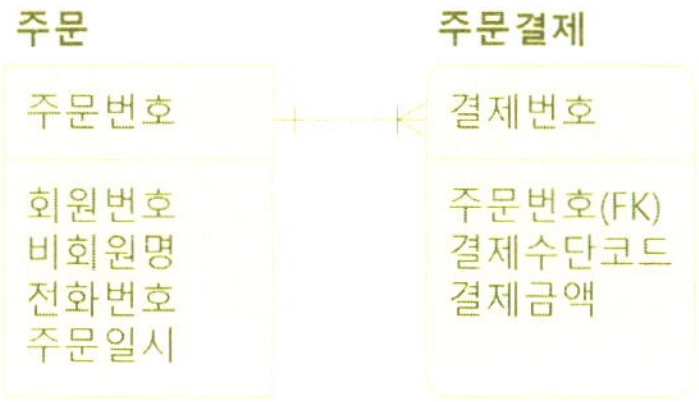

주문
주문번호
―――
회원번호
비회원명
전화번호
주문일시

주문결제
결제번호
―――
주문번호(FK)
결제수단코드
결제금액

주문결제

결제번호	주문번호	결제수단	결제금액
1	O1	카드	1,000
2	O1	적립포인트	300
3	O1	제휴카드포인트	200

[그림 3-1-26] 종속 엔티티의 발생 규칙

업무 마스터인 주문과 주문결제 엔티티다. 주문과의 관계를 보면 하나의 주문 건에 대해 결제가 여러 건 존재할 수 있음을 나타낸다. 결제가 여러 건이라는 것은 한 주문에 대해 여러 번에 거쳐 금액을 나누어 지불(결제 시점) 할 수 있거나, 결제는 한 번이지만 결제수단이 여러 가지 형태인 경우를 생각해 볼 수 있다. 여기서는 결제 시점을 관리하지 않으므로 후자의 의미로 볼 수 있으며, 카드 수수료나 적립포인트 등을 반영하기 위해 신용카드나 적립포인트 등 주문 건에 대한 실제 결제수단을 관리하는 것으로 결제수단 엔티티를 정의할 수 있다.

엔티티를 정의하는 방법은 엔티티의 성격에 따라 엔티티 자체만으로 정의 가능한 부분(고객, 상품 등, 핵심 엔티티)도 있고, 엔티티에서 관리하는 속성을 중심으로 파악(주문 등, 중요 엔티티)할 수도 있으며, 다른 엔티티와의 관계를 바탕으로 정의(주문결제 등, 행위 엔티티)할 수도 있다.

엔티티 통합

엔티티 통합은 엔티티 일반화와 특수화와 관련이 있다. 앞서 설명한 것처럼 개인고객과 법인고객을 일반화하여 고객 엔티티로 통합하고, 개별 속성은 특수화를 통해 개인고객, 법인고객 서브타입 엔티티로 정의할 수 있다. 엔티티 통합은 고객, 상품 등 핵심 엔티티에서 자주 볼 수 있으며, 핵심 엔티티는 다른 엔티티와 많은 관계를 가지는 특성이 있어 엔티티를 통합할 경우 관계도 통합되어 관계가 단순해 지고 명확해 진다.

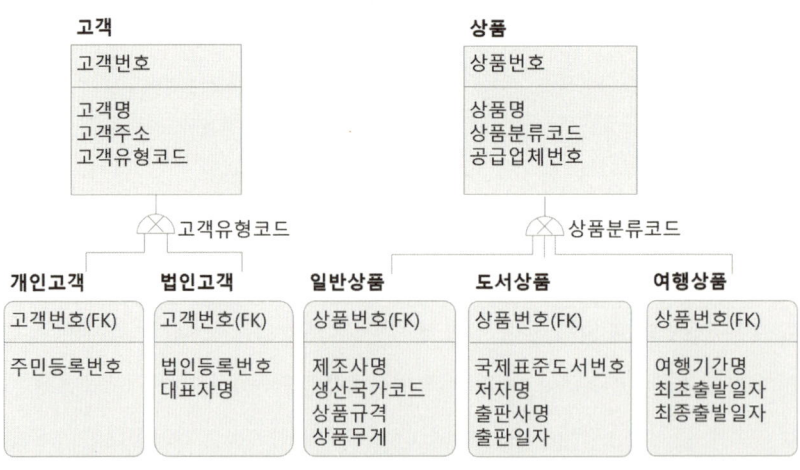

[그림 3-1-27] 고객/상품 엔티티 통합

또한, 거래에 해당하는 계약이나 이벤트 성격의 엔티티도 핵심 엔티티

보다 데이터 통합의 성격이 강하지는 않지만, 통합으로 인한 업무 단순화 효과는 동일하다.

[그림 3-1-28] 계약/이벤트 통합

엔티티 통합은 엔티티 일반화를 통해 구조적인 측면에서 하나의 엔티티로 설계하는 경우도 있고, 여러 시스템이나 업무에서 개별적으로 관리하던 데이터를 모아 관리하는 데이터 통합도 있다. To-Be 데이터 모델의 설계 방향을 수립할 때 데이터 및 엔티티 통합이 핵심 개선 요소로 많이 언급되기도 한다.

데이터를 통합하는 과정은 데이터에 대한 분류체계, 식별체계, 속성체계를 일원화하는 과정으로 볼 수 있다.

개별 시스템에서 회원이나 고객을 웹회원, 마케팅회원, 개인, 법인 등으로 다르게 식별하고 정의했다면, 동일하거나 유사한 데이터에 대해 개인, 법인, 단체 등과 같이 동일한 유형으로 새로운 분류 기준을 적용하여 분류체계를 일원화해야 한다.

분류체계를 일원화했으면 동일한 분류체계 내에서 데이터를 유일하게 식별할 수 있도록 식별체계를 일원화해야 한다. 개인 고객인 경우 내국인은 주민등록번호로 식별하고, 외국인은 외국인등록번호나 여권번호로 식별하도록 식별체계를 정의할 수 있다.

속성체계 일원화는 공통으로 관리하는 속성과 개별로 관리하는 속성으로 분류하고, 분류체계가 동일한 고객은 비슷하거나 동일한 속성을 갖도록 분류하는 과정이다. 고객은 고객명과 주소, 연락처 등을 공통으로 가지며, 개인고객은 생년월일, 성별을 추가로 관리한다.

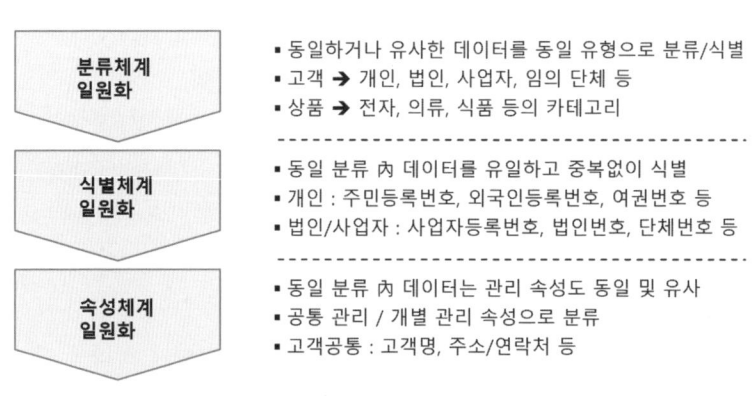

[그림 3-1-29] 데이터 통합 과정

데이터를 통합할 때 데이터에 대한 오너십과 우선 순위를 정하는 일도 중요하다. 여러 시스템에서 동일 고객 정보를 변경하는 경우 고객 속성 전체를 변경할 수 있도록 허용할 것인지, 고객주소와 연락처 등 특정 업무에 관련된 속성만 변경하도록 허용할 것인지 정의해야 한다. 서로 다른 시스템에서 발생한 데이터 중 어떤 값을 적용할 것인지 등 중복된 데이터에 대한 우선 순위도 염두에 두어야 한다. 'A시스템과 B시스템의 동일 고객에 대해 이름, 주소 항목 값이 다르게 관리되는 경우 B 시스템보다 A 시스템 데이터를 우선 적용한다' 등으로 정의할 수 있다.

얼마 전 프로젝트를 같이 하던 후배와 엔티티 통합에 대해 얘기 하던 중 예전 프로젝트에서 업무별로 관리하던 계좌를 엔티티로 통합하는 과정에서 모델러와 개발팀이 갈등을 겪은 일이 있었다고 한다. 개발팀은 계좌를 업무별로 따로 관리하고 있으며, 계좌번호 구성 체계도 다르기 때문에 업무별로 관리해야 한다고 주장하고, 모델러는 엔티티에 대한 정의도 같고, 거의 동일한 속성을 관리하는 데 계좌를 업무별로 따로 관리하는 것은 말이 안 된다는 것이었다. 그러면서 이 경우 통합하는 게 맞는지 업무별로 따로 가져 가는 게 맞는지 잘 모르겠다며 필자의 의견을 물은 적이 있다. 엔티티 통합의 원칙 중 하나는 최대한 통합하는 것이다. 하지만 통합하는 목적이 무엇인지 통합을 통해 얻는 것과 잃는 것을 같이 고려해야 한다. 나름대로 판단을 하기 위해 몇 가지 질문을 했다. 업무와 상관없이 전체 계좌를 조회하거나 공통으로 활용하는 경우는 없는지, 향후 업무 처리에서 확장 가능성이 별로 없는지, 개별로 관리하려는 목적은 무엇인지 등이다. 대답은 같이 처리하는 경우는 없고, 독립된 업무이기 때문에 향후도 같이 볼 일은 없을 것 같다는 것과 업무에서 사용하지도 않는 계좌를 굳이 같은 테이블에 저장할 필요도 없고 데이터 건수가 늘어 성능 문제도 발생할 것 같다는 우려도 있었다고 한다. 은행의 여신계좌와 수신계좌와 동일한 경우로 볼 수 있다. 이 경우 엔티티 통합과 데이터 통합을 구분해서 생각해 볼 필요가 있을 듯하다. 데이터 통합이 같은 데이터를 중복 없이 관리하는 것이라면 엔티티 통합은 구조적으로 같은 엔티티로 설계하는 것을 의미한다. 필자는 데이터 통합보다는 엔티티 통합에 가까우며, 엔티티를 통합하는 데 정답이 정해진 것이 아니므로, 통합을 기본으로 하되 이해 당사자 간의 협의를 통해 의견을 수렴하여 통합이든 분리든 결정하는 것이 좋다고 본다.

관계 도출 및 정의

관계(Relationship)는 엔티티와 엔티티 간의 관계를 말한다. 관계는 부모와 자식 엔티티 간의 종속 관계와 주체나 대상이 되는 엔티티를 참조하는 참조 관계로 나눌 수 있다. 종속 관계는 업무 내에서 중요 엔티티와 상세나 내역 등 행위 엔티티 간에 자주 나타나며, 부모 엔티티의 식별자를 주 식별자로 상속받는다(식별 관계). 참조 관계는 핵심 엔티티와 중요 엔티티, 중요 엔티티와 중요 엔티티 간의 관계에 해당하며, 참조되는 엔티티의 주 식별자를 일반 속성으로 상속받는다(비식별 관계). 데이터 모델링의 원칙 중의 하나가 데이터 품질이다. 엔티티 간의 관계가 명확하게 정의되어 있어야 참조 무결성 제약조건을 추가하거나, 프로그램을 통해 참조 관계를 구현하여 데이터 품질을 높일 수 있다. 개발 시에는 프로그램을 작성하면서 조인을 잘못하거나 데이터가 복제되어 다시 DISTINCT 문을 사용하는 문제를 최소화할 수 있다.

관계 도출

관계를 업무 행위의 성격에 따라 행위의 주체, 대상, 상세, 인과, 역할/자격, 구성, 참조 관계 등으로 구분할 수 있다. 현행 모델을 리버스 한 경우 관계가 누락된 경우가 많으므로 주체나 대상에 해당하는 속성 등을 파악하여 관계를 도출할 수 있다.

- 주체 : 핵심 엔티티와 중요 엔티티 간의 관계에서 업무 행위의 주체를 나

타낸다. 고객과 주문 엔티티에서 고객은 상품을 주문하는 주체에 해당한다.

[그림 3-2-1] 주체

- 대상 : 핵심 엔티티와 중요 엔티티/행위 엔티티 간의 관계에서 업무 행위의 대상을 나타낸다. 상품과 주문상품 엔티티에서 상품은 주문의 대상에 해당한다.

[그림 3-2-2] 대상

- 상세 : 중요 엔티티와 행위 엔티티 간의 관계에 해당한다. 엔티티 내용 중 일부를 세분화하여 표현하기 위해 또 하나의 엔티티를 설계하여 둘 간의 관계를 표시한다. 주문에 대한 주문상품 내역을 나타낸다.

[그림 3-2-3] 상세

- 인과 : 중요 엔티티/행위 엔티티와 중요 엔티티/행위 엔티티 간의 관계에서 업무 행위의 원인이나 근거를 나타낸다. 주문으로 인해 상품이 출고되거나 회수된다.

[그림 3-2-4] 원인이나 근거

- 역할/자격 : 핵심 엔티티와 다른 엔티티 간의 관계에서 업무 행위에 대해 특정 역할을 나타낸다. 업체는 업무 내용에 따라 제조사나 판매사에 해당한다.

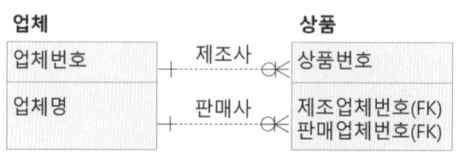

[그림 3-2-5] 역할/자격

- 구성 : 핵심 엔티티와 핵심 엔티티 간의 관계에서 특정 개념을 완성하기 위한 부분 개념과의 관계를 나타낸다. 부서는 사원으로 구성되며, 소속 사원이 없는 부서는 존재하지 않는다.

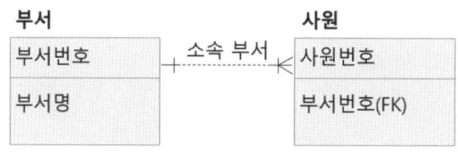

[그림 3-2-6] 구성/포함

- 참조 : 핵심 엔티티와 다른 엔티티 간의 관계에서 엔티티 고유 정보에 부속한 정보들을 참조한다. 고객의 도로명주소코드를 통해 도로명 주소를 알 수 있다.

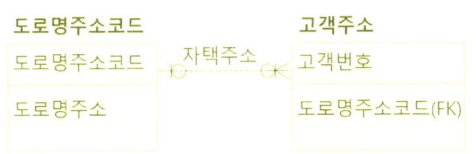

[그림 3-2-7] 구성/포함

관계 정의

엔티티 간의 관계수와 선택성, 식별자상속을 정의한다. 한 엔티티를 기준으로 상대 엔티티를 바라 보고 문장으로 기술하여 관계수와 선택성을 식별하고, 반대로 다른 엔티티에서도 상대 엔티티와의 관계를 정의한다.

한 명의 고객은 여러 소송 사건에서 대표 변호사 역할을 수행할 수 있다.
하나의 소송 사건은 반드시 변호사 역할을 담당하는 고객을 지정해야 한다.

[그림 3-2-8] 관계 정의

변호사가 여러 소송 사건을 맡는 것은 당연해 보인다. 한 소송 사건에 대해 한 명의 변호사만 변론을 맡을 수 있는지는 의문이다. 여러 명으로 구성된 변호인단을 구성할 수도 있으므로, 고객과 소송이 1:M 관계수를 가지기 위해서는 대표 변호사 1명으로 관계를 한정해야 한다.

관계수와 선택성을 기준으로 식별자 상속과 Not Null 속성을 지정한다.

1:1 필수-필수 관계 : 업무적으로 1:1 관계이면서 양쪽이 반드시 필요한 경우는 별로 없다. 회원으로 가입하기 위해 반드시 한번은 실명인증을 해야 하고, 실명인증만 하고 회원등록을 하지 않은 데이터는 관리하지 않는다.

[그림 3-2-9] 1:1 필수-필수 관계

성능이나 보안적인 이유로 일부 속성을 분리하여 엔티티를 설계한 경우도 있다. 게시판과 게시판내용은 동일한 데이터이지만 성능을 고려하여 저장공간을 많이 차지하는 게시물 내용을 분리하였다.

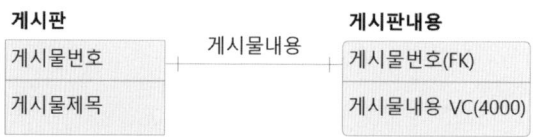

[그림 3-2-10] 성능을 고려한 1:1 관계

동일 집합을 분리한 경우 동일한 식별자를 가지는 종속 관계에 해당하고, 업무적으로 1:1 관계인 경우는 식별자 상속을 통한 종속 관계이거나 비식별자 상속을 통한 참조 관계에 해당한다.

1:1 필수-선택 관계 : 전체 집합의 일부 영역에 대한 정보를 별도로 관리하는 경우이거나, 고객과 고객부가 엔티티처럼 필수 항목과 선택 항목을 분리하여 설계한 경우에 해당한다. 상품 유형이 도서인 경우만 도서상품이 존재하고, 도서상품은 상품에 반드시 존재해야 한다.

[그림 3-2-11] 식별자 상속 관계

보험업무에서 보험설계와 보험청약 간의 관계는 계약 확정의 의미에 따라 엔티티를 분리하여 관리하며, 설계번호와 계약번호를 식별자로 가진다.

[그림 3-2-12] 비식별자 상속 관계

보험에 가입할 때 보험 설계사는 80세, 100세 보장 등 다양한 가입 조건으로 보험 설계를 하고, 고객은 보험 설계서 중 하나를 선택하여 청약한다.

1:1 선택-선택 관계 : 사원과 인턴과정 엔티티 관계에서 사원은 한번의 인턴과정을 거치거나 인턴과정 없이 바로 채용될 수 있다.

[그림 3-2-13] 1:1 선택-선택 관계

인턴과정을 거친 인턴은 입사할 수도 있고 입사하지 못할 수도 있다. 인턴과정은 사원과 별개로 데이터가 발생하기 때문에 사원번호를 식별자로 상속받을 수 없다. 인턴과정에 대해 사원 인스턴스가 없을 수 있으므로 인턴과정의 사원번호는 Null로 지정되는 것이 타당해 보인다.

1:M 필수-필수 관계 : 업무 영역 내에서 중요 엔티티와 행위 엔티티 간의 직접적인 관계에 해당한다. 하나의 주문은 반드시 하나 이상의 상품을 포함하고, 모든 주문상품은 하나의 주문을 가진다. 동일 이벤트에 대해 정규화 과정을 거치면서 두 개의 엔티티로 분리된 경우다.

[그림 3-2-14] 1:M 필수-필수 관계

특별한 경우가 아니라면 식별자 상속으로 표현해야 관계를 명확히 설명할 수 있다. 필수-선택 관계로 잘못 표현하는 경우가 많으므로 반드시 존재하는지 여부를 판단하여 정확히 표현해야 한다.

[그림 3-2-15] 잘못된 Optionality 표현

온라인 몰에서 결제를 하지 않고 주문하는 경우가 없다면 결제 엔티티의 인스턴스는 반드시 존재한다. 주문 건 이외의 결제가 없다면 식별자 상속으로 표현하는 게 더 명확하다.

1:M 필수-선택 관계 : 주문 후 배송 전에 주문을 취소하여 배송이 발생하지 않거나, 사원이 자격증을 보유하지 않아도 되는 경우 등이 해당한다.

하나의 주문은 배송이 여러 건 있을 수 있고, 하나의 배송은 반드시 원인이 되는 주문이 존재해야 한다.

[그림 3-2-16] 1:M 필수-선택 표현

업무 영역 내에서 중요 엔티티와 행위 엔티티 간에 가장 많이 나타나는 형태이다.

1:M 선택-선택 관계 : 식별자 상속을 통한 종속관계에서 나타나는 경우는 드물고, 비식별자 상속을 통한 참조관계이면서 참조하는 엔티티가 다른 업무를 포함하는 경우에 해당한다. 하나의 발주상품은 여러 건으로 나누어 입고될 수 있고, 하나의 입출고는 발주상품이 하나 존재할 수 있다.

[그림 3-2-17] 1:M 필수-선택 표현

M:N 관계 : 한 부서에는 여러 명의 직원이 소속되어 있고, 일부 직원은 여러 부서에 속할 수 있다.

[그림 3-2-18] M:N 관계

개념 모델에서 고객과 상품, 주문과 배송처럼 핵심 엔티티나 중요 엔티티 간의 관계를 개념적으로 표현할 때 나타난다. 논리 모델에서는 엔티티를 상세화하거나, 교차 엔티티를 설계하여 M:N 관계를 1:M 관계로 표현한다. M:N 관계가 완전히 해소될 때까지 1:M 관계로 분해해야 한다. 부서와 사원을 소속 부서와 부서장 두 개의 1:M 관계로 분해할 수 있다.

[그림 3-2-19] M:N 관계 상세화

모든 부서는 반드시 한 명 이상의 직원으로 구성되고, 모든 사원은 하나의 부서에 반드시 소속된다. 부서는 한 명의 직원이 부서장 역할을 할 수 있고, 한 명의 직원은 여러 부서의 부서장으로 겸직할 수 있다.

> ERwin에서 부모 엔티티의 선택성을 Optional로 지정하려면 "Nulls" 항목을 "Nulls Allowed"로 선택해야 한다. 관계 선택성과 속성의 옵셔널리티는 별개지만 논리적으로 보면 관계가 없진 않다.

관계명(동사) 부여

엔티티에 엔티티명을 부여하듯이 관계에도 관계명을 부여한다. 모델링 툴인 DA#에서는 관계명을 제3자 입장에서 표현하는 방법(관계명)과 당사자 입장에서 표현하는 방법(관계동사)으로 구분하여 표현한다. Erwin 툴에서는 관계명은 관계를 식별하는 ID와 같은 의미를 가지며, 관계동사를 기술하여 관계선 위나 아래에 표현한다. 관계동사를 부여하는 방법은 엔티티에서 다른 엔티티를 바라보는 입장에서 표현한다. 기본적으로는 양쪽 입장에서 관계를 표현하는 것이 원칙이다. 현실에서는 관계명을 부여하지 않는 경우가 많다. 관계정의서를 산출물로 제출하는 경우도 거의 없다. 엔티티 간의 관계만 봐도 어떤 관계인지 알 수 있어서 굳이 표현하지 않는 경우도 있고, 관계명을 부여하는 작업이 힘들고 노력에 비해 중요성이 떨어져서 생략하는 경우도 있다. 관계명을 의무감에 억지로 붙이다 보면 글짓기 하는 기분이 들 때가 있다. [그림 3-2-8]에서 관계명이나 관계동사를 어떻게 부여해야 할까? "수행하여", "지정하여"로 하는 것이 맞을까? "대표변호사"가 관계를 설명하는 데 더 명확하지 않을까?

필자는 관계명이나 관계동사를 굳이 다 부여할 필요는 없다고 생각한다. 부서-사원 엔티티처럼 관계명이 없어도 직관적으로 관계를 알 수 있는 경우가 많다. 관계명을 부여하지 않으면 관계를 파악하는 데 어렵거나 모호할 때 관계명을 부여한다. 업체-상품 엔티티처럼 두 개 이상의 관계가 존재할 때 제조사와 판매사 역할을 구분하기 위해 관계명이 꼭 필요한 경우가 있다. 배타관계에서 상속받는 경우도 관계명을 표시하는 것이 좋다. 관리하는 속성이 많아 관계 속성을 찾기 어려울 때도 관계명을 표시하면 비교적 쉽게 속성명을 알 수 있다.

관계동사를 부여할 때 양쪽의 의미가 많이 다른 때에만 양쪽 모두 명칭을 부여하는 것이 좋으며, 양쪽의 의미가 비슷하다면 한쪽만 부여해도 된다. 양쪽에 붙이다 보면 같은 의미인데 불필요한 작업을 하는 것 같고, 딱히 다른 명칭이 떠오르지도 않는다. 상속받거나 참조하는 엔티티 쪽에서 관계 속성을 관리하므로 자식(참조하는) 엔티티 입장에서 부모(참조되는) 엔티티와의 관계를 명사형으로 표현하는 것이 이해하기 쉽다. 관계명을 동사형(능동형/수동형)이나 부사형으로 부여해야 한다는 의견도 있으나, 필자는 명사형으로 부여해야 한다는 의견에 동의한다.

속성 도출 및 정의

논리 모델링 단계에서 속성에 대한 설계는 엔티티에서 관리하는 속성을 도출하여 식별하고 정의하는 과정이다. 업무 요건을 만족할 수 있도록 모든 속성을 도출해야 하며, 속성명, 속성정의나 설명, 필수여부, 데이터타입 등을 정의해야 한다.

업무에 필요한 속성을 도출하였으면 엔티티에 해당하는 속성인지 다른 엔티티를 참조하는 속성인지 식별하여 불필요한 속성을 제거하거나, 관계를 도출한다. 속성을 도출하고, 정의하는 일이 특별히 까다롭고 어렵다기보다는 양적인 측면에서 엔티티의 수 십 배에 해당하는 속성을 정의하는 데 많은 시간이 소요된다는 점이 부담스럽다.

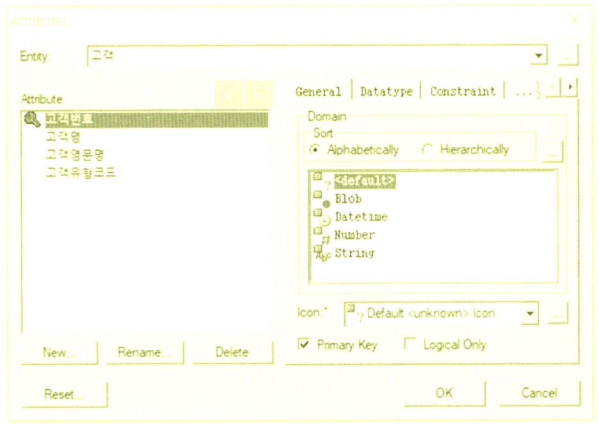

[그림 3-3-1] ERwin에서 속성 정의

논리 모델링 | 145

속성을 하나씩 식별하여 정의하기 보다는 업무 요건에 해당하는 속성을 모두 도출하는 것이 우선이다.

속성 도출

속성을 도출하고 식별하는 방법은 요구사항이나 현행 ERD 등 엔티티를 도출하고 식별하는 과정과 유사하다. 엔티티 유형에 따라 관리하는 속성들이 다르며 관리하는 속성들의 유형을 통해 속성이 가지는 특징을 살펴볼 수 있다.

핵심 엔티티 속성 : 핵심 엔티티의 경우 식별자 및 명칭, 특성/특징/제원, 접촉정보, 위치정보, 약관/정책, 관계 속성을 포함한다. 고객, 상품 등의 엔티티에 해당하는 속성은 주민등록번호, 상품번호와 같은 식별자와 명칭으로 구성되며, 생년월일, 크기, 중량 등의 특성이나 제원을 포함한다. 주소, 연락처와 같은 접촉 정보도 있으며, 주소나 장소에 대한 위치정보를 관리한다.

고객
고객번호
고객명 생년월일 기본배송주소 기본전화번호

상품
상품번호
상품명 모델명 크기 무게 색상

[그림 3-3-2] 특성 및 제원 관련 속성

펀드상품의 약관이나 상품 가입조건처럼 텍스트 형식의 설명이나 요약 정보를 데이터로 관리하는 경우 약관, 정책과 관련된 속성을 가진다.

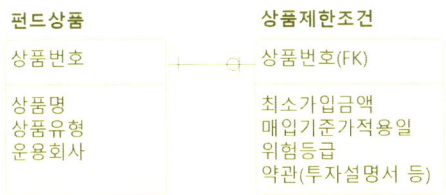

[그림 3-3-3] 약관/제약/정책 관련 속성

부서나 조직은 상위부서코드, 회계부서코드처럼 조직 간의 관계에 해당하는 속성을 중요하게 관리하기도 한다.

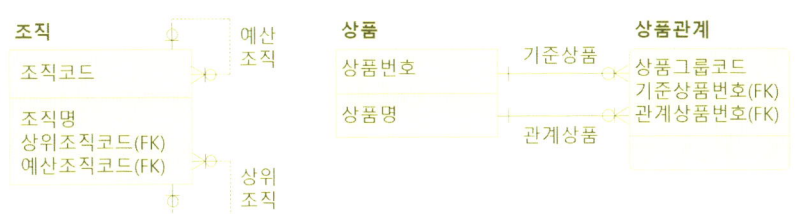

[그림 3-3-4] 관계 속성

중요 엔티티/행위 엔티티 속성 : 거래 주체나 대상 엔티티의 식별자에 해당하는 참조 식별자, 계약일자, 계약금액 등의 거래정보, 계약 업무를 처리한 담당자사번 및 부서코드 등의 업무처리정보를 포함한다.

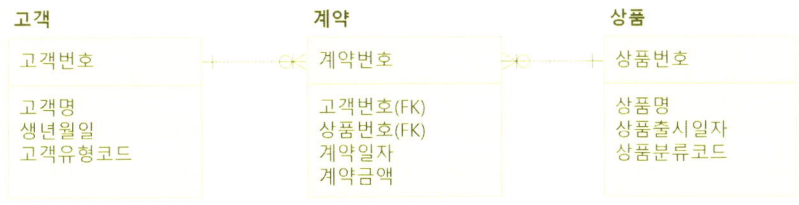

[그림 3-3-5] 거래 속성

모든 엔티티는 상품분류, 자산분류, 사업유형, 과세유형, 카드종류, 입

논리 모델링 | 147

찰형태 등 유형이나 분류에 해당하는 코드 성격의 데이터를 포함한다.

속성은 데이터표준의 도메인과 매우 깊은 관계가 있으며, 번호/코드, 명칭, 설명, 금액, 날짜, 율/비율 등 도메인을 중심으로 데이터 성격을 식별할 수도 있다.

속성명 부여

속성명은 속성을 가장 명확하게 설명할 수 있는 명칭을 부여해야 한다. 속성명은 전체 주제영역 내에서 동일한 의미와 체계(구성)를 가져야 한다. 전사 공통으로 결재모듈에서 사용하고 있는 '결재번호' 속성과 다르게 업무 내에서 내부 결재용으로 사용하는 엔티티가 있고 번호 체계도 다르다면, '결재번호'가 아니라 '내부결재번호'로 명명하는 것이 합당하다.

속성명은 간결하면서 너무 일반적이지 않아야 한다. 일반적인 명칭을 사용하는 경우 의미가 모호한 경우가 많으며, 여러 가지 의미로 해석될 수 있다. '처리일자'보다는 '입금처리일자'를 사용하여 속성에 대한 설명을 확인하지 않고도 어떤 의미인지 파악할 수 있는 정도로 명명해야 한다.

엔티티에 따라 수식어를 추가할 수 있다. 사원 엔티티에서는 속성명을 '사원번호'로 해도 충분하지만, 결재내역에서는 기안자인지, 승인자인지 모호해 질 수 있으므로, 요청자사원번호, 승인자사원번호 등으로 부여하는 것이 좋다.

속성명은 표준단어들의 조합으로 구성한다. 마지막 단어는 표준단어의 분류어(도메인)로 구성하며, 데이터표준에서 정의한 도메인을 참조하여 정한다. 현업이나 시스템 운영자와 같이 정의하는 것이 가장 정확하겠지만, 모든 속성을 일일이 확인하는 것은 현실적으로 어렵다. 현행 ERD를 활용하는 경우 컬럼명에 대한 도메인을 식별하여 속성명을 일괄적으로 적용할 수 있다. 현행 모델의 컬럼명이나 데이터타입을 참고하여 도메인을 식별하고 속성명을 부여한다. 모르는 부분은 별도 표시하여 물어보면 된다.

필자는 "고객_전화번호" 등으로 단어와 단어 사이에 언더바를 붙여서 속성명을 작성한다. 일반적으로 속성을 컬럼으로 변환할 때, 표준 데이터 사전을 이용하여 속성(한글)명을 단어와 단어로 자동 분리하며, 표준 용어나 단어에서 해당하는 영문약어를 참조한다. 속성명을 분리하면서 언더바가 없으면 단어와 단어를 정확하게 분리할 수 없는 경우가 종종 발생하며, 복합어와 관련이 있다. "휴대전화번호"가 "휴대전화(Mobile)"+"번호(Number)"로 분리되느냐 "휴대(Portable)"+"전화번호((telephone number)"로 분리되느냐에 따라 컬럼명이 "MOBL_NO"와 "POTB_TELNO"로 변환된다. 속성명에 언더바를 추가하면 영문명이 다른 의미로 변환되는 것을 막을 수 있다. 언더바를 제거하여 표준용어에 있는지 확인하고, 없다면 언더바를 기준으로 단어에 해당하는 영문약어를 자동으로 적용하면 된다. 속성명에 언더바를 붙이는 것이 불편하다면 컬럼명 변환 후 일괄 제거하면 그만이다(언더바를 제거하기는 쉬워도 단어와 단어를 분리하는 것은 어렵다).

속성명은 표준용어나 표준단어를 사용하되 아래와 같은 속성명 부여 규칙을 정하여 부여해야 일관성을 유지할 수 있다.

- 속성 명칭은 데이터 사전에 등록된 표준단어의 조합으로 구성된 표준 용어를 사용하며, 반드시 도메인으로 끝나야 한다.
- 속성 = (수식어) + (주제어) + (수식어) + … + 도메인
- 경우에 따라 수식어 없이 도메인 명으로만 정의할 수 있다. (예, 계좌번호, 부서코드)
- 엔티티명과 동일할 수 없고, 수식어는 엔티티 명이 주어졌을 때 의미를 파악할 수 있는 정도로 부여한다.
- 한글과 알파벳을 사용하고, 단수 명사 또는 명사구로 정의하며 띄어쓰기

를 하지 않는다
- 일반적으로 사용하는 용어는 축약하지 않는다. (예, 주민번호 → 주민등록번호)

속성 정의

　속성에 대한 설명이나 데이터 발생 규칙 등을 기술한다. 논리 모델을 작성하면서 작업량이 많아 절대 시간이 많이 소요되는 작업이기도 하다. 속성 정의를 꼭 해야 하는지 생략해도 되는지, 어느 수준으로 기술해야 하는지 논란이 되는 경우도 많다. 속성 정의는 작성하면 도움이 되지만 노력한 시간에 비해서는 중요성이 떨어진다. 작성하는 것을 원칙으로 하되, 등록일시처럼 모든 엔티티에 추가되는 시스템 속성이거나, 고객명처럼 굳이 설명하지 않아도 누구나 의미를 알 수 있는 경우 속성명과 동일하게 기술하도록 가이드 할 수 있다. 가급적이면 일괄 작업을 통해 불필요한 작업을 최대한 줄이고, 중요한 속성에 대해 충분히 기술할 수 있도록 방향을 제시하는 것이 바람직하다.

　속성 정의는 관계나 속성의 성격에 따라 달리 기술해야 한다. 주문 엔티티의 주문번호처럼 식별자이면서 데이터 채번 규칙이 있는 경우는 '년도+일련번호(6)' 등으로 번호를 부여하는 규칙을 기술할 수 있다. 주문내역 엔티티의 주문번호는 '주문번호' 그대로 기술해도 무방하다. 업종, 업태처럼 일반적으로 사용되는 용어이거나 속성 도메인이 명/명칭/제목, 주소, 여부/유무, 코드, 일자/일시인 경우 속성명으로 의미를 파악할 수 있다면 설명이 필요 없다. 코드 도메인은 속성명으로 코드 공통코드의 코드 유형을 알 수 없거나 전체 코드 중 일부만 사용할 경우 코드유형이나 코드를 나열하여 기술할 수 있다. 송신일자처럼 속성명만 보고는 우리가 보낸 것인 것 상대방이 보낸 것인지 혼동되거나, 사건번호처럼 무슨 사건인지 누가 관리하는 번호인지 모르는 경우 속성에 대한 설명을 상세히 해야 한다.

식별자 지정

식별자는 앞에서 살펴본 것처럼 유일하게 식별 가능한, 최소 속성으로 구성하고, 변하지 않으면서, 반드시 존재하는 값이어야 한다. 모든 엔티티는 식별자를 가져야 하며, 식별자를 가지지 못하면, 정상적인 엔티티가 아니라, 그냥 단순히 데이터를 기록하는 로그 성격 데이터이거나 데이터로서 가치를 가지지 않는 임시 저장 성격의 데이터일 가능성이 높다.

식별자는 원래 존재하는 속성이냐에 따라 본질 식별자와 인조 식별자로 구분하고, 대표성 여부에 따라 주 식별자와 대체(보조) 식별자로 구분한다.

본질 식별자(자연, Natural Identifier)는 사원 엔티티의 사원번호, 주민등록번호처럼 엔티티에 원래 존재하는 속성으로 구성된 식별자이다. 본질 식별자는 항상 본질적인 속성이거나 자연적으로 존재하는 속성인 경우도 있으나, 그렇지 않은 경우도 있다. 엔티티 개체가 처음부터 유일하게 존재하는 것이 아니라, 업무처리나 이벤트 성격의 데이터인 경우 회원ID, 계좌번호처럼 ID나 일련번호 등을 부여하여 식별하는 경우도 흔하다. 이 경우라 하더라도 일련번호 등을 부여하는 기준이 무엇인지 반드시 식별해야 한다.

인조 식별자(Artificial Identifier)는 결재번호처럼 결재를 상신할 때 본질 식별자인 상신자사원번호 + 상신일시를 대신하여 인위적으로 부여한 일련번호 형식의 식별자를 말한다.

본질 식별자를 주 식별자로 하는 경우 주민등록번호보다는 사원번호처럼 엔티티를 대표하거나 변하지 않는(식별자 특성에 더 적합한) 속성을 우선하는 것이 좋다. 사원번호가 주 식별자가 되는 경우 주민등록번호는 자연스럽게 대체 식별자가 된다. 인조 식별자를 주 식별자로 사용하면서 본질 식별자를 식별하지 않은 경우를 종종 볼 수 있다. 결재 상신할 때 상신자가 상신(상신일시) 했을 때 본질식별자는 데이터를 발생하는 규칙을 제공하며,

유일하게 데이터를 식별할 수 있는 기준을 제공한다. 본질 식별자를 정확하게 정의하지 않았다면 엔티티의 핵심적인 정의가 누락되었다고 볼 수 있으며, 개발자가 데이터 집합을 자의적으로 해석하여 중복 데이터를 발생시킬 수 있는 여지를 주게 된다. 결재번호처럼 인조 식별자를 주 식별자로 정의한 경우 본질 식별자인 상신자사원번호+결재일시를 대체 식별자로 지정할 수 있다.

본질 식별자 또는 인조 식별자가 주 식별자 역할이든지 대체 식별자 역할이든지 데이터 발생 규칙을 정의하고, 실체무결성(Primary Key, Unique Key) 제약조건을 설계해야 한다.

인조 식별자를 정의하는 경우

논리 데이터 모델은 업무 변경에 유연하게 대응할 수 있어야 하고, 확장성을 가져야 한다. 서로 다른 본질 식별자를 가진 엔티티를 통합할 때 본질 식별자를 그대로 사용하는 경우 구조가 복잡해 지고, 데이터 값이 없는 경우도 발생한다. 향후 식별자를 변경하게 된다면 해당 엔티티와 관계를 가지는 다른 엔티티도 영향을 받게 된다. 본질 식별자를 사용하는 것보다 인조 식별자를 사용한다면 식별자를 변경할 가능성이 낮아지고, 이로 인한 설계 변경을 최소화할 수 있다. 이처럼 본질 식별자 대신 인조 식별자를 사용하여 유연하고 확장 가능한 논리 모델을 설계할 수 있는 경우가 있다.

1) 엔티티를 통합할 때 통합 대상 엔티티 식별자가 서로 다르거나, 데이터 집합 단위가 다른 경우에 본질 식별자 대신 인조 식별자를 정의할 수 있다. 법인(법인등록번호), 개인(주민등록번호, 외국인등록번호 등), 사업자(사업자등록번호), 단체(단체번호) 등 다양한 유형의 데이터를 통합하거나, 사업자(사업자등록번호)와 사업장(사업자등록번호+사업장소재지) 처럼

식별자 구조가 다를 때 사업장번호 속성 등으로 식별자를 설계할 수 있다. 이 경우 사업장구분코드 속성을 추가하여 사업자, 사업장 등에 따라 사업자등록번호, 사업자등록번호 + 사업장소재지 등의 속성으로 데이터를 유일하게 식별할 수 있도록 본질 식별자 및 데이터 발생 규칙을 정의해야 한다.

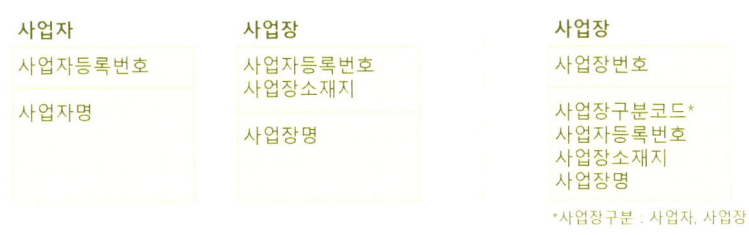

[그림 3-3-6] 복잡한 본질 식별자 대체

중요 엔티티(Main Entity)는 업무영역 내에서 업무 처리를 위한 중심 역할을 하는 엔티티이며, 수 많은 하위 엔티티를 가지고 있다. 계약, 주문 엔티티에서 주 식별자로 사용하는 계약번호, 주문번호는 업무적으로 의미를 가지는 속성에 해당하여 본질 식별로 볼 수도 있고, 계약자, 거래일시 등 원래 관리하는 속성 대신 시스템에서 부여한 인조 식별자로 볼 수도 있다. 계약, 주문 등은 회사 전체에서도 핵심 업무에 해당하며, 계약번호 등이 인조 식별자인지, 본질 식별자인지 구분할 수 없을 만큼 아주 자연스럽게 사용한다.

2) 업무적으로 중요성은 덜하지만 본질 식별자인 발주번호 + 입찰마감일자 대신 인조 식별자인 입찰번호를 부여하여 관리할 수 있다. 하위 엔티티에 대한 하위 엔티티가 존재할 때 식별자를 계속 상속받게 되므로, 하위 엔티티로 내려갈 수록 식별자 속성 개수가 많아지게 되며, 모델이 복잡해진다. 데이터 모델을 단순화하고, 물리 모델로 변환했을 때, 개발 편의성 및 성능적인 이점을 제공하기 위해 인조 식별자를 추가하여 주 식별자로 사용한다.

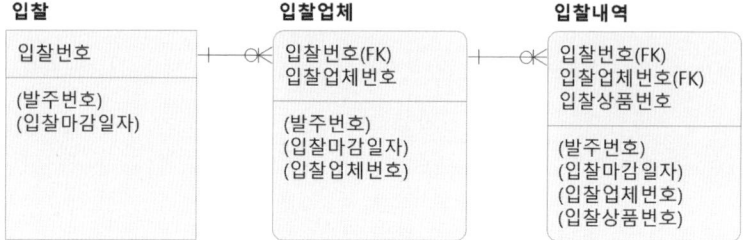

[그림 3-3-7] 복잡한 본질 식별자 상속 대체

3) 개인정보 암호화 대상에 해당하여 본질 식별자를 주 식별자로 사용하지 못하는 경우도 있다. 계좌번호, 카드번호 등은 금융기관과의 거래(계약)을 통해 생성되는 속성이며, 계약번호, 주문번호와 성격이 같다. 그러나, 개인정보 암호화 대상이므로 평문이 아닌 암호화된 데이터를 관리해야 하므로, 인조 식별자인 계좌관리번호나 카드관리번호 등을 추가하여 주 식별자를 정의하는 것이 일반적이다.

계좌
계좌관리번호
계좌번호암호화

카드
카드관리번호
카드번호암호화

카드관리번호	카드번호암호화
1	sruGyhSgDGAsdahl
2	asdfhJajhdajkfshA

[그림 3-3-8] 암호화 식별자 대체

4) 본질 식별자에 대한 데이터가 들어 오지 않은 상태에서 업무 처리를 위해 인조 식별자를 추가하는 경우도 있다. 거래 업체를 거래처로 등록하여 업무를 처리해야 하는 데, 당장은 본질 식별자에 해당하는 사업자등록번호를 알 수 없을 때, 사업자등록번호 대신 인조 식별장인 거래처번호를 주 식별자로 정의할 수 있다. 일단, 거래처번호만 부여하여 업무 처리를 진행하고, 향후 사업자등록번호를 수정할 수 있다.

거래처		거래처번호	거래처명	사업자등록번호
거래처번호		1	비투엔	2208612345
거래처명 사업자등록번호		2	서울데이터	NULL → 22086

[그림 3-3-9] 초기 Null 값이 있는 본질 식별자 대체

도메인 및 데이터타입 지정

속성에서 도메인을 지정하거나 데이터타입을 지정하여 속성이 가질 수 있는 데이터 값의 범위를 정의한다. 데이터 표준에서 정의한 도메인과 데이터타입을 Erwin 등의 모델링 도구에 등록하여 도메인을 지정하며, 도메인에 정의된 데이터타입을 자동으로 속성의 데이터타입으로 적용한다.

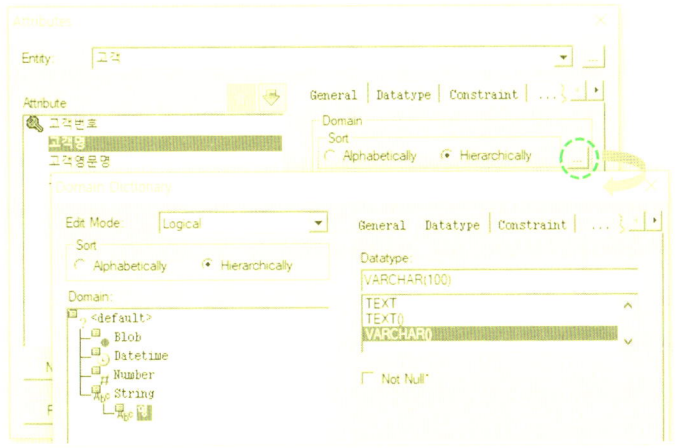

[그림 3-3-10] 도메인 등록 및 지정

고객명, 고객영문명 속성의 도메인을 '명' 도메인으로 지정하면, 도메인이 가지는 데이터타입인 VARCHAR(100)이 적용된다. 도메인 데이터타입을 VARCHAR(200)으로 변경하면, 고객명, 고객영문명의 데이터타입도 동일하게 반영된다.

데이터 표준에서 도메인을 제대로 분류하고, 속성명을 도메인명으로 끝나게 부여했다면 도메인을 지정하는 데 크게 어려움은 없을 것이다. 식별자(고객번호, 주문번호 등)나 코드(고객유형코드, 주문상태코드 등) 속성은 속성명과 동일한 도메인을 추가하여 관리할 수 있다. 도메인을 지정하거나 데이터타입을 지정할 때 가장 중요한 원칙은 속성이 관리할 데이터에 맞는 데이터타입을 지정하는 것이다. 데이터 유형을 고려하여 문자형, 숫자형, 날짜형 데이터타입을 지정해야 한다. 식별자 속성은 좀 애매하다. 업무적으로 부서코드＋년도＋일련번호(6) 등과 같은 식별 체계를 가진다면 문자형을 지정해야 하고, 의미 없이 시스템에서 순차적으로 부여한다면 숫자형으로 지정한다.

옵셔널리티(Not Null) 지정

엔티티에 데이터가 입력될 때 해당 속성 값이 반드시 값을 가져야 할 경우 Mandatory(필수, Not Null)으로 지정하고, 값을 가지지 않아도 되는 경우 Optional(선택, Null)으로 지정한다. 엔티티 간의 관계에 의해 생성된 속성은 관계에 정의된 규칙에 따라 Not Null 여부가 결정된다. 자식 엔티티에서 식별자로 상속을 받으면 무조건 Not Null로 지정되고, 비식별자(일반 속성)로 상속받으면 옵셔널리티(Erwin의 Nulls Allowed, No Nulls) 지정에 따라 Not Null 여부가 결정된다. 관계 속성이 아닌 경우는 속성에서 옵셔널리티를 지정한다. 식별자 속성, 여부/유무 도메인 속성, 기타 Default 값을 지정해야 하는 속성은 Not Null 로 지정한다. 코드 도메인도 가급적 Not Null 속성으로 지정하되, 공통코드에 '해당없음', '값없음' 코드를 추가하여 값이 지정되지 않을 경우 기본 코드를 '값없음'으로 지정할 수 있다. 금액 도메인 속성에 Default 0 값을 지정하여 Not Null을 설정하는 경우 Null 일 때와 평균(AVG) 값이 다를 수 있다. 업무적으로 평균을 사용하는지, Null 대신 0 값으로 채워도 되는지 현업과 검토하여 적용해야 한다.

Default 값 지정

데이터 값을 입력하지 않았을 때 기본값을 지정하는 것이다. 금액 도메인 컬럼에 대해 Default 0 값을 지정할 수 있다. 시스템 속성의 경우 일시 도메인 컬럼은 SYSDATE를 지정하고, 등록자/수정자 식별번호는 'SYSTEM', 프로그램명 등으로 지정할 수 있다. Default 값을 설정하는 방법은 DBMS에서 Default 제약조건을 설정하거나, 응용 프로그램에서 기본값을 지정하여 구현할 수 있다.

데이터 모델 검토

논리 데이터 모델이나 물리 데이터 모델이 고객의 요구사항을 모두 반영하고 있는지, 논리적인 오류는 없는지 등을 검토하여 데이터 모델의 완성도를 높이는 과정이다. 모델 검토는 논리 모델링 중간이나 논리나 물리 모델링이 완료되었을 때 수행한다. 검토 방법으로는 자체 검토, 동료 검토, 이해관계자 리뷰, 산출물을 통한 검토 등이 있다.

자체 검토는 엔티티, 관계, 속성, 식별자 등 구성요소에 대한 체크리스트를 바탕으로 모델링을 진행하는 과정에서 자체적으로 데이터 모델을 검토하는 방법이다. 특히, 여러 사람이 모여 속성까지 검토하는 것이 어려우므로 모델러 스스로 화면설계서 등을 참고하여 모든 속성을 도출했는지 꼼꼼하게 확인해야 한다.

구분	점검 항목
엔티티/ 테이블	• 엔티티명은 명사형으로 구체적이고, 명확하게 명명했는가? • 업무적으로 동질성을 갖는 집합에 대한 엔티티 통합과 업무적으로 구분되는 집합에 대한 엔티티 분리를 적절하게 설계했는가? • 엔티티 정의는 집합의 구성 형태 및 특징을 알아 볼 수 있도록 구체적으로 기술했는가? • 향후 데이터 모델의 변경을 최소화하여 업무적인 변화를 수용할 수 있도록 설계했는가?
관계	• 엔티티 간 필요한 관계를 빠짐 없이 식별했는가? • 엔티티 간의 관계에서 Cardinality, Optionality 를 정확하게 정의했는가? • ERD 상에서 가급적 엔티티 간의 관계선이 교차하지 않도록 엔티티를 배치했는가?
식별자	• 모든 엔티티에 주 식별자가 존재하고, 식별자 정의가 적합한가? • 주 식별자가 번호, ID 등일 경우 번호체계를 정의했는가?
속성/ 컬럼	• 모든 속성을 도출하고, 속성 정의는 명확한가? • 속성명들이 적합한 데이터 표준용어를 사용하여 설계했는가? • 데이터타입, 길이, NULL 여부를 충실히 작성했는가? • 코드 속성의 경우, 공통코드 또는 목록성 테이블명을 명시했는가?

[표 3-3-1] 데이터 모델 체크리스트 예시

동료 검토는 논리 모델링 중간에 타 주제영역 모델러에게 모델을 설명하고, 동료 모델러와 엔티티, 관계, 속성 정의나 용도 등을 중심으로 질문하고 답변하는 과정에서 모델의 문제점을 도출하여 반영한다. 보통 주제영역별로 2주 단위로 모델러들이 모두 참여하여 진행한다.

이해 관계자 리뷰는 논리 모델링 또는 물리 모델링 단계 말에 현업, 현행 시스템 운영자, 응용설계자 등 이해 관계자를 대상으로 모델이나 업무를 설명한다. 현업은 요구사항을 모두 반영했는지, 업무를 제대로 반영했는지 등을 중심으로 검토한다. 응용 설계자는 화면설계서 등을 참고하면서 화면의 정보 항목이 누락없이 모델에 반영되었는지, 데이터 흐름에 문제는 없는지 등을 검토한다. 속성은 하나하나까지 전부 검토할 수 없으므로 주요 속성 위주로 검토하고, 필요한 엔티티가 모두 도출되었는지, 엔티티 간의 관계가 정확한지 등 엔티티와 관계 중심으로 검토한다.

산출물을 통한 검토는 요구사항추적표에서 요구사항과 관련된 엔티티나 테이블을 식별하거나, 프로세스 대 엔티티 상관도를 작성하여 프로세스에 해당하는 테이블이 하나 이상 식별되었는지, 테이블에 해당하는 프로세스가 존재하는지 등을 검토한다. 엔티티가 누락되었는지 불필요한 엔티티가 도출되었는지 확인하여 엔티티를 추가하거나 삭제한다.

데이터 표준화

데이터 표준화는 데이터 항목(틀)에 대한 명칭과 의미를 정하고, 실제 저장하고 활용하는 데이터 값(내용)에 대한 형식 및 범위를 규정하는 활동을 말한다. 이를 통해 구성원이 같은 용어를 동일한 의미로 사용함으로써 의사소통을 원활하게 할 수 있도록 한다. 또한, 데이터모델의 엔티티, 속성, 테이블, 컬럼에 대해 표준 명명 규칙을 준수함으로써 개발 생산성을 높일 수 있다.

데이터 표준화는 데이터 모델링과 밀접한 관계를 가지고 있으며, 독립적인 영역이지만, 일반적으로 데이터 모델링을 진행하면서 표준화를 먼저 수행하는 경우가 대부분이고, 특히 속성명을 부여할 때 표준을 준수해야 함으로 데이터 표준화에 대해 살펴볼 필요가 있다. 데이터 표준화를 통해 전사적으로 사용하는 표준단어, 표준도메인, 표준코드, 표준용어를 식별하고 정의한다.

표준단어는 의미를 가지는 최소 단위의 낱말이며, 단어들의 조합으로 구성된 복합어(예, 전화번호 = 전화 + 번호)를 포함하기도 한다.

표준도메인은 단어 또는 용어의 일종으로 데이터 값의 형식(예, 숫자형)과 범위(예, 정수 5자리)를 포함하여, 데이터 값이 입력될 때 오류 데이터가 유입될 수 있는 여지를 줄일 수 있다.

표준코드는 도메인의 일부로 볼 수 있으며, 도메인이 코드 성격을 가지는 경우 허용되는 값의 범위를 특정 값들로 한정하고, 목록화된 데이터 값만 사용할 수 있도록 한다. 보통 숫자나 영문으로 구성된 코드와 한글명칭으로 구성된다.

표준용어는 현업이 업무에서 사용하는 업무 용어(예, 외상매출금)나 IT부서에서 사용하는 기술 용어(예, 계좌ID) 모두를 포함한다. 단어와 단어의 조합으로 구성하고, 데이터 값의 성격을 알 수 있도록 도메인으로 끝나도록 구성한다.

표준단어, 표준도메인, 표준용어는 서로 연관관계를 가진다. 표준단어는 독립적인 형태로 기본단어 중 분류단어가 도메인 단위가 된다. 도메인(분류단어)은 여러 인포타입을 가지며, 인포타입은 DBMS의 데이터타입과 길이를 포함한다. 표준용어는 표준단어들의 조합이며, 도메인의 특정 인포타입을 가지게 된다.

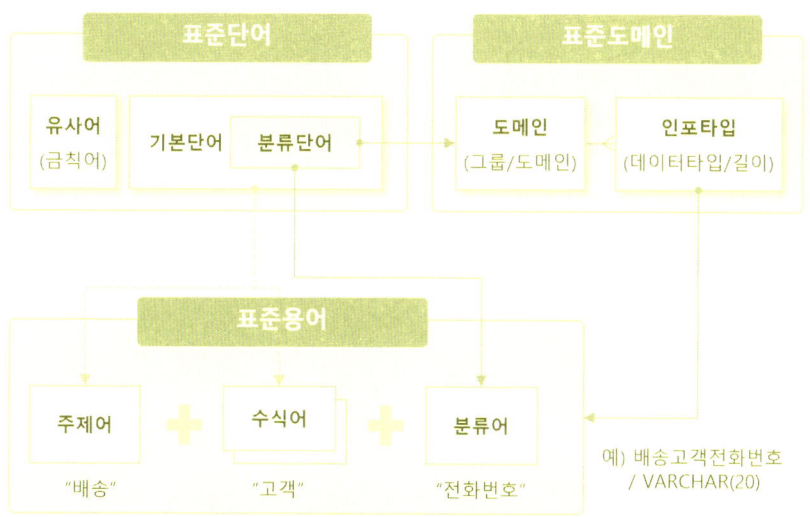

[그림 3-4-1] 표준구성요소

단어 표준화

단어는 용어를 구성하는 최소 단위의 낱말을 의미한다. 단어 표준화는 업무 또는 IT에서 사용하는 단어를 식별하고 정의하는 과정이다. 이를 통해 현업의 요구사항을 수집하거나 분석할 때 효율적으로 의사소통 할 수 있고, 데이터 모델의 엔티티, 속성 등의 명칭으로 활용할 수 있다. 단어 표준화 과정을 통해 단어사전이 만들어 지며, 단어사전은 단어, 단어정의(설명), 영문단어, 영문약어 등으로 구성된다. 개인 블로그에 3,000여 개 표준단어를 정의했으니 참고하기 바란다(https://blog.naver.com/easttree, "17. 표준단어사전").

단어	정의	영문단어	영문약어	동의어	단어유형
고객	상점, 식당, 은행 따위에서 물건을 사거나 서비스를 받는 사람	customer	CUST		기본단어
전화번호	가입된 전화마다 매겨져 있는 고유 번호	phone number	TELNO		분류단어
협력업체	…				기본단어
하청업체	…			협력업체	금칙어

[표 3-4-1] 단어사전 관리항목

단어유형이 분류단어인 경우 표준도메인으로 정의해야 한다. 유사어나 금칙어는 동의어에 해당하는 단어를 사용하도록 해야 한다. "하청업체"는 단어유형 항목에 금칙어로 표시되어 있으므로 사용해서는 안되고, 동의어 항목에 정의된 "협력업체"를 사용해야 한다. 단어 표준화 작업 시 가장 먼저 해야 할 일은 단어에 대한 관리기준 및 명명규칙을 정하는 일이다. 복합어, 파생어, 외래어, 동음이의어, 이음동의어를 어떻게 관리할지, 특수문자, 띄어쓰기 등을 허용할지 등의 기준을 세우고 표준단어를 적용할 때 판단 근거로 삼아야 한다.

기준구분	기준 설명	예시
명명규칙	한글, 영문, 숫자만 사용하고, 영문은 대문자로 표기한다. 특수문자 및 띄어쓰기를 하지 않는다.	• 협력 업체→협력업체 • Url→URL
	명사 사용을 원칙으로 하며, 동사, 형용사 등은 허용하지 않는다. 예외 시 표준담당자와 협의한다.	• 고객의→고객, 고객의소리 (예외) • 사용할→사용+예정
외래어 표기	외래어는 같은 의미의 한글 단어가 있는 경우 우선 한글 단어를 적용하고, 대체할 수 없을 경우 외래어표기법에 따라 한글로 표기한다.	• 패스워드→비밀번호 • Service→서비스
동음 이의어	동음이의어(Homonym)는 허용하지 않으며, 사용빈도가 적은 단어를 다른 단어로 대체하거나 복합어로 대체한다.	• 통화(Call)→통화 • 통화(Currency)→통화량, 통화단위
이음 동의어	같은 의미이지만 다른 용어를 사용하는 이음동의어(Synonym)는 허용하지 않는다. 빈도가 높거나 순화된 단어로 대체한다.	• 에러/오류→오류 • 최종/마지막→최종 • 구좌/계좌→계좌

[표 3-4-2] 표준단어 관리 기준 예시

일반적으로 동음이의어와 이음동의어는 허용하지 않으며, 표준 단어사전에 등록하여 다른 단어로 대체하여 사용할 수 있도록 해야 한다.

동음이의어는 읽었을 때 소리는 같지만 뜻이 다른 단어를 말한다. "통화"처럼 동일하게 표기되지만 '전화로 말을 주고받음'(Call), '유통 수단이나 지불 수단으로서 기능하는 화폐'(Currency)로 의미가 다르다. 속성명을 컬럼명으로 변환할 때 한글 단어를 영문약어로 변환한다. 동음이의어를 허용하게 되면, 속성 의미에 해당하는 영문약어를 사람이 직접 선택해야 하므로 번거롭고, 의도하지 않게 다른 영문약어를 사용하여 혼란을 야기할 수 있다. 하나의 한글 단어는 하나의 의미를 가지며, 하나의 영문약어를 사용하도록 하는 것이 바람직하다. 동음이의어는 활용이 덜한 단어를 다른 단어로 대체하여 사용할 수 있다.

이음동의어는 소리는 다르지만, 뜻이 같은 단어를 말한다. 최종과 마지막 등 순 우리말과 한자어에 해당하는 경우가 많다. 데이터 표준에서는 좀 더 포괄적인 의미로 비슷하거나 유사한 의미를 가지는 단어들을 포함한다. 비슷한 단어 중에 대표 단어를 지정하고, 비슷한 의미의 다른 단어를 사용하지 못하도록 지정할 수 있다. 데이터 표준화를 하는 이유는 동일한 용어를 사용하고 같은 의미로 해석하기 위함이다. 이음동의어는 동일한 의미임에도 불구하고 다른 표준을 만드는 것과 같으므로 제한하는 것이 바람직하다. 구좌와 계좌, 사원과 직원처럼 관용적으로 다르게 사용하거나 약간 다른 개념(범위)을 가지는 경우 다른 단어로 등록할 수 있다. 하지만 정확하게 쓰임새를 구분할 수 있는 사람은 많지 않으므로, 더 많이 사용하거나 순화된 단어로 통일하여 사용하는 것이 좋다. 사원번호, 사무직원처럼 사원이나 직원 둘 다 사용해야 어색하지 않을 경우 직원을 이음동의어에서 제외하는 대신 사무직원을 복합어로 추가할 수 있다. 가산금, 입금액, 부가세, 과세액 등으로 금액의 의미를 가지는 금/금액/액/가/세액/가격/가/단가 등도 크게 어색하지 않으면 금액으로 통일할 수 있다. 영문약어를 AMT로 사용할 수 있어 비슷한 영문약어 사용을 방지할 수 있다.

표준 단어를 등록하면서 가장 고민하는 것 중의 하나가 영문 약어를 정하는 일이다. 일반적으로 4자리이하를 권장하고, 최대 6자리를 넘지 않도록 작성한다. 원칙적으로 명명 기준에 따라 영문약어를 부여하는 것이 좋다.

그러나, 기존에 업무 또는 시스템에서 관용적으로 아주 많이 사용하는 약어는 가급적 유지하는 것도 고려해야 한다.

기준 구분	기준 설명	예시
명명 규칙	대문자를 사용하고, 언더바("_")를 제외한 특수문자는 사용하지 않는다.	• 전화번호 : TELNO, TEL_NO
	가급적 4자리 이하로 부여하고, 최대 6자리를 넘지 않아야 한다.	• 고객 : CUST • 서비스 : SVC
명명 기준	국내외에서 표준으로 사용하거나, 통상적으로 사용하는 약어는 그대로 사용한다.	• 수요일 : WED • Quantity(수량) : QTY • URL : URL, SQL : SQL
	영문 단어 앞자리로 축약하거나, 자음 기준으로 축약한다.	• Customer(고객) : CUST • Count(건수) : CNT
	영문을 한글 발음대로 표기하지 않는다. 단, 행정구역명칭의 "시", "군", "구", "읍", "면", "동" 등은 예외로 한다.	• INSA(인사)→HR • GOGAEG(고객)→CUST • 동 : DONG

[표 3-4-3] 영문약어 명명 기준 예시

신청, 요청, 요구, 의뢰는 영문명이 Request 로 같거나 비슷하여, 약어를 정할 때 어려움을 겪게 된다. 가장 중요하거나 많이 활용하는 단어를 우선하여 지정한다. 필자는 현행 시스템에서 컬럼 정보를 추출하여 중복을 제거하고, 언더바("_")를 기준으로 영문약어와 한글명을 추출한다. 추출한 단어를 사용 빈도가 많은 순으로 100개 정도 목록화한 후 먼저 단어와 영문약어를 검토하여 확정하는 편이다. 대부분 빈도수가 많은 단어는 도메인일 경우가 많고, 업무에서 많이 쓰는 단어들이다. 예를 들어, TNDR_DT(입찰일자), TNDR_CLS_CD(입찰구분코드), EMP_CLS_CD(사원구분코드),

ACNT_CD(계정코드) 컬럼을 언더바 기준으로 분리하면 CD(코드)는 3번, TNDR(입찰) 2번, CLS(구분) 2번 사용되었다. 코드는 CD로, 입찰은 TNDR로, 구분은 CLS로 영문약어를 우선 적용할 수 있다. 이러한 내용을 정리하고, 표준화 기준에 추가하여 관리할 수 있다.

숫자에 대한 영문약어를 숫자 그대로 1, 2, 3으로 하는 경우가 많다. 표준용어를 정의하다 보면 3개월평균잔액, 30대기업매출금액 등 어쩔 수 없이 숫자가 가장 먼저 오는 경우가 있다. 테이블 생성시 DBMS에서 숫자로 시작하는 컬럼을 지원하지 않아, "3개월"을 단어로 등록하거나 "평균3개월잔액"으로 용어를 변경하여 숫자가 뒤쪽으로 위치하도록 하기도 한다. 만약, 숫자에 대한 영문약어를 숫자 대신, 'N1', 'N2',.. 등으로 부여하면, 3개월평균잔액에 대한 컬럼명이 'N3_AVG_RAMT'가 되고, 숫자로 시작하지 않아 컬럼을 생성하는 데 문제가 되지 않는다.

단어사전에 두 개 이상의 형태소로 이루어진 복합어를 추가하는 경우 영문약어에 좀 더 신경을 쓰도록 하자. 일반적으로 단어에 대한 영문약어는 언더바('_') 없이 영문만으로 구성한다. 그리고, 용어가 너무 길어 일부를 복합어로 해서 단어에 등록할 경우도 언더바 없이 축약한 형태로 영문약어를 사용한다. 예외적으로, 분류단어로 사용하기 위해 복합어를 사용하는 경우는 언더바를 허용하는 것도 고려할 수 있다. 예를 들어, '계좌번호'를 분류단어로 사용하기 위해 단어사전에 등록하면서, 영문약어를 'ACNO'로 했다고 생각해 보자. 나중에 용어사전을 만들면 법인계좌번호는 'CORP_ACNO', 계좌명은 'ACCT_NM', 계좌구분코드는 'ACCT_CLS_CD'가 되어 일관성이 떨어진다. 만약, '계좌번호'를 'ACCT_NO'로 단어사전에 정의했다면 'CORP_ACCT_NO', 'ACCT_NM', 'ACCT_CLS_CD'가 되므로 용어 일관성을 유지할 수 있다.

도메인 표준화

도메인은 데이터에 대한 형식(문자형, 숫자형, 날짜형)과 범위(타입, 길이)를 규정한다. 도메인은 데이터 값의 허용 범위를 결정하므로, 1차적으로 데이터 값의 품질을 높일 수 있다. 데이터베이스 종류가 다르거나 자료형이 다른 시스템 간 데이터 연계 및 통합 시 표준 도메인을 준용하여 송수신함으로써 이기종 간의 연계를 쉽게 할 수 있다. 도메인 사전은 표준단어의 단어유형이 "분류단어"로 정의된 단어를 대상으로 하며, 도메인명, 도메인 설명, 데이터타입 등으로 구성한다.

도메인 그룹	도메인 명	도메인 설명	인포타입명	데이터타입	유효값
식별자	고객번호	고객 식별자 기준으로 시스템에서 8자리 부여	고객번호VC8	VARCHAR(8)	'99999999'
	번호	고유번호, 문서번호 등	번호VC6	VARCHAR(6)	'999999'
			번호VC8	VARCHAR(8)	'XXXXXXXX'
코드	코드	공통코드 및 목록코드	결재상태코드C2	CHAR(2)	'99'
			성별코드C1	CHAR(1)	'M', 'F'
	여부	여부(예/아니오)	여부C1	CHAR(1)	'Y'/'N'
명칭	명	이름, 제목 등	명VC20	VARCHAR(20)	'X(20)'
내용	내용	내용, 비고, 적용 등	내용VC200	VARCHAR(200)	'X(200)'
날짜	일자	일자, 일시, 분, 초 등	일자D	DATE	'YYYYMMDD'
수량	수	수, 건수, 량, 값 등	수N6	NUMBER(6)	999999
금액	금액	금액, 단가, 수수료 등	금액N15	NUMBER(15)	9(15)
비율	율	율, 비율, 점유율 등	율N5,2	NUMBER(5,2)	999.99

[표 3-4-4] 도메인 사전

도메인은 도메인그룹, 도메인명, 인포타입으로 분류하여 작성하기도 하고, 도메인 대분류(도메인그룹), 중분류(도메인), 도메인명(인포타입)으로 분류하기도 한다. 데이터타입과 길이는 문자(10), 가변문자형(100), 숫자형(6) 형식으로 표현하기도 하고, 특정 DBMS를 기준으로 작성하기도 한다.

도메인그룹은 우선 문자형, 숫자형, 날짜형으로 구분하고, 도메인 집합의 성격을 파악한다. 유사한 도메인을 묶어 도메인 그룹으로 분류하며, 도메인 그룹을 가장 잘 표현하는 명칭을 부여한다. 예를 들어, 문자형 도메인은 이름, 제목, 내용, 비고, 주소, 설명, 경로 등이 있으며, 유사한 성격의 집합끼리 묶으면 명칭(이름,제목), 내용(내용,비고,설명), 주소(주소,경로) 도메인 그룹으로 나눌 수 있다. [표 3-4-4]에서는 도메인 그룹을 어떻게 분류하는지 보여 주기 위해, 대표적인 도메인을 하나 정도만 표시했다. 이외에도 데이터를 식별할 수 있고, 번호 부여 체계를 가지는 고객번호, 사업자등록번호, 문서번호, 결재번호 등을 식별자 도메인 그룹으로 정의할 수 있다. 명칭이나 날짜 그룹은 명, 제목, 년도, 연월, 일자, 일시, 시분초 도메인으로 정의한다.

도메인명은 표준단어의 분류단어와 동일하게 사용하고, 인포타입에서 데이터형식과 길이를 관리하도록 기준을 만들어야 한다. 도메인과 인포타입을 정의할 때 '도메인을 분리할 것인가', '인포타입을 분리할 것인가', '인포타입은 어느 정도까지 상세화할 것인가', '코드 도메인의 경우 코드그룹까지 세분화할 것인가 아니면 동일한 인포타입으로 정의할 것인가' 등을 고민하게 된다. 도메인이나 인포타입을 고객번호, 고객번호 VC8처럼 상세하게 분류할 수도 있고, 번호, 번호VC8처럼 일반화하여 정의할 수도 있다. 예를 들어, 식별자 도메인 그룹에 해당하는 고객번호, 문서번호, 결재번호 도메인에 대해 인포타입을 고객번호VC8, 문서번호VC8, 결재번호VC10으로 도메인과 인포타입 모두 상세화하여 1:1로 정의할 수 있고, 도메인은 상세화하되 고객번호와 문서번호의 인포타입은 번호VC8, 결재번호는 번호 VC10으로 일반화하여 서로 M:N으로 정의할 수 있다. 도메인과 인포타입 모두 번호, 번호VC8/번호VC10으로 일반화하고, 고객번호 용어가 번호 도메인의 번호VC8 인포타입을 가지도록 정의할 수도 있다.

구분	기준 설명	예시
도메인 그룹	도메인 집합의 성격을 기준으로 데이터유형을 고려하여 정의한다. 하나의 도메인이 2개 이상의 도메인 그룹에 속하지 않도록 한다.	• 식별자, 코드, 명칭, 내용
도메인 명	도메인명은 표준단어의 분류단어명을 그대로 사용한다.	• 전화번호, 고객번호
	고객번호처럼 식별자로 사용되는 용어는 용어 전체를 도메인명으로 한다.	• 고객번호, 주문번호
인포 타입	인포타입명은 도메인명+데이터유형+길이로 구성한다. 단, 도메인에 대해 인포타입이 하나인 경우 도메인명과 동일하게 부여한다.	• 번호 VC8 : 번호+VC+8 • 수 N6 : 수+N+6 • 여부 : 여부
	데이터유형은 문자형, 가변문자형, 숫자형, 날짜형으로 구분한다. 기타 추가가 필요한 경우 한 자리 영문약어를 부여한다.	• 문자형:C, 가변문자형:VC • 숫자형: N • 날짜형: D
	데이터길이는 숫자로 구성하며, 소수점의 경우 전체 길이와 소수점 이하 길이를 콤마(",")로 구분한다.	• 명 VC20 • 율 N5,2 : 정수 3 자리, 소수점 이하 2 자리
데이터 타입	인포타입은 논리적인 자료형을 적용하고, 데이터타입은 해당 DBMS에 맞는 데이터타입과 길이를 지정한다.	• N15 : NUMBER(15) 또는 NUMERIC(15)
	데이터길이는 숫자로 구성하며, 소수점의 경우 전체 길이와 소수점 이하 길이를 콤마(",")로 구분한다.	• VC100 : VARCHAR(100) • N5,2 : NUMBER(5,2)

[표 3-4-5] 도메인 작성 기준 예시

고객상태코드, 결재단계코드 등 코드 도메인 그룹에 대한 도메인, 인포타입도 식별자 도메인 그룹과 동일하게 분류할 수 있다. 식별자의 경우 도메인을 분리하고, 인포타입은 하나만 가져가는 게, 데이터 품질을 높이고 식별 체계를 명확하게 할 수 있다. 공통코드의 경우 코드유형으로 상세화하면 명확해서 좋긴 하지만, 향후 코드가 추가될 때마다 단어와 도메인을 추가해야 하는 번거로움이 있다. 메타시스템이 있다면 메타시스템에서 구현 가능한지도 고려 대상이 될 것이다.

도메인 사전에서 '기본 인포타입 여부' 항목을 추가로 관리할 수 있다. 컬럼명과 동일한 용어가 표준용어로 이미 정의되어 있다면, 용어에 해당하는 인포타입을 통해 데이터타입을 알 수 있다. 표준용어에 없다면, 하나의 도메인이 여러 개의 인포타입을 가질 수 있으므로 컬럼이 실제 어떤 데이터 타입을 가지게 될지 모르는 상황이다. 데이터 모델링을 진행하면서 엔티티의 속성명은 표준단어들과 분류단어(도메인)를 조합하여 부여하고, 속성에 대한 인포타입을 지정할 수 있다. 속성에 대한 데이터 타입을 일괄적으로 지정하려면 기본으로 사용하는 인포타입을 지정함으로써 데이터타입과 길이를 자동으로 설정할 수 있다.

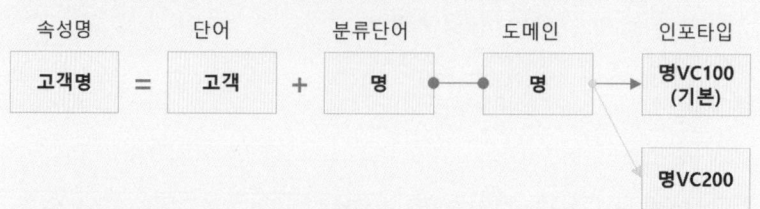

예를 들어, '명' 도메인은 명VC100, 명VC200을 인포타입으로 가지며, 기본으로 명VC100을 지정해 놓을 수 있다. 속성명의 마지막 단어에 해당하는 분류단어(명)에 해당하는 도메인(명)을 찾고, 도메인(명)의 대표 인포타입(명VC100)에 해당하는 데이터타입을 일괄적으로 적용할 수 있다.

표준단어와 도메인, 용어 간의 매핑 관계를 어떻게 지원하는지 파악하고, 표준용어의 명확성과 유연성을 고려하여, 프로젝트 상황에 맞는 방법을 적용해야 한다.

코드 표준화

업무에서 통계를 내거나 한정된 데이터 값을 목록화하여 관리하고자 하는 대상을 코드로 식별하여 정의한다. 코드는 공통코드로 통합하여 관리하거나, 한국표준산업분류코드처럼 개별 테이블 형태로 관리(목록성 코드라고 함)한다. 보통 목록성 코드는 코드 추가 등 변경이 자주 발생하거나, 관리해야 할 속성 많거나 계층 관계처럼 코드 구조가 복잡한 경우에 개별 테이블 형태로 설계한다. 데이터모델에 따라 코드 체계가 다르므로, 일반적인 방법으로 표준화를 진행한 후 데이터모델이 정해지면 다시 수정하도록 한다. 코드 표준화 대상은 목록성 코드와 공통코드 모두를 포함한다. 그러나, 변경이 심하거나 코드 사전으로 관리하기 어려운 코드는 고객과 협의하여 제외할 수 있다.

코드유형ID	코드유형명	코드	코드명	정렬순서	사용여부
C001	결재상태	01	기안	1	Y
C001	결재상태	02	승인	2	Y
D001	결재수단	01	신용카드	1	Y
D001	결재수단	02	계좌이체	2	N

[표 3-4-6] 코드 사전

코드 사전에서는 코드에 대한 코드유형ID, 코드유형명, 코드, 코드명 등을 정의한다.

다른 책이나 문서에서 코드유형(결재상태코드)을 코드로, 코드(기안/승인)를 코드값으로 표현하기도 한다. 이 책에서는 결재상태코드 등을 코드유형으로, 기안/승인 등을 코드로 표현할 것이다.

코드유형을 정의할 때 업무에서 동일한 의미로 사용하는 코드는 최대한 통합하여 단일 코드유형으로 정의한다. 예를 들면 거래은행('한국은행', '산업은행', '기업은행')과 이체은행('산업은행', '기업은행', '국민은행')이 있다면 은행('한국은행', '산업은행', '기업은행', '국민은행')으로 통합할 수 있다. 만약, 특정 업무에서 은행코드 중 일부 은행코드만 사용해야 한다면, 코드유형ID를 별도로 등록할 수 있다. 하지만 이 경우에도 코드는 001(한국은행), 002(산업은행), 003(기업은행) 등으로 동일하게 부여하는 것이 좋다.

코드유형 명칭은 구분, 유형, 분류, 상태, 종류, 방법, 여부/유무, 사유, 조건, 규모, 관계, 용도, 목적 등의 수식어를 붙여서 부여한다.

수식어	어학사전 정의	영문	예시
구분	일정한 기준에 따라 전체를 몇 개로 나누어서 가름	Division, Distinguish	• 거래처구분, 양력음력구분
분류	사물을 종류에 따라 가름	Classification, Categorize	• 상품분류, 대/중/소분류
유형	공통되는 성질이나 특징을 가진 것들을 묶은 하나의 틀	Type, Pattern	• 서비스유형, 오류유형
형태	사물의 생김새	Form, Type	• 기업형태, 입찰형태
종류	일정한 특질에 따라 나누어지는 사물의 갈래	Kind, Type	• 기기종류, 검진종류

[표 3-4-7] 코드 수식어

'결재상태코드'의 '상태'처럼 명확한 수식어도 있지만, '서비스구분코드'의 '구분'처럼 '구분', '유형', '분류', '종류' 중 어떤 수식어를 붙일지 고민스러울 때가 있다. 이처럼 비슷한 의미를 가지는 수식어는 의미와 차이점을 정리하여 일관되게 사용하도록 한다. 그래도 어렵다면 '유형'을 기본으로 사용하고, 중복이 발생하거나 어색한 경우 분류나 구분을 사용하도록 기준을 정하는 것도 좋다.

코드를 부여할 때 한국표준산업분류처럼 대/중/소 분류체계를 사용하여 계층을 나누고, 상위 분류체계코드에 코드를 추가하는 형태로 코드를 구성할 수도 있고(분류형), 코드유형 내에서 의미를 부여하지 않는 일련번호를 순차적으로 부여하기도 한다(일련번호형). 성별코드처럼 약어를 그대로 사용하기도 하고(약어형), 은행코드처럼 업무에서 사용하는 코드를 그대로 사용하기도 한다(차용형).

분류형 코드는 코드 구성에 의미를 두어 부여한다. 직관적인 면이 있으나 중간에 코드를 추가하거나 재분류할 때 코드를 관리하기 어렵다.

일련번호형은 코드가 추가될 때 쉽게 반영할 수 있다. 코드가 의미를 가지지 않으므로 정렬순서를 지정하는 것이 좋다. 초기 코드 등록 시 '99 : 기타' 코드를 미리 등록할 수도 있다.

약어형은 코드만 보고도 무슨 데이터인지 직관적으로 알 수 있는 경우에 한해 제한적으로 사용한다. 차용형은 업무적으로 통용되는 코드나 인터페이스를 위해 사전에 정한 코드를 그대로 사용한다.

'여부'나 '유무'는 두 가지 값을 가지며, 다른 값이 추가되지도 않아 코드로 보기 어려울 수도 있지만, 코드 값을 Y/N과 1/0 등으로 일관성 없이 사용하는 문제점을 없애기 위해 공통 코드 테이블에서 코드로 같이 관리하는 것이 좋다. 다만, '~코드'를 붙이지 않고, '사용여부'처럼 사용할 수 있다.

코드체계	코드체계 설명	코드 예시
분류형	대/중/소/세분류 형태의 계층형 코드체계를 가지며, 코드 자리수에 의미를 부여하여 사용한다.	• 한국표준산업분류 01 : 농업 011 : 작물 재배업 0111 : 곡물 및 기타 식량작물 재배업 012 : 축산업
일련번호형	일련번호와 같이 의미없는 번호를 순차적으로 부여한다. 길이만큼 앞에 '0'을 채운다.	• 고객유형 01 : 개인 02 : 법인 99 : 기타
약어형	의미를 지니는 영문약어명으로 코드를 부여한다.	• 성별 M : 남자 F : 여자
차용형	일반적으로 통용되는 코드를 그대로 사용한다.	• 은행코드 001 : 한국은행 002 : 산업은행 003 : 기업은행

[표 3-4-8] 코드 부여

용어 표준화

용어 표준화는 용어에 대한 명칭, 영문 용어, 용어 정의, 도메인 등을 정의하여 표준 용어사전을 만드는 활동이다. 표준화를 통해 용어의 의미, 용도, 자료형(Data Type)을 쉽게 파악할 수 있다. 고객과의 의사소통을 원활하게 한다. 데이터 모델 설계 시 누구나 공통된 의미와 용어를 사용하고, 표준 사전에 등록된 용어를 사용하므로 데이터를 식별하는데 도움을 준다. 데이터모델링에서 표준 용어를 사용하여 속성명을 부여하고, 신규 속성명은 용어 표준화를 거쳐 표준 용어로 등록한다. 물리 설계 단계에서는 속성명을 표준 용어에 대한 영문 약어로 변환하여 테이블의 컬럼명으로 사용한다. 표준 용어 사전에서 업무 용어가 차지하는 비율은 높지 않다. 대부분 속성명에 해당하는 용어들이다. 모델링하는 과정에서 속성이 추가되거나, 수정, 삭제된다. 주기적으로 속성명을 취합하고 용어 사전과 비교하여 용어 사전에 반영해야 한다. 데이터 표준과 데이터 모델은 서로 영향을 주고 받으므로 데이터 표준화 담당자와 데이터 모델러는 자주 의사소통하고, 긴밀히 협조해야 한다.

용어	영문약어	용어 정의	도메인	인포타입
고객전화번호	CUST_TELNO	집전화번호 또는 휴대전화번호	전화번호	전화번호VC20
제품모델명	PROD_MDL_NM	제품에 표시된 제조사 모델명	명	명VC100
보증보험금액	GUAR_INSUR_AMT	보증보험에 가입한 금액	금액	금액N15
최초등록일시	FST_REG_DTM	시스템에 데이터가 입력된 일시	일시	일시D

[표 3-4-9] 용어 사전

표준 용어사전은 용어, 영문약어, 용어 정의, 도메인명, 도메인 인포타입 등으로 구성된다.

용어는 단어들의 조합이며, 단어의 성격에 따라 주제어, 수식어, 분류어 순으로 조합할 수 있다. 주제어는 데이터 주제영역이나 업무영역 또는 업무 주체나 거래대상 등이 해당한다. 수식어는 주제어나 분류어를 좀 더 자세하게 꾸미는 단어로 주제어 앞·뒤나 분류어 앞에 위치한다. 분류어는

표준단어 중 분류단어에 해당하는 단어이며, 반드시 용어의 마지막에 위치해야 한다

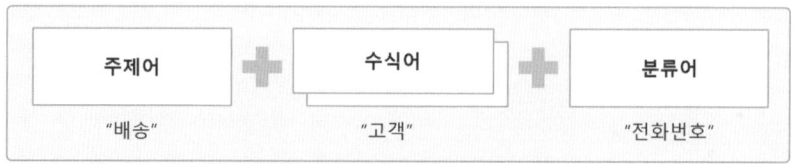

[그림 3-4-2] 용어 구성

용어를 주제어나 수식어 등으로 구성하지만, 주제어와 수식어를 구분하기 힘들 때가 많다.

주제어와 수식어를 구분하는 것보다는 의미를 명확하게 파악할 수 있도록 단어들을 조합하는 것이 중요하다. 업무 주체나 대상에 해당하는 단어를 포함해 의미를 한정하도록 한다.

업무에서 일반적으로 사용하는 용어를 우선 적용하고, 신규 용어는 단어들을 조합했을 때 어색하지 않고, 자연스럽게 읽히도록 한다. 예를 들어, "입금금액"의 경우 누가 입금했는지 무엇 때문에 입금했는지 알 수 없다. "고객중도금입금금액"과 같이 의미를 좀 더 구체적으로 표현해야 한다. 용어 표준화 기준을 준용하여 용어를 구성하고 용어에 대한 정의나 설명을 최대한 충실하게 기술하면 좋다. 그리고, 용어의 분류단어와 동일한 도메인 중에 용어가 가져야 할 데이터의 형식과 길이를 고려하여 분류어에 해당하는 도메인의 인포타입 중에서 가장 적절한 것을 선택한다.

기준구분	기준 설명	예시
용어구성	용어는 반드시 단어사전에 등록된 단어들로 조합하고 분류단어로 끝나게 구성한다. 단어사전에 없는 단어를 사용할 경우 단어사전에 먼저 등록하여 사용한다.	• 고객+상태 →고객+상태+코드
	단어와 단어 사이는 띄어쓰기 없이 단어들로만 조합한다.	• 고객 명→고객명
영문약어	영문약어는 단어의 영문약어의 조합으로 구성하고, 단어와 단어 사이는 언더바('_')로 구분한다. 또한, 복합어가 있는 경우 단일어보다 우선하여 적용한다.	• 고객명→CUST_NM • 전화(TEL)+번호(NO) →전화번호(TELNO)
축약용어	일반적으로 사용하는 용어는 축약하지 않는다.	• 법인번호 →법인등록번호
분류단어와 같은 용어	단위 시스템이거나 의미가 아주 명확한 경우가 아니라면 가급적 분류단어만으로 용어를 구성하지 않도록 한다.	• 사업자등록번호 • 전화번호 →고객집전화번호
집계 성격 위치	누계, 소계 등의 집계 성격의 단어는 분류단어 바로 앞에 위치하도록 한다.	• 평가합계점수 • 과오납누계건수

[표 3-4-10] 용어 표준화 기준 예시

단어와 다르게 용어는 표준화 과정에서 용어에 대한 정의(설명)를 작성하는 데 한계가 있다. 단어는 국립국어원이나 네이버, 다음 등의 어학사전을 이용하여 단어의 의미를 작성할 수 있고, 업무에서 사용하는 단어는 현업의 도움을 받아 정의할 수 있다. 하지만, 용어는 표준화 과정에서 도출되는 용어보다 데이터 모델링을 진행하면서 도출되는 용어가 더 많아, 데이터 모델러가 도와주지 않으면 표준화 작업하기가 현실적으로 힘들다. 표준화 과정에서는 현재 사용하고 있는 업무 용어나 As-Is 데이터모델의 속성명을 수집하여 1차로 현업이나 IT운영 담당자의 도움을 받아 정의할 수 있으며, To-Be 모델링 과정에서 도출되는 용어는 데이터 모델러가 정의한 내용을 수집하여, 동일한 용어에 대해 중복을 제거하고 설명을 보완하는 형태로 진행할 수 있다. 모든 용어에 대해 용어 정의를 충실하게 작성할 수 있으면 좋겠지만, 용어만으로 의미를 파악할 수 있거나 그다지 중요하지 않은 용어에 대해 억지로 말을 만들어 정의할 필요는 없다. 업무에서 많이 사용하거나, 의미를 파악할 수 없는 용어를 선택하여 정의하는 것이 더 효율적일 것이다.

04

물리 모델링 및 설계

물리 모델링이란

물리 모델링은 논리 데이터모델을 데이터베이스 종류(관계형, 객체지향형, 객체관계형, 계층형, 네트워크형 등)에 맞게 데이터를 저장할 수 있는 스키마 구조로 변환하는 과정이다. 엔티티 및 서브타입을 테이블로 변환하고, 속성을 컬럼으로 변환하여 데이터타입 및 길이 등을 지정한다. 관계 및 무결성을 설계하고, 데이터베이스 성능 향상을 위해 엔티티를 반정규화하거나 중복 컬럼을 추가하여 설계한다.

이 장에서는 관계형 데이터베이스 기준으로 물리 모델링 외에 DBMS 물리 설계 요소를 포함하여 설명하려고 한다. 물리 모델링과 물리 설계는 논리 모델에 대한 데이터 구조 설계(물리모델링)와 테이블, 파티션, 인덱스 등 DBMS 오브젝트 설계(물리설계)를 구분한 개념으로, 물리 모델링에서 오브젝트 설계까지 포함하면 애매한 부분이 있어 구분하여 설명한다.

이론적으로는 논리 모델링과 물리 모델링을 구분하지만, 현실에서는 물리 모델링에서 해야 할 일을 논리 모델링 단계에서 같이 진행하기도 한다. 프로젝트에서 분석 및 설계 단계를 명확하게 구분하여 진행하는 경우 기본 모델링(논리모델링)과 상세 모델링(물리모델링)으로 나누기도 하고, 분석 단계가 설계 단계에 비해 짧은 경우는 논리 설계와 물리 설계를 구분하되, 설계 단계에서 논리 모델링 일부를 같이 진행할 수 있다. 또한, 개발 단계 전까지 테이블 및 PK/FK 인덱스 등 기본적인 물리설계까지만 진행하고, 파티션 및 인덱스 추가 설계를 개발 단계에서 진행할 수도 있다.

테이블 설계

관계형 모델에서는 논리 데이터 모델을 테이블로 변환해야 한다. 엔티티를 테이블로 변환하고, 속성을 컬럼으로 변환한다. 테이블명은 테이블 명명규칙에 따라 엔티티명에 대한 데이터 표준을 적용하여 부여한다. 테이블명은 주제영역 약어와 엔티티명에 대한 표준 단어의 영문 약어를 조합(CM_CUST)하여 사용하거나, 대, 중, 소 주제영역 약어와 일련번호를 조합(CMCU110)하여 사용한다.

테이블은 로우(Row)와 컬럼(Column)으로 구성되며, 가장 기본적인 오브젝트이다. 데이터베이스 내 모든 데이터는 테이블에 저장되며, 로우(행) 또는 컬럼(열) 방식으로 저장된다.

Column(Attribute)

사원번호	사원명	직위	부서코드
001	유동오	01	10
002	조성덕	02	20
003	이진연	02	20

Row(Tuple)

[그림 4-1-1] 테이블

테이블에서는 슈퍼타입/서브타입 구조를 직접 표현할 수 없다. 슈퍼타입 엔티티 기준으로 통합하여 설계하거나, 서브타입 엔티티 기준으로 설계하거나, 슈퍼타입과 서브타입 엔티티를 각각의 테이블로 설계한다.

슈퍼타입 기준 테이블 설계

서브타입 엔티티를 슈퍼타입 엔티티로 통합하여 테이블을 설계한다. 테이블을 설계하는 순서는 서브타입 엔티티의 모든 속성을 슈퍼타입 엔티티로 옮기고, 서브타입 엔티티에 연결된 관계를 대신하여 슈퍼타입 엔티티에 관계를 추가한다. 서브타입 엔티티를 삭제하고, 슈퍼타입 엔티티에 테이블명을 부여한다.

[그림 4-1-2] 슈퍼타입 기준 테이블

슈퍼타입 엔티티에서 공통으로 관리하는 속성이 많고, 서브타입이 몇 개 안되거나 관리하는 속성이 많지 않을 때 사용한다. 여러 테이블을 조인할 필요가 없어 개발 생산성이 향상된다. 서브타입에 해당하는 테이블이 없어 액세스 방법이 간단하다. 그러나, 서브타입 구분(고객유형코드)에 해당하는 경우만 컬럼 값(주민등록번호 또는 법인등록번호)이 있으므로 Not Null로 지정할 수 없고, 프로그램에서 분기 처리해야 한다. 경우에 따라 인덱스도 서브타입 컬럼에 각각 추가해야 한다.

주민등록번호와 법인등록번호처럼 매우 유사한 특징을 가지는 속성은 2개의 컬럼으로 설계하지 않고, 고객식별번호 등으로 일반화하여 한 컬럼으로 설계할 수 있다. 고객유형코드 값에 따라 고객식별번호가 주민등록번호를 의미하거나, 법인등록번호를 의미한다. 한 컬럼으로 설계하면 컬럼명이 고객식별번호로 일반화되어 다소 의미가 희석될 수 있으나, Not Null을 지정할 수 있고, 프로그램에서 분기 처리를 하지 않아도 된다. 개인, 법인 외에 단체를 추가로 관리해야 할 때, 고객유형코드에 '단체' 데이터를 추가하면 되므로 테이블 변경 없이 업무 확장에 유연하게 대응할 수 있다.

서브타입 기준 테이블 설계

슈퍼타입에서 관리하는 속성을 서브타입으로 내려 서브타입 단위로 테이블을 생성한다. 슈퍼타입 엔티티에 연결된 관계 대신 서브타입 엔티티에 관계를 추가한다. 슈퍼타입 엔티티를 삭제하고 서브타입 엔티티에 테이블명을 부여한다.

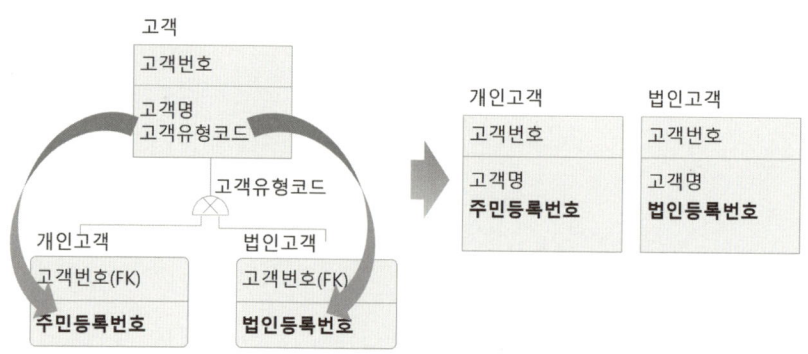

[그림 4-1-3] 서브타입 기준 테이블

슈퍼타입 엔티티에서 관리하는 속성이 적거나, 응용프로그램에서 슈퍼타입 엔티티를 사용하는 경우가 별로 없을 때 또는 서브타입 엔티티의 속성이 명확히 구분되거나 차이가 심할 경우 서브타입 기준으로 테이블을 생성한다. 서브타입 엔티티 속성들이 명확히 구분되고, 데이터 처리시 서브타입 유형을 구분할 필요가 없다. 그러나 전체 집합을 처리할 때 두 집합을

UNION ALL 해야 하고, 다른 테이블과 관계가 있으면 개별 서브타입에서 관계를 추가해야 하며, 여러 테이블을 처리하게 되어 프로그램이 복잡해진다. 단체 등 고객 유형이 추가되는 경우 테이블을 추가하고, 프로그램도 변경해야 한다.

슈퍼타입/서브타입 테이블 설계

슈퍼타입 엔티티와 서브타입 엔티티를 개별 테이블로 설계하고 테이블명을 부여하는 방식이다. 슈퍼타입 테이블과 서브타입 테이블은 1:1 관계로 정의한다.

[그림 4-1-4] 슈퍼타입/서브타입 테이블

슈퍼타입에서 공통으로 관리하는 속성이 많고, 서브타입 엔티티에서 관리하는 속성이 이질적이어서, 슈퍼타입 기준으로 통합하거나 서브타입 기준으로 분리하기 힘들 때 적용할 수 있다. 전체 데이터에 대해 공통적인 속성을 처리할 때는 슈퍼타입 테이블을 읽어 처리하고, 서브타입 테이블에서 관리하는 데이터를 화면에서 상세 조회하는 경우 해당 서브타입 테이블을 읽어 처리할 수 있다. 예를 들면, 고객이 보험에 가입할 경우 기본적인 청약사항은 모든 보험상품이 동일하게 관리하며, 보험상품에 따라 특약에 가입하거나 계약 내용이 다를 때 상품별로 특이사항에 해당하는 속성을 별도로 관리할 수 있다. 고객이 가입한 보험계약 목록을 조회할 때는 공통으로 관리하는 속성으로 설계된 슈퍼타입 테이블에서 정보를 읽어 보여 주고, 특정 보험계약을 선택했을 때 서브타입 테이블에서 상세 정보를 읽어 추가로 제공할 수 있다.

관계 설계

관계는 일반적인 1:M, 1:1 관계를 가지는 기본적인 관계나 상호배타적 관계, 순환 관계로 나눌 수 있다. 물리 모델링 단계에서 상호배타적인 관계를 테이블로 변환하는 방법 이외에 추가로 설계해야 할 부분은 크게 없다.

기본적인 관계

참조 관계에 의해 부모 테이블의 PK 컬럼을 자식 테이블에서 PK컬럼으로 상속받거나 일반 컬럼으로 상속받게 된다. 상속받은 컬럼은 참조하는 컬럼과 동일한 데이터타입과 길이를 가져야 한다.

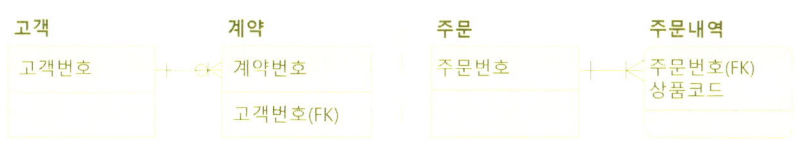

[그림 4-2-1] 기본적인 관계]

상호배타적 관계

DBMS는 상호배타적(Exclusive-OR) 관계를 지원하지 않는다. 논리적인 상호배타적(Exclusive-OR) 관계를 DBMS가 수용할 수 있도록 테이블을 설계해야 한다. 자식 테이블에서 상호배타적(Exclusive-OR) 관계를 설계하는 방법은 참조 컬럼을 한 컬럼으로 통합하여 설계하는 방법과 개별 컬럼으로 분리하는 방법이 있다.

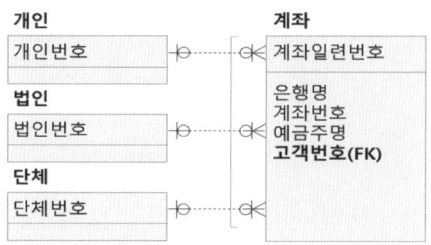

[그림 4-2-2] 상호배타적(Exclusive-OR) 관계

컬럼을 분리하는 방법은 논리적인 구조와 물리적인 구조가 다르고, 응용 프로그램이 복잡해지므로 가급적이면 컬럼을 통합하여 설계한다.

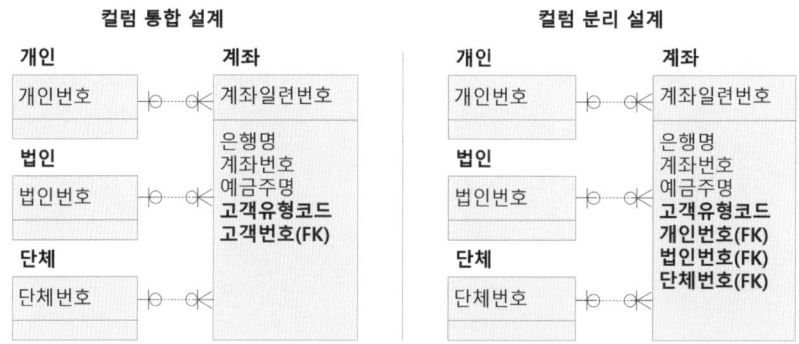

[그림 4-2-3] 자식 테이블 컬럼 통합/분리 설계

컬럼을 통합하는 방법은 상호배타적 관계에 참여한 모든 관계를 동일한 컬럼(고객번호)으로 변환하고, 어떤 테이블을 참조하는지는 별도 구분 컬럼(고객유형코드)을 추가하여 구분한다. 통합 컬럼은 Not Null을 지정할 수 있고, 인덱스 수를 최소화할 수 있다.

컬럼을 분리하는 방법은 배타 관계를 개별 컬럼(개인번호/법인번호/단체번호)으로 변환한다. 어떤 테이블을 참조하는지는 컬럼 값의 유무로도 판단할 수 있으나, 통합과 마찬가지로 구분 컬럼(고객유형코드)을 추가하여 구분한다. 해당 관계에 대해 FK 제약조건을 설정할 수 있는 장점이 있으나, Not Null을 지정할 수 없고, 개별 컬럼마다 인덱스를 생성해야 하는 단점이 있다.

부모 테이블은 배타적 관계가 없도록 테이블을 통합하거나 기본키(PK) 구조를 통일하는 방법이 있다.

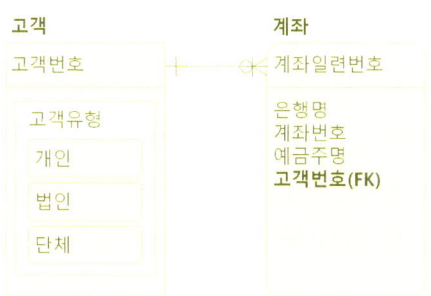

[그림 4-2-4] 부모 테이블 통합 설계

배타적 관계를 갖는 부모 테이블을 하나의 테이블로 통합할 수 있다. 개인/법인/단체 테이블을 통합하여 고객번호를 부여하고, 고객유형 컬럼을 추가하여 부모 테이블을 변경하면 배타 관계가 해소된다. 만약, 배타 관계에 있는 부모 테이블의 기본키 구성이 개인은 개인고객번호, 법인은 법인등록번호와 사업자등록번호 등으로 다르다면, 우선 부모 테이블의 엔티티 통합을 고려해야 한다. 엔티티 통합이 어려울 경우 인조 식별자를 설계하여 기본키를 통일할 수 있다.

재귀적 관계

재귀적 관계 테이블에서 참조되는 컬럼은 PK가 되고, 참조하는 컬럼은 FK가 된다. FK컬럼은 한 테이블 내에서 다른 로우의 PK 컬럼을 참조하며, FK와 PK컬럼으로 재귀 호출하여 결과를 추출한다. 오라클의 경우

"START WITH ~ CONNECT BY ~ "을 통해 재귀호출을 쉽게 구현할 수 있다.

SQL Server도 재귀(Recursive) 공통 테이블 식(CTE)을 사용하여 구현할 수 있으나 조금 복잡하다.

한국표준산업분류코드		대분류코드	대분류명
산업분류코드		A	농업, 임업 및 어업(01~03)
산업분류명 정렬순서 상위산업분류코드(FK)		B	광업(05~08)
		C	제조업(10~34)
		D	전기, 가스, 증기 및 공기 조절 공급업(35)

[그림 4-2-5] 재귀적 관계

계층구조가 거의 변경되지 않거나, 변경하는데 큰 비용이 들지 않고, DBMS에서 순환 관계를 처리하기 어렵다면 PK가 계층구조를 가지는 코드 형태로 설계하는 것을 고려할 수 있다.

통계청에서 관리하는 한국표준산업분류코드는 대분류, 중분류, 소분류, 세분류 코드로 구성된 계층구조를 가진다.

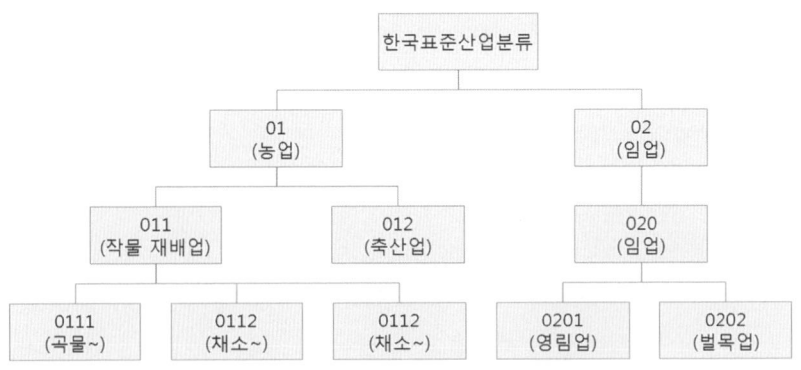

[그림 4-2-6] 통계청 한국표준산업분류

대분류 01(농업), 중분류011(작물재배업), 소분류 0111(곡물~), 0112(채소~) 등으로 상위 산업분류코드+산업분류코드 형태로 코드를 부여하고 있다. 코드 자체로 순환 관계와 정렬을 포함하고 있어 별도 처리 없이 순환 관계 데이터를 쉽게 표현할 수 있다.

계층마다 일정한 자릿수를 부여하고 상위 계층의 코드에 자신의 코드를 조합하는 형식으로 가변길이 코드('01', '0101', '010101', '01010101')를 부여할 수도 있고, 최하위 계층이 정해져 있다면 고정길이 코드('010000', '010100', '010101')로 부여할 수도 있다.

PK 컬럼은 순차적으로 증가하는 값으로 부여하고, 별도 컬럼을 추가하여 계층구조를 표현할 수도 있다. 게시판에서 게시물과 답글을 계층구조로 표현하기 위해 PK(게시물번호, 1,2,3)가 아닌 일반 컬럼(게시물코드, '00001', '00001-01', '00001-01-01')을 계층 구조로 관리하여 프로그램을 쉽게 구현한 사례를 종종 볼 수 있다.

관계 옵셔널리티(Optionality) 확정

논리 모델링 단계에서 정확하지 않거나, 모호하게 설계한 옵셔널리티를 검토하여 확정한다.

부모 엔티티와 자식 엔티티가 Mandatory 관계인 경우는 테이블에 데이터가 입력되는 시점을 기준으로 결정하며, 부모 테이블에 데이터가 입력되면 자식 테이블도 동시에 입력된다.

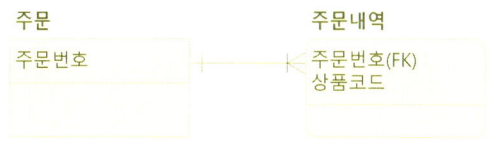

[그림 4-2-7] 양쪽 Mandatory

자식 엔티티와 Optional 관계인 경우는 부모 테이블의 PK에 해당하는 데이터가 자식 테이블에 존재하지 않아도 된다.

일반적인 업무에서 흔히 볼 수 있는 형태이며, 자식 테이블에 데이터가 입력될 때 부모 테이블에 해당 데이터가 이미 존재해야 한다.

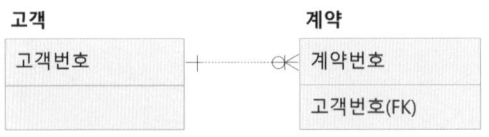

[그림 4-2-8] 자식 Optional

양쪽 엔티티가 Optional인 경우는 부모 테이블에 데이터가 존재하지 않는 상태에서 자식 테이블에 데이터가 발생하는 유형이다. 나중에 부모 테이블에 데이터가 생성되면서 자식 테이블의 참조 FK를 변경한다. 양쪽 Optionality는 어떤 경우에 발생하는지 사유를 명시해야 한다.

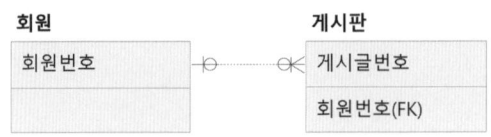

[그림 4-2-9] 양쪽 Optional

컬럼 설계

컬럼은 관계형 데이터베이스의 테이블을 구성하는 열을 의미하며, 데이터타입과 길이를 가진다. 컬럼은 사원 테이블의 사원번호처럼 테이블에서 특정 데이터를 유일하게 식별할 수 있는 식별자 컬럼과 이름, 입사일자 등 일반적인 정보를 가지는 컬럼, 부서코드처럼 다른 테이블에서 상속(참조) 받은 컬럼으로 나눌 수 있다.

물리 모델링에서 속성을 컬럼으로 변환하는 과정은 특별히 복잡한 작업은 아니다. 데이터 표준화를 이미 수행했다면 논리 데이터모델의 속성에 대해 표준용어와 표준단어, 표준도메인을 적용하는 작업이 대부분이다. 컬럼 변환은 표준화를 적용하여 컬럼명을 부여하고, 데이터타입과 길이를 지정하며, PK순서를 일부 조정한다.

속성-컬럼 변환

일반적으로 논리 모델에서 정의한 속성은 물리 모델에서 거의 그대로 사용한다. 컬럼으로 변환하기 위해 특별히 의사결정해야 할 것도 없다. Logical Only 속성을 제외하고, 논리 모델 속성을 컬럼으로 1:1 변환한다. 아주 예외적인 경우를 제외하고 컬럼 순서는 속성 순서와 동일한 순서로 변환한다. 시스템에서 데이터에 대한 변화를 추적하고, 트랜잭션을 관리하기 위해 시스템 컬럼을 추가할 수 있다.

일반적으로 최초등록일시, 최초등록자식별번호, 최종수정일시, 최종수정자식별번호 컬럼 등이 해당한다. 시스템 컬럼은 모든 테이블에 공통으로 추가하며, 테이블 가장 마지막에 위치하도록 한다.

고객		* 등록/수정자 식별번호는 사원번호, 고객번호, 로그인ID 임		
고객번호		컬럼명	값1	값2
...		최초등록일시	2015-05-01 09:10:21	2019-03-05 10:01:01
최초등록일시		최초등록자식별번호	1000	A02
최초등록자식별번호		최종수정일시	2019-11-30 11:23:41	2019-03-05 10:01:01
최종수정일시		최종수정자식별번호	A01	A02
최종수정자식별번호				

[그림 4-3-1] 시스템 컬럼 추가

컬럼명 부여

일반적으로 컬럼명은 속성명을 구성하는 표준단어의 영문약어 조합으로 부여한다. 일부 사이트에서 현업이 직접 쿼리를 작성하여 데이터를 추출하도록 하기 위해 컬럼명을 속성명 그대로 사용하는 경우도 있다. 컬럼명은 표준용어 사전에 속성명과 동일한 용어가 있다면 표준용어의 영문약어를 그대로 사용하면 된다. 표준용어에 등록되지 않았다면 속성명을 단어와 단어로 분리하고, 표준단어의 영문약어를 조합하여 컬럼명 부여한다. 이때 영문약어 사이를 언더바("_")로 구분하면 가독성을 높일 수 있다. 표준단어에서 단어 하나하나를 수동으로 찾아서 컬럼명을 부여하려면 시간이 오래 걸리고 그 과정에서 실수하게 된다. 시간을 줄이고 실수를 하지 않으려면 단어를 분리하고 단어에 해당하는 영문약어를 자동으로 적용하는 것이 좋다.

데이터 타입 및 길이 지정

데이터타입은 문자형, 숫자형, 날짜형 등이 있다. 문자형은 고정형과 가변형으로 나눌 수 있고, 숫자형은 정수형, 부동소수점(실수형)으로 나눌 수 있다. 멀티플 캐릭터 셋을 관리하거나 저장한다면 국가별 문자(National Character)형을 적용할 수 있다. 국가별 문자형은 NCHAR, NVARCHAR

등이 있으며, 한 글자가 차지하는 저장공간에 상관없이 문자 길이만큼 데이터를 저장할 수 있다.

오라클에서 많이 사용하는 데이터타입은 다음과 같다.

- CHAR(n) : 고정길이 문자 데이터타입이다. n 바이트(또는 문자) 길이를 가지며, 최대 2,000 바이트까지 저장할 수 있다. 정의된 n 길이만큼 공백(스페이스)을 채우므로 저장공간을 낭비할 수 있다.
- VARCHAR2(n) : 가변길이 문자 데이터타입으로 기본적으로 VARCHAR와 같다. 정의된 n 자리까지 공백을 채우지 않는다는 점에서 CHAR 타입과는 차이가 있다. n 바이트(또는 문자) 길이를 가지며, 최대 4,000 바이트까지 저장할 수 있다. 한글을 저장하는 경우 길이 뒤에 CHAR 옵션을 사용하여 바이트가 아닌 문자 길이를 지정하는 것이 더 좋다. VARCHAR2(100 CHAR)의 경우 한글 100자까지 저장할 수 있으며, 캐릭터 셋에 따라 400 바이트 공간을 차지할 수 있다.
- NCHAR(n)/NVARCHAR2(n) : 유니코드(UNICODE) 형식의 데이터를 포함하는 고정길이 또는 가변길이 문자 데이터타입이다. n은 바이트가 아닌 문자 길이를 나타낸다. NCHAR(10)는 한글 10 글자까지 저장한다. CHAR/VARCHAR2 타입은 데이터베이스의 캐릭터 셋(Character Set, NLS_CHARACTERSET)을 사용하고, NCHAR/NVARCHAR2 타입은 내셔널 캐릭터 셋(National Character Set, NLS_NCHAR_CHARACTERSET)을 사용한다. NCHAR/NVARCHAR2도 CHAR/VARCHAR2와 마찬가지로 최대 2,000 바이트/4,000바이트를 저장할 수 있다.
- NUMBER : 38자리 정밀도 숫자를 저장할 수 있고, 최대 22 바이트까지 길이로 저장한다. NUMBER(p,s)/NUMBER(p)은 고정 소수점(Fixed-point Number) 방식으로 표현한다. 정밀도(Precision) p는

1~38 숫자를, 소수점 자릿수(Scale) s는 -84~127 숫자를 지정할 수 있다. p,s가 없는 NUMBER 는 10진수 부동 소수점(Floating-point Number) 방식으로 표현하며, 정밀도와 소수점 자릿수는 최대 범위 내에서 지원 가능하다. NUMBER 타입을 어떻게 정의하든 길이가 0~22바이트인 가변길이 형식으로 저장하고, p,s는 저장되는 숫자 값의 허용범위를 표현하는 것이다. NUMBER(2,3)은 -0.099~0.099 범위의 숫자를 소수점 3자리까지 표현한다. 데이터 무결성을 위해 데이터타입 정의 시 NUMBER보다는 NUMBER(p,s) 형식으로 정밀도와 소수점 자릿수를 명확히 정의하는 것이 좋다.

- DATE : 고정길이 7바이트의 날짜와 시간을 저장한다. 세기, 연도, 월, 일, 시간, 분, 초 7가지 속성정보를 저장한다.

컬럼에 대한 데이터타입 지정 관련하여 몇 가지 살펴볼 필요가 있다.

이슈 1 : CHAR, VARCHAR2 중 어느 것을 적용할 것인가. 고정길이의 경우 CHAR로 하는 게 좋을 것 같다. 하지만 CHAR는 빈 칸을 공백으로 채우고, 값을 비교하는 데 어려움이 있다. 이로 인해 개발할 때 CHAR, VARCHAR2 로 할지 끊임없이 고민하게 된다. CHAR와 VARCHAR2를 혼용해서 사용함으로써 내부적인 형 변환 등의 문제도 발생할 수 있다. 성능은 그리 고려할 필요는 없을 것 같다. CHAR이 크게 나은 점도 없다. 개발에서 혼란을 피하기 위해서라도 CHAR 와 VARCHAR2를 혼용해서 사용하기 보다는 VARCHAR2 만 사용하는 게 좋을 것 같다.

이슈 2 : 일자(YYYYMMDD) 컬럼을 VARCHAR2(8)로 할지 DATE형으로 할지 고민하게 된다. 데이터타입을 정하는 데 데이터 품질을 우선으로 할 것인지 개발생산성과 성능을 고려할 것인지도 고민된다.

VARCHAR2(8)은 개발자들이 선호하는 형식이지만 날짜가 아닌 데이터가 유입될 수 있는 문제가 있고, 날짜형 데이터타입은 개발 시 날짜를 문자형식으로 변환하는 일이 많아 개발 생산성이 떨어지는 문제가 있지만 오류 데이터가 들어올 수 있는 가망은 거의 없다(일자까지가 아니라 시분초까지 관리한다면 오류 데이터가 입력될 여지는 조금 남아 있다). 데이터 품질을 우선 고려한다면 DATE 형을 적용하는 것이 좋다. 그러나 어쩔 수 없이 VARCHAR2(8)로 한다면 아래처럼 CHECK CONSTRAINT를 추가하거나 인덱스를 만들어 오류 데이터가 입력되지 않도록 할 수 있다.

```
ALTER TABLE EMP ADD CONSTRAINT EMP_CK_ENT_DT
CHECK (ENT_DT = TO_CHAR(TO_DATE(ENT_DT,'YYYYMMDD'),'YYYYMMDD')) ;
또는
CREATE INDEX EMP_IX01 ON EMP( TO_DATE(ENT_DT,'YYYYMMDD') );

INSERT INTO EMP VALUES('20190230');
-- ORA-01839 : date not valid for month specified
```

[그림 4-3-2] 일자 컬럼 제약조건 추가

이슈 3 : 한글 데이터를 유니코드(Unicode) 형식으로 저장하려면 데이터베이스의 캐릭터 셋이나 컬럼의 데이터타입이 유니코드 지원 가능한 형식이어야 한다. CHAR/VARCHAR 타입은 데이터베이스 캐릭터 셋(NLS_CHARACTERSET)을 참조하고, NCHAR/NVARCHAR 타입은 내셔널 캐릭터 셋(NLS_NCHAR_CHARACTERSET)을 참조한다. 캐릭터 셋이 AL32UTF8 등으로 유니코드 형식이라면 CHAR/VARCHAR이나 NCHAR/ NVARCHAR 데이터타입 모두 가능하다. VARCHAR2(100 CHAR) 등으로 CHAR 옵션을 주면 한글 100자를 저장할 수 있다. ASCII 기반의 캐릭터 셋(KO16MSWIN949, KO16KSC5601 등)이라면 유니코드를 지원하는 NCHAR/NVARCHAR 타입으로 지정해야 한다.

NCHAR/NVARCHAR 타입은 내셔널 캐릭터 셋을 참조하고, 내셔널 캐릭터 셋의 기본값은 AL16UTF16 유니코드 인코딩 방식이다. AL32UTF8에서 영문은 1 바이트, 한글은 3바이트 정도를 차지하고, AL16UTF16에서는 영문, 한글 모두 2바이트 정도를 사용한다. 한글만 포함할 경우 UTF16이 좀 더 유리하다. 그러나 명칭이나 내용에 해당하는 컬럼 데이터를 보면 한글, 숫자, 영문 등이 포함된 경우가 많으며, UTF16이 UTF8이 보다 유리하지 않을 수 있다. 캐릭터 셋이 어떻게 설정되어 있는지 확인하여 컬럼의 데이터타입을 CHAR/VARCHAR로 할지 NCHAR/NVARCHAR 설계할지 판단해야 한다.

프로젝트에서 SQL Server 2017을 사용하고 있으며, CHAR/VARCHAR 컬럼의 캐릭터 셋은 cp949이고, NCHAR/NVARCHAR 컬럼은 UNICODE (AL32UTF16) 캐릭터 셋으로 지정되어 있다. 유니코드 형식의 데이터를 저장하기 위해서는 컬럼의 데이터타입을 NCHAR/NVARCHAR 로 지정해야 한다.

SQL Server에서 문자 컬럼의 경우 COLLATE(정렬 옵션)를 지정해야 한다. 별도로 지정하지 않으면 데이터베이스의 COLLATE로 지정된다. 기본은 "Korean_Wansung_CI_AS"이며, 데이터 값에서 대/소문자를 구분하여 처리하려면 "_CI_" 대신 "_CS_"로 지정해야 한다. 영문, 숫자, 기호, 한글 데이터 값의 정렬 순서를 고객과 협의하여 정하고, 데이터베이스 기본 옵션으로 설정할 필요가 있다. COLLATE 옵션이 컬럼 마다 다른 경우 조인, 재귀 CTE, UNION 문장 등에서 오류가 발생할 수 있으므로 컬럼을 설계할 때 신경 써야 한다. PK/FK가 아닌 일반 문자를 관리하는 명칭, 내용 등의 컬럼에서 대소문자를 구분해야 하는 경우에 한해 컬럼에서 "_CS_" 가 포함된 COLLATE옵션을 지정해 주도록 하자.

Korean_100			Korean_Wansung			엑셀(대소문자)	
_CI_AS	_CS_AS	_BIN2	_CI_AS	_CS_AS	_BIN2	구분없음	구분
-	-	!	-	-	!	1	1
!	!	*	!	!	*	2	2
*	*	-	*	*	-	-	-
1	1	1	1	1	1	!	!
2	2	2	2	2	2	*	*
A	a	A	가	가	A	A	a
a	A	AA	나	나	AA	a	A
AA	aa	Aa	A	a	Aa	AA	aa
Aa	aA	B	a	A	B	Aa	aA
aA	Aa	BB	AA	aa	BB	aA	Aa
aa	AA	Bb	Aa	aA	Bb	aa	AA
B	b	a	aA	Aa	a	B	b
b	B	aA	aa	AA	aA	b	B
BB	bb	aa	B	b	aa	BB	bb
Bb	bB	b	b	B	b	Bb	bB
bB	Bb	bB	BB	bb	bB	bB	Bb
bb	BB	bb	Bb	bB	bb	bb	BB
가	가	가	bB	Bb	가	가	가
나	나	나	bb	BB	나	나	나

참고로 오라클은 NLS_SORT = BINARY 로 설정되어 있다.

컬럼에 대한 데이터타입 및 길이는 속성의 분류단어(도메인)가 가지는 도메인이나 인포타입을 선택하고, 해당 DBMS에 맞는 데이터타입과 길이를 적용하면 된다. 예를 들면, "고객명"은 "고객" + "명"으로 구성되고, 분류단어인 "명" 도메인에 해당하는 명VC50, 명VC100 중에서 명VC50을 선택하고 오라클 DBMS를 사용할 경우, 고객명은 VARCHAR2(50)의 데이터타입과 길이를 가지게 된다. 속성명에서 분류단어(도메인)는 가장 맨 끝에 위치하게 되므로 분류단어를 구분하는 일은 어렵지 않다. 다만, 고객전화번호1, 고객전화번호2 등으로 분류단어 뒤에 숫자가 오는 경우 예외적으로 처리할 수 있다.

다른 테이블과 참조 관계에 있는 컬럼은 반드시 동일한 데이터타입과 길이를 가지도록 하고, 유사한 정보를 관리하는 컬럼에 대해 일관성을 유지할 수 있도록 설계하는 것이 좋다.

기본키(PK : Primary Key) 지정

논리 데이터모델의 주 식별자를 기본키(PK)로 생성한다. 기본키는 유일해야 하고, Not Null 이어야 한다. 테이블을 생성하면서 기본키 제약조건과 Unique 인덱스를 같이 생성한다. 기본키는 자체 컬럼으로 구성하거나, 부모 테이블의 기본키를 상속받아 구성할 수 있으며, 다른 테이블들의 기본키로만 구성할 수도 있다.

자체 컬럼으로 구성하는 경우는 보통 핵심 엔티티(Key Entity)나 중요 엔티티(Main Entity)에 해당하는 테이블이고, 데이터에 대한 일정한 채번 규칙을 가지고 있다. 별도 채번 규칙을 정의하여 관리하고, 테이블에 따라 다른 기준을 적용하지 않도록 일관된 채번 규칙과 데이터타입을 적용한다.

부모 테이블에서 상속받는 경우는 상속받은 컬럼에 숫자형 데이터타입을 가지는 일련번호 컬럼을 추가하는 형태가 일반적이다.

다른 테이블들의 키로만 구성된 테이블은 교차 또는 매핑 성격의 데이터를 가지는 테이블이다. 참조하는 컬럼과 동일한 데이터타입과 길이로 정의한다. 다만 기본키를 구성할 때 조회조건에서 가장 많이 사용하는 컬럼 순으로 구성하고, 코드 성격의 컬럼보다는 고객번호처럼 값의 종류가 많은 컬럼이 먼저 오도록 구성하는 것이 좋다. 기본키의 선두 컬럼이 아닌 컬럼으로 구성된 인덱스를 추가로 만들지 않아도 되므로 더 효율적이다.

기본키에 대한 채번 규칙은 주문번호의 경우 주문일자에 일련번호를 붙이는 형태('20190101-001', '20190101-002')로 구성할 수도 있고, 일련번호(1,2,3)로 할 수도 있다. 주문번호만 보고 주문일자를 유추할 필요가 있다면 (업무에서 기본키 체계를 활용한다면) 의미를 두어 구성하고, 그렇지 않다면 일련번호 형태만 사용해도 문제는 없다. 필자의 경우 숫자형 일련번호만으로 기본키를 구성하면 뭔지 모르지만 찜찜하게 느껴진다. 왜 그럴까? 숫자형이 마음에 안 드는 것일까? 가변자리에 정렬 문제가 있을 수 있다고 생각하기 때문일까? 문자형으로 하면 숫자형으로 변환한 다음 채번하고, 다시 문자형으로 변경하면서 불필요하게 앞자리를 '0'으로 채워야 하는 불편함이 있는데 말이다.

　　문자형이 숫자형보다 저장공간도 더 많이 차지해 좋을 게 없는데.. 여러분은 어떠한가? 이제부터라도 뚜렷한 이유가 없다면 숫자형으로 하면 어떨까 한다. 그리고 한 컬럼이면서 일련번호로 채번하는 기본키는 "문서일련번호", "결재일련번호"보다는 "문서번호", 결재번호와 같이 명명하면 된다. 다른 의미는 없다. 결재상태 엔티티의 결재일련번호와 구별하고, 주문번호와 고객번호처럼 우리가 익숙하게 사용하는 용어(컬럼명)와 일관성을 유지할 수 있기 때문이다.

데이터 무결성 설계

데이터 무결성(Data Integrity)은 데이터를 저장하고 관리할 때 데이터의 정확성과 일관성을 유지하기 위해 사전에 정의한 규칙이다. 데이터 무결성은 실체 무결성(Entity Integrity), 영역 무결성(Domain Integrity), 참조 무결성(Referential Integrity)이 있다.

데이터 무결성을 통해 데이터의 정확성, 일관성, 유효성, 신뢰성을 확보할 수 있고, 무효 갱신으로부터 데이터를 보호할 수 있다.
데이터 모델링 과정에서 정의된 일련의 규칙에 따라 데이터가 생성, 수정, 삭제될 수 있도록 프로그램이나 데이터베이스 기능을 강제할 수 있다. 그 결과 권한이 부여된 사용자에 의해 야기될 수 있는 의미적 에러를 방지하고, 데이터베이스 내의 데이터가 현실세계의 올바른 데이터를 갖도록 보장할 수 있다.

실체 무결성(Entity Integrity)
실체 무결성은 기본키와 관련된 제약조건으로 모든 실체는 식별자를 가지고 있으며, 그 식별자 값은 Not Null이고, 실체 내에서 유일한 값이어야 한다. 테이블의 기본키가 데이터를 유일하게 식별할 수 있도록 기본키에 널 값이나 중복된 값이 들어오는 것을 막도록 설정하는 것이다. Primary Key, Unique 제약조건이 해당한다.

```
CREATE TABLE EMP (
    EMP_NO              VARCHAR2(6)             NOT NULL
    , EMP_NM            VARCHAR2(50)            NOT NULL
    , BRTH_DT           VARCHAR(8)
) ;
ALTER TABLE EMP ADD CONSTRAINT EMP_PK PRIMARY KEY (EMP_NO) ;
ALTER TABLE EMP ADD CONSTRAINT EMP_UK UNIQUE (EMP_NM,BRTH_DT) ;
```

[그림 4-4-1] 실체 무결성 제약조건

제약조건은 NOT NULL 처럼 "CREATE TABLE ~" 문에서 컬럼 뒤에 기술하여 테이블과 같이 생성할 수도 있고, 테이블 생성 후 "ALTER TABLE ~" 문으로 추가할 수도 있다. Primary Key, Unique 제약조건을 추가하면 기본으로 인덱스도 추가된다. 만약 인덱스가 추가되지 않는다면 유일한지 판단하기 위해 테이블에 있는 모든 데이터를 읽어야 하므로 성능 문제가 발생할 수 있을 것이다.

> PRIMARY KEY 제약조건을 만들지 않고, 인덱스 이름에 'PK'를 붙여 UNIQUE 인덱스만 만드는 경우가 있다. PK컬럼이므로 NOT NULL일 것이고, UNIQUE 인덱스만 만들어도 중복을 체크하는 데는 문제가 없다. 그러나 관리 적인 측면에서 PRIMARY KEY 제약조건을 생성할 것을 권장한다.

영역 무결성(Domain Integrity)

데이터의 속성 값들은 정해진 데이터 범위를 벗어나지 않아야 하며, 데이터타입, 길이, 유효값을 일관되게 유지해야 한다. CHECK, DEFAULT, NOT NULL 제약조건이 해당된다.

```
CREATE TABLE EMP (
      EMP_NO     VARCHAR2(6)    NOT NULL
    , EMP_NM     VARCHAR2(50)   NOT NULL
    , BRTH_DT    VARCHAR(8)
    , REG_DTM    DATE           DEFAULT SYSDATE     NOT NULL
) ;
ALTER TABLE EMP ADD CONSTRAINT EMP_CK_BRTH_DT
CHECK (BRTH_DT = TO_CHAR(TO_DATE(BRTH_DT,'YYYYMMDD'),'YYYYMMDD')) ;

INSERT INTO EMP VALUES('000001','유동오','20190231',SYSDATE);
-- ORA-01847 : day of month must be between 1 and last day of month;
```

[그림 4-4-2] 영역 무결성 제약조건

사원(EMP) 테이블에 설정된 영역 무결성 제약조건을 살펴보자. 사원을 등록할 때 사원명(EMP_NM)은 반드시 입력해야 함을 의미한다(NOT NULL).

개발할 때 널(NULL) 처리가 꽤 귀찮은 모양이다. 숫자 컬럼은 모두 NOT NULL로 하고, DEFAULT 0으로 일괄 적용해 달라는 요청을 받을 때가 있다. 숫자 컬럼 모두 적용하는 것은 무리이므로 금액 컬럼에 한해 고려해 보기로 했다. 값이 안 들어 올 경우 NULL이 아니라 0으로 하면 평균을 구할 때 문제가 될 수 있다. 우선 업무에서 평균을 구하지 않는지, 0으로 처리했을 때 문제가 없는지 확인한 후 금액 도메인을 가지는 모든 컬럼에 NOT NULL과 DEFAULT 0을 적용했다. 역시나 일부 업무에서 문제가 발견되어 해당 컬럼은 NULL로 변경했다. 문자형도 NULL 데이터 처리에 대한 기준을 만들어 적용하자. 문자형 컬럼에 빈 값('', Empty)이나 스페이스만 입력하지 않도록 가이드하거나, 필요하다면 CHECK 제약조건을 추가할 수 있다(SQL Server에서는 NULL과 빈 값('')은 다른 값이다).

등록일시(REG_DTM) 데이터를 입력하지 않았을 경우 기본값을 현재 (SYSDATE)로 지정할 수 있다(DEFAULT). 생년월일(BRTH_DT)은 문자형인 VARCHAR(8) 데이터타입을 지정했지만, CHECK 제약조건을 통해 'YYYYMMDD' 형식의 날짜 데이터가 아닌 경우 오류를 발생하며, 2월 31일은 달력에 없는 날짜이므로 입력할 수 없다(CHECK).

참조 무결성(Referential Integrity)

참조 무결성은 데이터 모델에서 정의된 실체 간의 관계(Relationship) 조건을 유지하는 것이다. 참조하는 테이블은 참조할 수 없는 외래 키 (Foreign Key)를 가져서는 안되며, 참조되는 테이블은 외래키가 존재하는 한 데이터를 삭제하거나 변경할 수 없다. FOREIGN KEY 제약조건이 해당된다.

```
ALTER TABLE EMP ADD CONSTRAINT EMP_FK FOREIGN KEY (DEPT_CD)
    REFERENCES DEPT(DEPT_CD) ON DELETE SET NULL ;

INSERT INTO EMP(EMP_NO,DEPT_CD) VALUES('000002','0002');
-- ORA-02291 : integrity constraint violated - parent key not found
```

[그림 4-4-3] 참조 무결성 제약조건

부서(DEPT) 테이블에 존재하지 않는 부서코드('0002')를 사원(EMP) 테이블에 입력할 경우 FOREIGN KEY 제약조건에 위배되어 오류가 발생한다.

참조무결성은 데이터베이스에서 제공하는 FK 제약조건을 설정하는 것만으로는 한계가 있다. 모든 제약 옵션을 데이터베이스가 지원하지 않기 때문에 FK 제약조건 외에 응용프로그램이나 DB 트리거를 추가하여 보완해야한다. FK 제약은 가장 확실하고 간편한 방법이지만 성능적인 측면과 관리적인 측면도 고려해야 한다. 대량 트랜잭션이 발생하는 업무 환경에서는 FK 제약조건 생성을 일부 업무로 한정할 수도 있다.

> 프로젝트에서 DA역할을 하면서 응용프로그램 설계자나 개발자에게 많이 듣는 얘기 중에 하나가 '테이블 만들면서 테이블에 FOREIGN KEY 제약조건도 추가되나요?'이다. 개발 단계에서 다른 제약조건에 비해 FOREIGN KEY 제약조건이 있는 경우 개발하기 까다롭고, 테스트 데이터를 만들기 어려운 면이 있어서 그런 질문을 많이 한다. FK의 필요성을 인정하지만, 현실에서는 피하고 싶은 것이다. 실제로 시스템을 운영 중인 사이트 중에 FK 제약조건이 있는 사이트를 별로 본적도 없다. 필자의 경우 '프로젝트 개발 초반에는 FK 제약조건을 설정하지 않을 테니 참조관계가 깨지지 않도록 개발하고, 나중에 개발이 어느 정도 마무리되면 일괄적으로 FK 제약조건을 설정할 것이다'라고 말하는 편이다. FK 제약조건을 추가함으로써 개발은 물론 이관 데이터에 대한 참조 무결성 검증도 자연스럽게 할 수 있다. 개발 생산성도 고려하겠지만 데이터 품질이 중요하기에 이런 방식으로 진행하는 편이다.

FK 제약조건은 자식 테이블의 데이터가 변경될 때 부모 테이블에서 참조되는 데이터가 정확한지 확인해야 하며, 부모 테이블에서 데이터가 변경될 경우 자식 테이블에서 참조하는 데이터가 있는지 확인해야 한다. 일반적으로 부모 테이블에는 이미 PK인덱스가 있으므로 문제가 없지만, 자식 테이블에 인덱스가 없으면 성능 문제가 발생할 수 있으므로 꼭 인덱스를 만들어야 한다.

> 오라클에서 제약조건 관련 정보는 ALL_CONSTRAINTS, ALL_CONS_COLUMNS 뷰 등을 통해 확인할 수 있다.

성능을 고려한 데이터 구조

시스템을 운영하는 과정에서 DB 튜닝을 하다 보면 튜닝 된 결과를 반영하는 일이 쉽지 만은 않다. 운영 중인 시스템에 영향을 주지 않는 범위 내에서 반영해야 하므로 승인 절차도 필요하다. 그래도 SQL을 수정하거나 인덱스를 조정하여 해결할 수 있으면 다행이다. 문제는 대량의 데이터를 처리할 수 밖에 없는 경우이다. 파티션이나 인덱스 설계 등을 통해 해결 가능한 부분도 있으나, 처리해야 할 데이터 양이 절대적으로 많아 데이터 구조를 바꾸지 않고 SQL 튜닝만으로 성능 문제를 해결할 수 없을 때가 있다.

향후 운영 중에 이러한 성능 문제가 발생하지 않도록, 물리 모델링 단계에서 대량의 데이터를 빈번하게 처리하거나, 특정 범위를 자주 처리하는 경우가 있는지 확인하여 테이블을 설계해야 한다. 필요하면 집계 테이블을 추가하거나 테이블에 컬럼을 추가하여 처리할 데이터 양을 줄이는 방법을 고려할 수 있다. 성능을 고려한 테이블 추가 및 변경은 개발 일정에 영향을 미치므로 재개발을 최소화할 수 있도록 초기에 검토하여 반영해야 한다.

집계/요약 테이블 추가

원천 테이블에서 대량의 데이터를 실시간으로 읽어, 일자나 부서 단위로 집계하거나, 업무 데이터를 처리하면서 일부 데이터를 집계하는 경우 집계 테이블을 추가할 수 있다. 성능적인 문제를 해결할 수 있으면서 다양한 집계처리를 포함할 수 있도록 공통된 조건을 분석하여 집계 테이블을 설계한다. 배치 처리가 아닌 실시간 요건에 맞게 집계 테이블을 유지하는 방법은 꽤 까다롭다. 주간에 실시간으로 업무 데이터를 반영하면서 집계 테이블에 로우 레벨 데이터를 같이 쌓아 주는 방식으로 처리하다가 일과 후 배치로 해당 일자 데이터를 다시 읽어 요약 데이터를 쌓아 주는 방식도 있을 것이다. 성능 문제를 해결할 수 있는 선에서 가급적 집계 테이블을 최소화하는 것이 개발 측면이나 향후 운영 측면에서 좋다. 참고로 오라클 MView(Materialized View) 오브젝트는 원천 테이블 데이터가 변경되었을 때, DBMS가 알아서 MView에 데이터 변경사항을 자동으로 반영하므로, 집계 테이블 생성에 따른 추가 개발 및 데이터 관리 부담을 줄일 수 있다.

컬럼 추가

정규화를 충실하게 한 경우 컬럼 중복으로 인한 오류 데이터 유입을 최소화할 수 있고, 일관성 있는 데이터를 유지할 수 있다. 하지만 성능 문제 때문에 정규화의 장점을 일부 포기하고, 반정규화하거나 중복 컬럼을 추가해야 하는 경우도 있다. 부모 테이블에서 인조 식별자를 기본키로 설계한 경우 기본키를 상속받으면서 본질 식별자에 해당하는 컬럼을 추가하거나, 자주 조회 조건으로 사용하는 컬럼을 자식 테이블에 추가하는 경우가 대표적이다.

조인이 빈번한 테이블에서 자주 사용되는 액세스 조건이 서로 다른 테이블로 분산된 경우 컬럼을 중복해서 관리하지 않으면 많은 데이터를 처리함으로써 수행속도가 늦어질 수 밖에 없다.

예를 들어, 특정 기간에 발생한 주문 건 중 특정 상품이 얼마나 판매되었는지 알고 싶다고 하자. 일 평균 주문 건수는 50,000건이고, 주문당 1.2건 주문내역이 발생한다. 상품 종류는 1,000 개이며, 조회기간은 10일 정도이다. 우선 주문 테이블에서 10일간 데이터 50만건를 처리한 후 해당 주문번호를 이용해서 주문내역을 읽게 된다. 주문내역에서 A 상품인지 필터링 한 결과 600건 데이터가 추출된다.

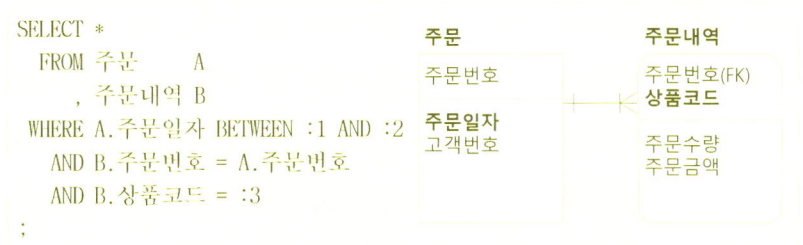

[그림 4-5-1] 액세스 조건 분산

조인순서를 바꿔서 주문 내역 테이블에서 A상품을 찾고, 주문에서 주문일자를 체크하는 방법도 문제가 있고, 조인 방법을 바꿔도 많은 데이터를 처리할 수밖에 없다. 양쪽 테이블에 분산된 조회 조건을 한 쪽 테이블에서 같이 체크하여 처리범위를 줄일 수 있도록 데이터 구조를 변경해야 한다.

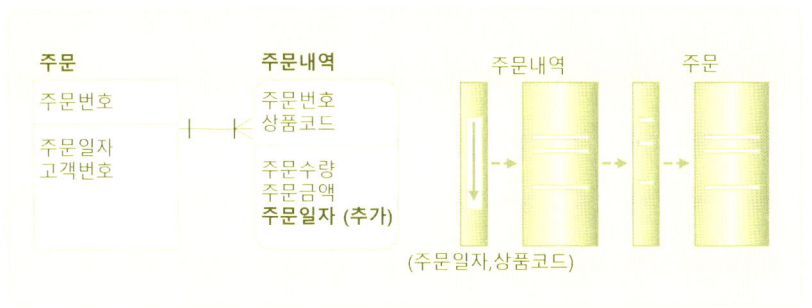

[그림 4-5-2] 중복 컬럼 추가

주문에 있는 주문일자 컬럼을 주문내역에 추가하고, 주문일자와 상품코드로 구성된 인덱스를 추가할 수 있다. 주문내역에서 10일간 A상품 데이터 600건(주문량 50만건*주문내역 1.2배* 상품 1/1000)을 처리하고, 주문 테이블에서 필요한 컬럼 데이터를 가져오면 되므로 처리량을 크게 줄일 수 있다.

부모 테이블에 컬럼을 추가하는 경우도 있다. 부모 테이블에서 자식 테이블의 집계된 값이나 최종 데이터 값을 가지고 있다면, 매번 자식 테이블에서 최소/최대, 건수/합계, 최종 데이터 값을 추출할 필요가 없으므로 성능이 향상된다.

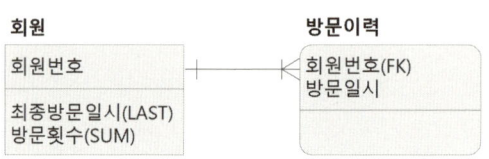

[그림 4-5-3] 부모 테이블 중복 컬럼 추가

계산 로직이 복잡하거나 여러 테이블을 읽어야 결과를 추출할 수 있는 경우도 컬럼을 추가하여 결과 값을 저장 할 수 있다.

컬럼 추가나 반정규화를 통해 DB 성능을 향상할 수 있으나, 데이터에 대한 일관성을 유지하는 데 많은 노력이 필요하므로 남용해서는 안 된다. 데이터 일관성이 깨지지 않도록 업무 규칙을 도출하고, 주기적으로 점검 프로그램을 수행하여 문제가 없는지 확인해야 한다.

테이블 분할

테이블은 컬럼과 로우로 구성되어 있어, 데이터를 처리할 때 가로(컬럼)와 세로(로우)인 면적이 처리범위가 된다. 면적을 줄이기 위해서는 가로를 줄이거나 세로를 줄이는 방법 있다. 테이블 수직분할은 가로를 줄이는 방법으로 테이블의 컬럼을 두 개 이상의 테이블로 나누어 관리하는 방법이다. 수평분할은 세로를 줄이는 방법으로 기간이나 부서 단위로 데이터를 분할하는 개념이다.

수직분할의 예는 흔히 알고 있는 게시판 테이블을 생각해 볼 수 있다.

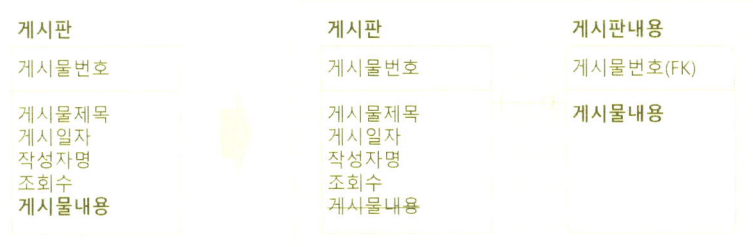

[그림 4-5-4] 테이블 수직분할

　게시물내용 컬럼은 VARCHAR(4000) 등으로 설계되어 있고, 실제로 아주 많은 문자가 입력됨으로써 게시판 데이터의 대부분을 차지하게 된다. 게시판은 보통 게시물 목록을 먼저 보여주고, 해당 게시물을 선택했을 때 게시물 내용을 확인할 수 있도록 화면이 구성되어 있다. 게시물 목록을 조회할 때 게시물내용 데이터는 가져오지 않아도 되지만, 게시판 테이블에 컬럼이 포함되어 있어 불필요하게 큰 데이터를 처리할 수 밖에 없다.

　이렇게 테이블 데이터 중에서 일부 컬럼 데이터만 따로 처리하는 경우가 많다면, 같이 사용하는 컬럼들끼리 묶어 다른 테이블로 분리할 수 있다. 게시판 테이블에서 게시물내용 컬럼만 분리하여 별도 테이블로 구성하면, 게시판 테이블 면적은 아주 작아져서, 목록을 조회할 때 처리량을 크게 줄일 수 있다.

　수평분할에서 특정 기간으로 데이터를 분할하는 경우는 굳이 테이블을 분할하지 않고, 테이블 파티션을 설계하므로써 비슷한 효과를 볼 수 있다. 독립적인 데이터들이 단순히 통합된 형태로 구성된 경우이거나, 통합된 업무 데이터를 같이 처리하지 않고, 따로 따로 처리할 경우 업무 단위로 데이터를 나누어 별도 테이블로 설계할 수 있다.

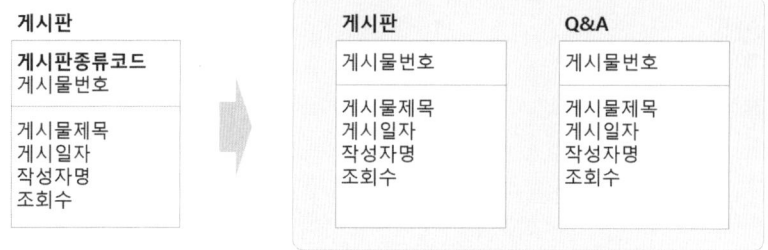

[그림 4-5-5] 테이블 수평분할

여러 게시판을 통합하여 게시판종류코드로 구분하여 관리할 수도 있고, 게시판 종류별로 별도 테이블로 분리하여 관리할 수도 있다. 관리적인 측면을 우선한다면 통합된 형태 그대로 설계할 수 있다. 하지만 성능적인 측면이나 보안적인 측면에서 데이터를 분리하는 것이 좋을 수도 있다.

물리 설계

물리 모델링 이후 DBMS 특성을 고려하여 성능, 관리, 보안, 개발 생산성의 목적에 맞도록 물리적인 설계를 한다. 프로젝트에서 주로 사용하는 DB 오브젝트는 테이블, 인덱스, 뷰, 시노님, 함수, 프로시저, 시퀀스 등이 있다.

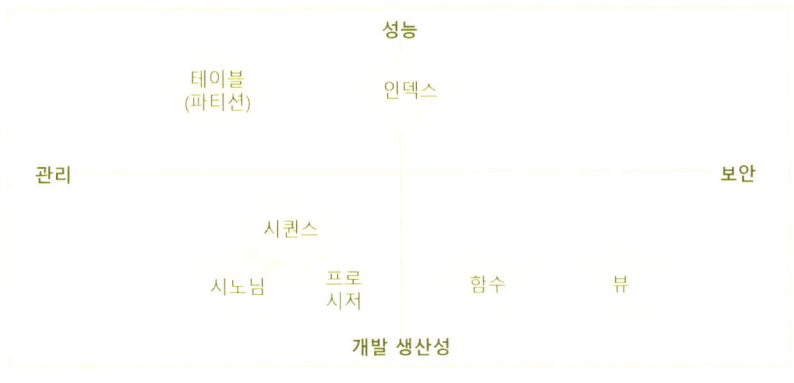

[그림 4-6-1] 오브젝트 설계 목적

테이블, 인덱스, 시노님은 설계 단계에서 DA/DBA가 설계하고, 뷰, 함수, 프로시저, 시퀀스는 개발 단계에서 개발자가 직접 생성하거나 DBA에게 요청하여 생성한다. 데이터를 저장하고 관리하는 오브젝트는 테이블과 인덱스 등이 있다. 파티션이나 클러스터는 데이터 처리를 효율적으로 하기 위해 데이터를 저장하는 방식에 초점을 맞추고 있으며, 인덱스는 저장된 데이터를 빠르게 접근할 수 있도록 설계된 측면이 강하다.

이 장에서는 테이블(파티션)과 인덱스를 중심으로 설명하기로 하고, 뷰, 함수 등의 오브젝트는 데이터를 저장하지 않으며 물리 설계 시 특별히 고려할 사항이 많지 않으므로 생략한다.

성능 관점에서 설계 요소를 살펴보면 실시간 업무처리를 하는 경우 소량의 데이터를 빠르게 처리해야 한다. 주로 인덱스를 경유하여 테이블을 읽게 되며 Nested Loops 조인 방법을 사용한다.

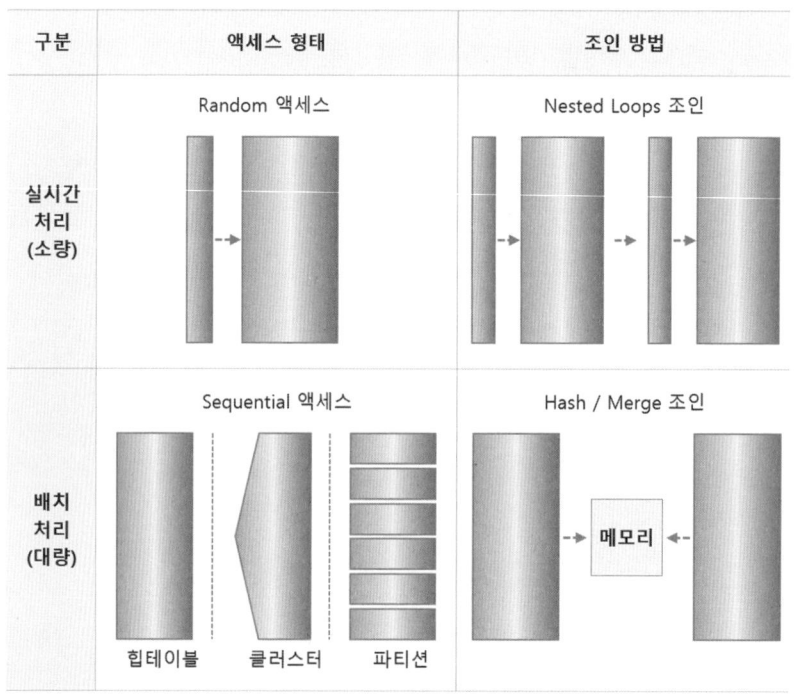

[그림 4-6-2] 데이터 처리 유형

일과 후나 월말 대량의 데이터를 배치로 처리하는 업무는 인덱스를 경유할 경우 대량의 랜덤 액세스로 인해 성능 문제가 발생한다. 인덱스를 사용하지 않고 직접 테이블을 읽어 처리하는 편이 나을 수 있다.

테이블을 처리하더라도 가급적 필요한 데이터만 처리하기 위해 파티션이나 클러스터 테이블 설계를 고려해야 한다. 파티션은 성능적인 목적도 있지만, 데이터를 보관하고, 폐기하기 위한 관리적인 목적에서 설계하기도 한다.

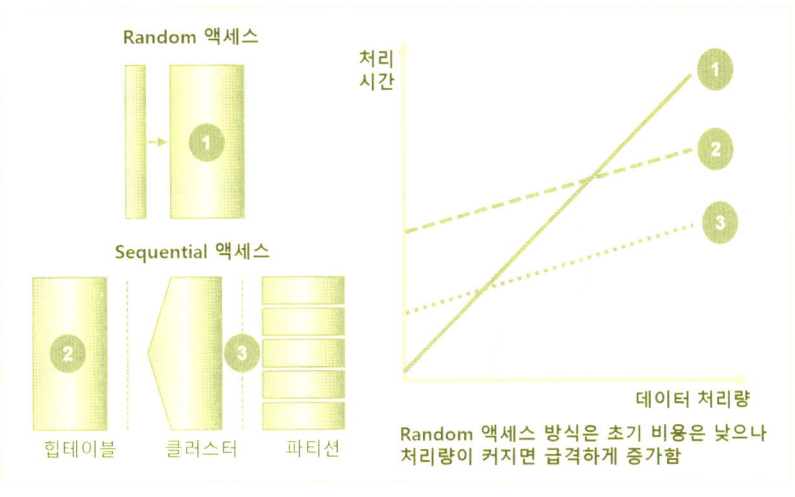

[그림 4-6-3] 데이터 처리 유형

관계형 DBMS는 여러 종류가 있고, 업무처리용과 DW용으로 사용하는 목적도 다르다. 하지만 저장방식 관점과 액세스 관점에서 보면 해당 DBMS의 기술요소를 비교적 쉽게 파악할 수 있다. DBMS에 따라 특별한 기능을 가지는 기술요소를 포함하고 있는 경우도 있지만, 다른 DBMS와 기능이 비슷하거나 개념이 거의 유사한 기술요소를 포함하기도 한다.

예를 들면, 오라클 엑사데이터나 네티자 DBMS는 DW용으로 사용하고 있다. 저장관점에서 보면 물리적인 저장공간의 최소 단위마다 최솟값과 최댓값을 관리하여 불필요한 데이터를 처리하지 않도록 하는 기술요소(엑사데이터 Storage Index, 네티자 ZoneMap)도 있고, 데이터 분산을 위한 처리(엑사데이터 파티션, 네티자 Distribution) 및 압축기술을 적용하고 있다.

액세스 측면에서는 엑사데이터의 스마트스캔, 플래시 캐시와 네티자의 Distribute처리, FPGA 등의 기술요소를 통해 필요한 데이터를 최대한 효율적으로 처리하도록 설계되어 있다. 오브젝트를 설계할 때 저장 관점과 액세스 관점에서 해당 오브젝트가 어떤 특성을 가지고 있는지 파악하면 설계 방향을 결정하는 데 도움이 될 것이다.

오브젝트 명명 규칙

테이블, 뷰, 시퀀스, 함수, 프로시저 등은 아래 명명 규칙에 따라 영문 약어 및 일련번호 등을 조합하여 부여한다.

명명규칙	오브젝트 구분 + 주제영역 + "_" + 영문약어 + "_" + 일련번호 필수 필수 필수 필수 선택 선택
오브젝트 구분	• T : 테이블(Table), V : 뷰(View), S : 시퀀스(Sequence), F : 함수(Function), P : 프로시저(Procedure)
주제영역	• 주제영역에 대한 영문약어 2 자리를 사용한다. 예) CU : 고객, PD : 상품
영문약어	• 오브젝트 명에 대한 영문 약어명을 사용하고, 단어와 단어 사이는 언더바("_")로 구분한다. • 표준단어의 약어명 사용을 원칙으로 하되, 적절한 표준이 없거나 명칭이 길어질 때 축약어를 정해 사용할 수 있다.
일련번호	• 01 ~ 99 를 순차적으로 부여한다.

예시	• TCM_CUST (테이블) VCM_CUST (뷰)
	  SCM_CUST_NO_01 (시퀀스) FCM_CUST_NM (함수)
	  PCM_CUST_DEL (프로시저)

[표 4-6-1] 오브젝트 명명 규칙 예시

테이블 명명 규칙은 응용 개발팀 등 이해 관계자와 협의하여 정하는 것이 좋다. 사람마다 명명 규칙에 대한 선호하는 방식이 다르고, 정답이 정해진 것도 아니므로 공론화하여 공감대를 형성하는 것이 중요하다.

방안	명명 규칙	설명

1안)
단어
조합
	• 엔티티명에 대한 영문 약어의 조합으로 구성한다.
	
	'T' + 주제영역 + '_' + 영문약어
	① ② ③ ④
	
	② : 주제영역 2레벨 약어(2자리)
	    CU(고객), CT(계약), AC(회계) 등
	④ : 엔티티명에 대한 영문약어 조합
		• 현행과 동일하여 친숙하고, 개발 편의성 높음
		• 가급적 표준영문명을 사용하되 길이가 길어지는 경우 함축적인 약어로 대체 사용 가능함
		• 예) TAC_BGT_CHG
		    (AC_예산변경)

2안) 고정 길이	• 주제영역을 상세화하여 영문약어와 숫자 조합으로 고정길이 형식으로 구성함 'T' + 주제영역1레벨 + 주제영역2레벨 + 일련번호 ① ② ③ ④ ② : 주제영역 1레벨 약어(2자리) ③ : 주제영역 2레벨 약어(2자리) ④ : 주제영역 내에서 "001"~"999" 숫자 3자리 부여	• 영문과 숫자 조합으로 길이 짧음 • 직관적이지 않아 테이블명에 익숙해 지는데 시간이 걸림 • 유사한 데이터에 해당하는 테이블을 분류하기 쉬움 • 예) TACSB110

[표 4-6-2] 테이블 명명 규칙 방안 예시

인덱스 설계

인덱스는 책의 색인을 생각하면 된다. 책에서 특정 단어를 찾는 방법은 첫 페이지부터 마지막 페이지까지 읽어 가면서 단어를 체크하는 방법이 있고, 색인에서 단어를 찾아 해당하는 페이지로 이동하여 확인하는 방법이 있다.

테이블에 저장된 데이터도 마찬가지이다. 테이블 전체를 읽어서 조회할 수도 있고, 인덱스를 탐색한 후 RowID를 이용하여 테이블 행으로 이동하여 조회할 수도 있다. 즉, 인덱스는 테이블에서 전체 데이터를 읽지 않고, 조회하고자 하는 데이터를 쉽게 찾을 수 있도록 설계된 자료구조이다. 특정 컬럼들의 데이터 값으로 정렬된 형태로 구성되어 있으며, 테이블 데이터(행)를 찾아갈 수 있도록 테이블 행 주소(RowID)를 가지고 있다.

상용 데이터베이스 인덱스 대부분은 조회뿐만 아니라 입력, 수정, 삭제와 같은 DML 작업 시 부하를 최소화할 수 있도록 B-Tree 구조를 가진다.

인덱스 구조

B-Tree 인덱스는 루트 노드(Root Node), 브렌치 노드(Branch Node), 리프 노드(Leaf Node)으로 구성된다.

종목명 = '삼성물산'인 데이터를 찾기 위해 인덱스의 루트 노드에서 작거나 같은 값 중 큰 값에 해당하는 'LG생활건강'의 주소(120)를 참조하여 브렌치 노드로 이동한다. 다시 브렌치 노드에서 작거나 같은 값 중 큰 값에 해당하는 'SK하이닉스'의 주소(110)를 이용하여 리프 노드로 이동한다.

마지막으로 리프 노드에서 해당 값과 동일한 값을 찾아 RowID를 이용하여 테이블 데이터를 액세스한다.

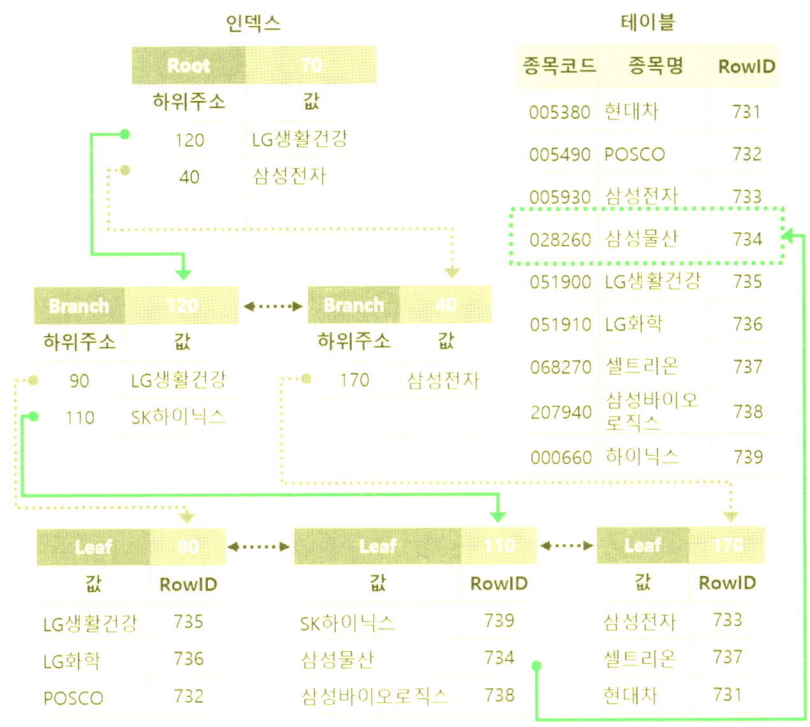

[그림 4-7-1] B-Tree 구조

인덱스 활용 방법

인덱스를 사용하는 가장 기본적인 이유는 소량의 데이터를 빠르게 찾기 위함이다. 인덱스를 잘 이용하면 정렬 작업을 피할 수 있고, 테이블을 읽지 않아도 되는 경우가 있다. 인덱스의 정렬 특성을 잘 이용하면 쿼리에서 ORDER BY절을 기술해도 별도 정렬작업을 수행하지 않을 수 있다. EMP_IX01 인덱스는 부서코드, 사원번호로 정렬되어 있다. 조회 조건인 '0010' 부서를 찾으면 이미 사원번호로 정렬되어 있으므로 따로 정렬하지 않아도 된다.

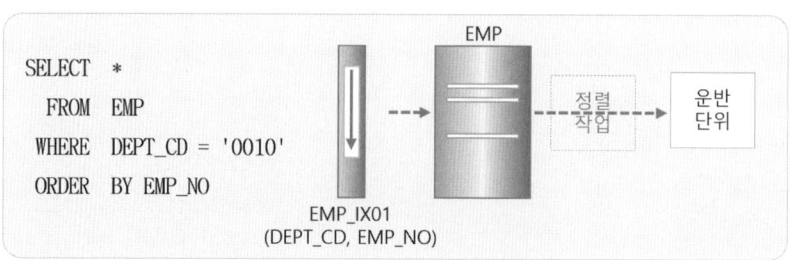

[그림 4-7-2] 정렬 작업 대체

테이블을 읽지 않고 인덱스만 처리하는 경우를 살펴보자. 쿼리에서 사용한 컬럼이 모두 인덱스 컬럼에 포함되어 있다면, 테이블을 읽지 않고 인덱스만 읽어 데이터를 추출할 수 있다.

[그림 4-7-3] EMP_IX01 인덱스는 부서코드, 사원번호, 사원명으로 구성되어 있다. 조회 조건에 해당하는 부서코드와 조회결과에 해당하는 사원번호, 사원명 컬럼을 모두 포함하고 있어 인덱스만 읽어 처리할 수 있다.

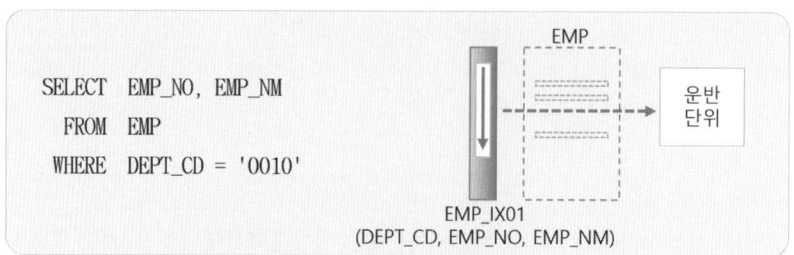

[그림 4-7-3] 인덱스만 처리

> 오라클은 인덱스를 만들 때 WHERE 절 조건(DEPT_CD)과 SELECT 컬럼(EMP_NO, EMP_NM)을 구분하여 생성할 수는 없다.

```
CREATE INDEX EMP_IX01 ON EMP(DEPT_CD,EMP_NO, EMP_NM);
```

반면에 SQL Server는 인덱스에 키 컬럼이 아닌 일반 컬럼을 추가 할 수 있는 포괄 열 옵션을 제공한다.

```
CREATE INDEX EMP_IX01 ON EMP(DEPT_CD) INCLUDE(EMP_NO, EMP_NM);
```

인덱스 키 컬럼(DEPT_CD) 은 루트, 브렌치, 리프 페이지 모두를 구성하고, 정렬되어 저장된다. 하지만 INCLUDE절에 기술한 포괄 열 컬럼(EMP_NO, EMP_NM)들은 리프 페이지에만 저장된다. 포괄 열 컬럼은 인덱스의 루트, 브렌치 페이지를 구성하는 비용은 없으면서 테이블 액세스를 줄일 수 있다.

어떤 데이터는 데이터 값의 편차가 극심한 경우가 있다. 주문상태는 '주문', '배송중', '배송완료', '주문완료'로 시간이 지나면서 상태 값이 변경된다. 현재 시점에서 볼 때 대부분 데이터는 주문완료 된 상태일 것이다. '주문' 건을 찾을 때는 인덱스를 사용하는 것이 빠를 것이고, '주문완료' 건을 조회할 때는 인덱스를 사용하지 않고, 테이블 전체를 읽는 것이 유리하다.

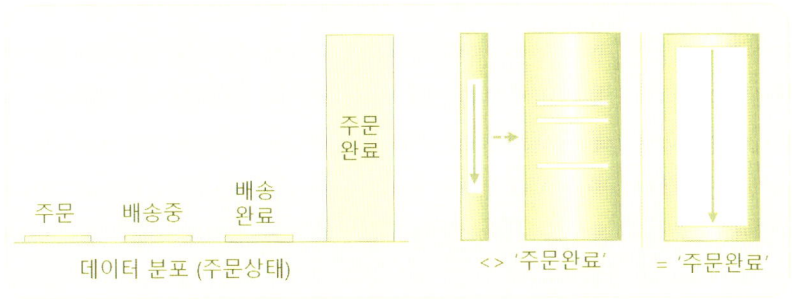

[그림 4-7-4] 데이터 분포에 따른 액세스 유형

주문상태와 같이 편차가 심한 데이터를 효과적으로 처리하기 위해 함수 기반 인덱스(Function-Based Index)를 만들어 활용할 수 있다.

```
1.함수기반 인덱스 생성
CREATE INDEX ORD_IX01 ON ORD( UPPER(ORD_STAT_CD) ) ;

2.조회 SQL
 SELECT * FROM ORD
 1) WHERE UPPER(ORD_STAT_CD) = '주문'      ; (인덱스 사용)
 2) WHERE ORD_STAT_CD = '주문완료'         ; (테이블 스캔)
```

[그림 4-7-5] 데이터 분포에 따른 액세스 유형

'주문' 상태인 데이터를 찾는 경우만 인덱스를 사용하도록 SQL을 UPPER(ORD_STAT_CD) = '주문' 로 작성하고, 사용하지 않으려면 ORD_STAT_CD = '주문완료'로 작성하면 된다. 만약, 일반 인덱스 (CREATE INDEX ORD_IX01 ON ORD(ORD_STAT_CD))를 만들었다면 UPPER(ORD_STAT_CD) = '주문완료'처럼 SQL을 작성하여 인덱스를 사용하지 않도록 하면 된다.

함수기반 인덱스를 만들지 일반 인덱스를 만들지는 컬럼 값과 개발이 어느 정도 진행되었는지 등을 판단하여 설계하면 된다. 일부 업무에서만 '주문' 상태를 처리한다면 함수기반 인덱스를 만들고, 해당 쿼리를 인덱스에 맞게 수정하면 된다.

> SQL Server 에서는 함수기반 인덱스 대신 인덱스를 생성할 때 필터 옵션을 추가하여 구현할 수 있다. 인덱스 생성시 WHERE 조건을 추가할 수 있으며, 조건에 해당하는 데이터만으로 인덱스를 생성하므로 조건에 해당하지 않으면 인덱스를 사용하지 않게 된다. 주의할 점은 ORD_STAT_CD = @1 처럼 변수를

사용하면 안되고, ORD_STAT_CD = '주문'과 같이 상수를 사용하여 작성해야 한다(오라클도 마찬가지다).

```
1. 필터링 인덱스 생성
CREATE INDEX ORD_IX01 ON ORD (ORD_STAT_CD)
  WHERE ORD_STAT_CD <> '주문완료' ;
2. 조회 SQL
  SELECT * FROM ORD
  1) WHERE ORD_STAT_CD = '주문'         ; (인덱스 사용)
  2) WHERE ORD_STAT_CD = '주문완료'     ; (테이블 스캔)
```

DBMS가 제공하는 인덱스 특성을 잘 이해하고, 어떻게 인덱스를 사용할지 염두에 두고 인덱스를 설계해야 한다.

인덱스 설계 방법

인덱스 설계는 설계 단계와 개발 단계로 나누어 진행할 수 있다. 설계 단계에서는 데이터 모델을 바탕으로 테이블을 만들면서 기본으로 PK 인덱스를 생성하고, 식별된 FK에 해당하는 인덱스를 생성한다. 그리고 분석 단계에서 수집한 As-Is 인덱스 목록을 검토하여, To-Be에서도 필요할 것으로 예상되는 인덱스를 추출하여 To-Be 컬럼에 맞게 변환하여 설계한다. 여기까지는 크게 고민하지 않고 작업할 수 있다. 개발 단계에서는 테이블 단위로 사용하는 쿼리의 액세스 형태를 분석하여 인덱스를 설계한다. 개발 초기에는 쿼리가 많은 상태가 아니기 때문에 쿼리를 통해 분석하는 데 한계가 있을 수 있으므로, 화면정의서의 조회 조건과 쿼리를 같이 분석해서 인덱스를 설계할 수 있다. 우선 식별된 컬럼들로 인덱스를 구성하고, 향후 보완해 가는 방향으로 접근하면 된다.

개발이 어느 정도 완료되면 테이블 단위로 전체 쿼리를 대상으로 액세스 형태를 조사하고 분석해야 한다. 모든 테이블을 대상으로 액세스 유형을 조사하고 분석하려면 시간과 비용이 많이 든다. 그리고 PK나 FK 외에 별다른 액세스 유형을 가지지 않는 테이블이 대부분이다. 액세스 유형분석을 통한 인덱스 설계는 주요 테이블을 선정하여 진행하는 것이 효율적이다. 예를 들면, 고객과 협의하여 업무별로 상위 10개씩을 선정하거나, 데이터 건수를 기준으로 선정할 수 있다.

> 대상 테이블을 초반에 너무 많이 선정하지는 말자. 하나의 테이블에 사용되는 SQL이 생각보다 많다. 그리고 단순히 SQL에 사용되는 조회 조건이나 조인 조건을 나열하는 게 아니라 조인순서까지 고려해야 정확한 액세스 유형을 도출할 수 있다. 우선 업무별로 핵심적인 테이블을 대상으로 집중하여 분석하고, 여력이 있으면 좀 더 확장하면 된다.

[그림 4-7-6] 인덱스 설계 절차

대상 테이블을 선정하였으면 쿼리를 분석하여 액세스 유형을 조사한다. 컬럼에 대한 데이터 분포도를 조사하여 액세스 패턴에 해당하는 데이터 처리량 등을 고려하여 인덱스를 설계한다.

인덱스 설계서				시스템명	차세대 시스템 구축		
				작성자	유동오	작성일	2019.01.01
테이블명	ORD_DTL	한글명	주문상세	Owner	NESYS	건수	100,000,000

컬럼명	액세스 유형										컬럼 분포도			비고
	1	2	3	4	5	6	7	8	9	10	종류	평균	최대	최소
PROC_DT	BW			BW										
ORD_DTL_CLS_CD		IN	=		=									
PROG_CD	=		=		=						5	5,400	83,700	22
DELI_CLS_CD ①		②	=		%	=					3	30,000 ③ 56,956		15,000
VEN_CD			=								3,173	31	3,000	1
UNIT_CD			=			=					21,000	5	1,128	1
ORD_DTL_DT					BW									
CUST_NO		=												
DELN_DT			BW			BW								

사용빈도	2	3	1	1	2	2	3	5	기타	
사용인덱스 현재										
변경	IX04	IX02	IX05	IX03	IX04	IX01	IX03	IX05 ⑤		

인덱스명	현재 인덱스	변경 인덱스	비고
ORD_DTL_PK	ORD_NO,ORD_DTL_SEQ		
ORD_DTL_IX01	ORD_DTL_DT,ITEM_CD	ORD_DTL_DT, PROG_CD, ORD_DTL_CLS_CD	
ORD_DTL_IX02		CUST_NO, ORD_DTL_CLS_CD ④	
ORD_DTL_IX03		UNIT_CD, DELI_CLS_CD, VEN_CD	
ORD_DTL_IX04		PROC_DT, PROG_CD	
ORD_DTL_IX05		DELN_DT, PROG_CD, ORD_DTL_CLS_CD	

[그림 4-7-7] 인덱스 설계서 예시

    테이블 단위로 수집된 SQL을 대상으로 액세스 유형을 파악한다. 액세스 유형에 해당하는 컬럼을 식별하여 양식의 컬럼명 항목에 사용된 컬럼명(①)을 기록하고, 액세스 형태를 표시한다(②). 1번 액세스에 대한 SQL은 PROC_DT BETWEEN :1 AND :2 AND PROG_CD = :3 이고, 2번 액세스는 ORD_DTL_CD IN (:1, :2) AND CUST_NO = :3 조건에 해당한다. SQL을 분석하다 보면 동일한 패턴이 반복되고, 해당 테이블에 대한 SQL을 모두 보지 않아도 다른 액세스 유형이 나오지 않으면 더 진행하지 않아도 무방하다. 액세스 유형을 파악했으면 식별된 컬럼에 대한 데이터 분포를 조사하여 기록한다(③). 컬럼 분포도 항목은 값의 가짓수, 평균 건수, 최대 건수, 최소 건수를 조사하여 기록한다. 특정 액세스 유형일 때 데이터를 얼마나 처리하는지 대략적으로 예측할 수 있으며, 인덱스 컬럼을 구성할 때 참고할 수 있다. 예시는 전체 1억건 중 10만 건을 샘플링 한 데이터 분포도이다. PROG_CD는 5가지 종류를 가지는 코드이며, 평균 5,400건이므로 PROG_CD = :1과 같은 조건일 경우 540만건(샘플 10만건당 5,400건이므로 전체 1억건 일 때는 540만건임)을 처리하게 된다.

```
SELECT COUNT(*) AS CNT      , AVG(CNT) AS AVG_VAL
     , MAX(CNT) AS MAX_VAL , MIN(CNT) AS MIN_VAL
  FROM (SELECT COUNT(*) AS CNT FROM ORD_DTL GROUP BY PROG_CD) A
```

[그림 4-7-8] 데이터 분포도 조회 SQL

컬럼 값에 대한 종류가 많을수록 인덱스 대상 컬럼으로 우선 적용할 수 있다. 액세스 유형과 값의 분포를 감안하여 인덱스를 추가(IX02~IX05)하거나 기존 인덱스에 컬럼을 추가(IX01)하여 인덱스를 설계한다 (④).

인덱스 설계 시 사업자번호, 문서번호 등과 같은 식별자 컬럼을 우선 설계 대상으로 고려 할 수 있다. 코드와 일자 컬럼의 경우 코드 컬럼에 해당하는 조건이 항상 조회조건에 포함된다면 코드 컬럼을 선두 컬럼으로 고려할 수도 있다. 하지만 그렇지 않다면 코드 컬럼보다는 일자 컬럼을 우선 고려해야 한다. 데이터 분포도를 봐도 그렇고, 일반적으로도 코드 값 종류가 10개 이하인 코드가 많아 조회조건에 해당하는 데이터가 극적으로 줄어들지 않는다. 기껏해야 처리량이 10%로 줄어들 뿐이다. UNIT_CD 컬럼(21,000종류), VEN_CD컬럼(3,200종류) 정도가 코드 값 종류가 많아 대략 5,000건(1억/21,000종류) 또는 30,000건(1억/3,200종류) 정도 처리하면 되므로 선두 컬럼으로 인덱스를 구성해도 되는 컬럼이다. 회사가 대략 10년 정도의 데이터를 보관한다고 가정하면, 일자 컬럼 데이터 종류는 3,650 가지(10년*365일)이고, 하루 평균 3만여 건 발생할 것이다. 일자별로 데이터 발생량이 비슷하여 시간이 지나더라도 처리 속도를 일정하게 유지할 수 있다. 액세스 유형과 데이터의 특성을 고려하여 인덱스를 설계한 후 마지막으로 액세스 유형별로 사용할 수 있는 인덱스명(⑤)을 적으면서 다시 한번 빠진 부분이 없는지 확인한다.

액세스 유형을 조사하면서 ORDER BY절에 사용되는 컬럼은 별도("ASC" 등)로 표시하자. 인덱스 설계에 따라 ORDER BY절에 따른 정렬 작업이 발생하지 않도록 할 수 있고, 부분범위 처리를 할 수 있어 성능을 향상 시킬 수 있다.

클러스터형 인덱스

클러스터형 인덱스(Clustered Index)는 SQL Server의 인덱스이면서 테이블인 오브젝트를 말한다. 오라클도 클러스터형 인덱스와 동일한 개념인 IOT(Index-Organized Table) 테이블이 있다. 오라클의 경우 IOT를 적극적으로 사용하는 편이 아니므로 SQL Server 기준으로 설명하고자 한다.

클러스터형 인덱스는 테이블을 특정 컬럼 기준으로 정렬하여 저장한다고 생각하면 된다. 인덱스 구조에서 살펴본 것처럼 루트 페이지, 브렌치 페이지, 리프 페이지 구조로 되어 있으며, 인덱스 키가 아닌 모든 컬럼에 해당하는 데이터를 리프 페이지에서 같이 관리한다.

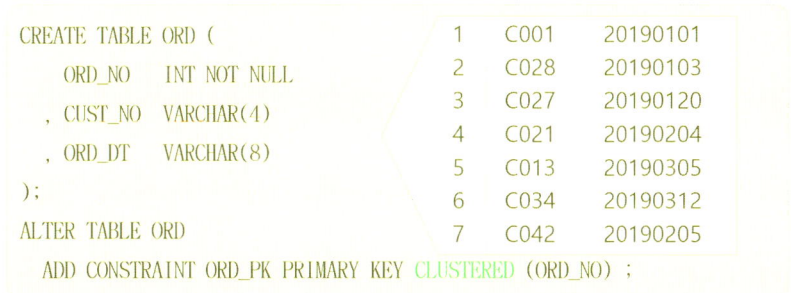

[그림 4-7-9] 클러스터형 인덱스

인덱스 키로 인덱스 구조(루트, 브렌치, 리프)를 만들어 인덱스 키로 데이터를 정렬하고, 리프 페이지에서 나머지 모든 데이터를 저장한다. 테이블 로우는 한 가지 기준으로만 정렬될 수 있으므로 클러스터형 인덱스는 테이블당 한 개만 만들 수 있다. 클러스터형 인덱스의 리프 페이지를 탐색하면 해당 테이블의 모든 컬럼 값을 곧바로 얻을 수 있으며, 리프 페이지에서 RID를 관리하지 않는다. 비클러스형 인덱스를 추가하게 되면 RID 대신 클러스터형 키 값을 가지게 된다(비클러스터형 테이블에 비클러스형 인덱스를 만들게 되면 RID를 관리하여 테이블을 참조하게 된다).

클러스터형 테이블로 설계하면 조회하는 속도는 빠르다. 데이터가 입력될 때마다 키 값으로 정렬하여 저장하기 때문에 인덱스를 재구성하는 비용이 많이 들어 문제가 되리라 생각할 수 있다. 결론적으로 얘기하면 클러스터형으로 설계해도 큰 무리가 없다.

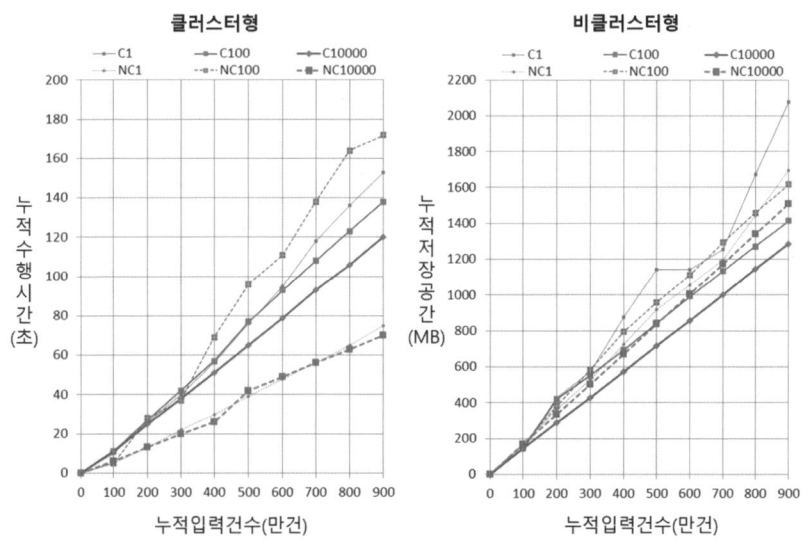

[그림 4-7-10] 클러스터형/비클러스터형 비교

한 테이블은 클러스터형 인덱스를 만들고, 다른 테이블은 비클러스트형 인덱스를 만들어 수행 시간 및 저장공간을 얼마나 차지하는지 테스트해 보았다. C1, C100, C10000은 클러스터형 테이블이고, NC1, NC100, NC10000은 비클러스터형 테이블이며, 우편번호 테이블을 읽어 100만건씩 입력한다. C1은 마지막 1의 자리가 '1'인 데이터를 100만건 입력한다. 다시 1의 자리가 '2'인 데이터를 100만건 입력한다. '0..1'과 '0..11' 사이에 '0..2'가 입력되고, '0..11'과 '0..21' 사이에 '0..12'가 끼어들게 되어, 첫 번째 입력한 100만건 사이 사이에 두 번째 입력한 100만건이 정렬되어 저장된다. 즉, 첫 번째 100만건 모두 인덱스 구성을 다시 하게 된다.

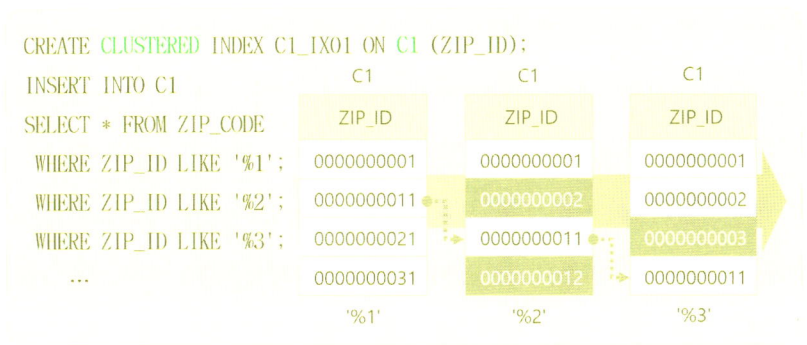

[그림 4-7-11] 1건 마다 데이터 추가

C100은 마지막 100의 자리가 '1'인 데이터를 100만건 입력한다. '0..0100'에서 '0..0199'까지 100건 데이터씩 연속된 형태로 저장된다. 그리고 다시 '2'인 데이터를 100만건 입력하면 첫 번째 연속된 100건 ('0..0100'~'0..0199') 데이터와 그 다음 연속된 100건 데이터 ('0..1100'~'0..1199') 사이에 두 번째 입력한 데이터 100건 ('0..0200'~'0..0299')이 연속해서 입력되는 형식이다. 100만건씩 데이터가 입력될 때마다 C1 테이블이 100만번 인덱스를 재구성한다면 C100은

10,000번 재구성하고, C10000은 100번 인덱스를 재구성하게 된다.

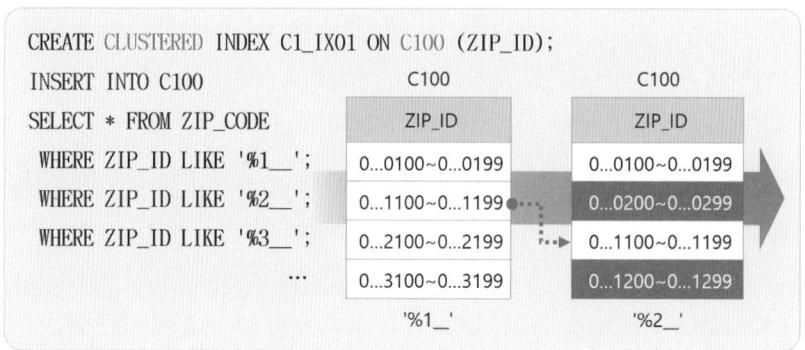

[그림 4-7-12] 100건 마다 데이터 추가

비클러스터형은 테이블과 인덱스를 둘 다 생성하므로 클러스터형에 비해 저장공간을 조금 더 사용하게 된다. 데이터를 입력하는 시간은 클러스터형이 인덱스 재구성에 따른 비용이 더 커서 2배 정도 더 많이 소요된다. 비율로 따지면 2배 정도 되지만 100만건 당 6~7초 정도 차이 밖에 나지 않는다. 일반적으로 PK 컬럼을 클러스터형 키로 하고 PK 값이 증가하는 경우가 많으므로, 테스트 했던 C1 테이블과 같이 매번 인덱스를 재구성하는 일은 발생하지 않을 것이다. SQL Server에서 테이블을 설계할 때 클러스터형 테이블을 적용하는 데 불안해 할 필요는 없을 것 같다.

파티션 설계

파티셔닝(Partitioning, 분할)은 매우 큰 데이터를 가진 테이블을 "파티션"이라는 보다 작은 단위로 나누어, 불필요한 데이터 처리를 최소화할 수 있다. 데이터 액세스 비용을 줄여서 성능을 향상하거나, 데이터를 백업하는 등 유지보수를 보다 수월하게 하고자 할 때 유용하다. 파티션 설계를 통해 테이블 전체 데이터를 처리하지 않고 해당 파티션 데이터만 처리할 수 있어 성능이 향상된다(성능향상). 또한, 데이터를 백업하거나 관리하기 쉽고, 각 파티션별로 독립적인 운영 작업을 할 수 있다(관리부담감소). 그리고, 데이터 분산을 통해 I/O 경합을 줄이고, 가용성을 향상 시킬 수 있다(가용성증가).

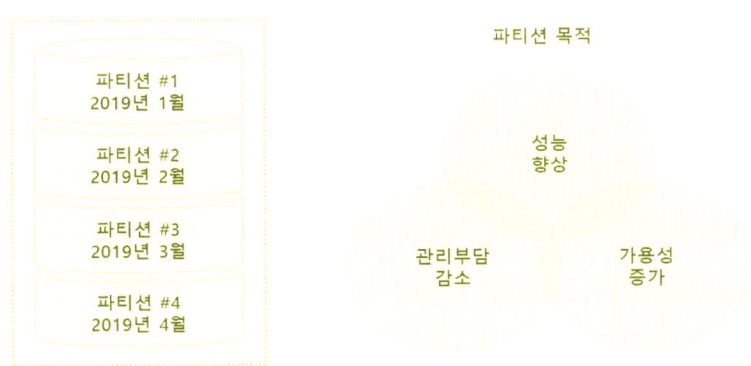

[그림 4-8-1] 파티션 개념 및 목적

데이터베이스에서 테이블이나 인덱스 데이터를 분할하여 저장한다. 테이블 및 인덱스를 정의할 때 컬럼 값 기준으로 데이터를 분할함으로써 각 파티션이 물리적으로 서로 다른 곳에 위치하도록 할 수 있다.

월 평균 100만건 발생하고, 10년치 데이터를 관리하는 주문 테이블에서 주문일자 기준으로 2019년 1월 주문 데이터를 읽어 배치작업을 처리한다고 생각해 보자. 일반 힙 테이블로 설계한 경우 주문일자 컬럼 구성된 인덱스를 경유하여 1월 한달 데이터를 처리하거나, 테이블 전체 데이터를 처리하는 방법이 있다. 인덱스를 경유하여 처리할 경우 100만 건을 Random 액세스로 처리하므로 성능 문제가 발생하고, 테이블을 Full Scan할 경우 Sequential 하게 처리하므로 Random 방식보다는 빠르지만, 전체 데이터인 1억2천만 건을 읽어야 하므로 처리해야 할 데이터의 절대량이 많아 비효율적이다. 만약, 주문일자 기준으로 월 단위 파티션되어 있다면 Sequential 하게 데이터를 처리하면서, 해당 파티션 데이터 100만건 정도만 처리하면 된다. 특정 데이터만 처리하면서 Sequential 하게 액세스 할 수 있어 배치작업 시 성능 향상을 꾀할 수 있다.

파티션 방법은 범위 파티션(Range Partition), 해시 파티션(Hash Partition), 목록 파티션(List Partition), 복합 파티션(Composite Partition)이 있다.

[그림 4-8-2] 파티션 종류

범위 파티션(Range Partition)

파티션 키 컬럼 값 기준으로 구간을 나누어 데이터를 저장한다. 주문일자 기준으로 특정 월에 해당하는 데이터를 처리하는 경우 주문일자 컬럼 기준으로 데이터를 월 단위로 나누어 저장하면 효율적이다. 일반적으로 주문일자와 같은 날짜 컬럼을 사용하여 월 단위로 범위 파티션을 적용한다.

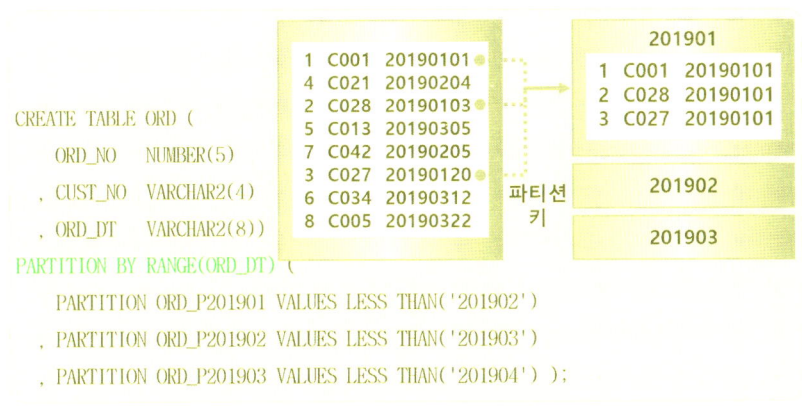

[그림 4-8-3] 범위 파티션(Range Partition)

시계열 성격의 데이터를 주기적으로 배치 처리하거나 데이터 보관주기에 의해 과거 데이터를 백업할 때 활용할 수 있다. 가장 일반적으로 사용되는 파티션 방식이다. 대부분 업무에서 파티션 된 테이블이 날짜 컬럼으로 범위 파티션을 적용한 것을 쉽게 볼 수 있을 것이다.

해시 파티션(Hash Partition)

파티션 키 값에 해시 함수를 적용하여 그 결과값에 해당하는 파티션으로 매핑하여 저장한다. 고객번호, 주문번호처럼 균일한 데이터를 모든 파티션에 고르게 분산할 수 있다. 특정 파티션에 데이터가 몰리지 않도록 파티션 개수를 2의 배수(2, 4, 8 등)로 설정하는 것이 좋다. 해싱 알고리즘에 의해

로우를 파티션 전체에 고르게 분산함으로써 여러 Device에 데이터를 분산 저장하여 I/O 성능을 향상시킬 수 있다. 시계열 성격의 데이터보다는 데이터를 동시에 분산하여 저장하고, 병렬처리를 할 경우 성능이 향상된다.

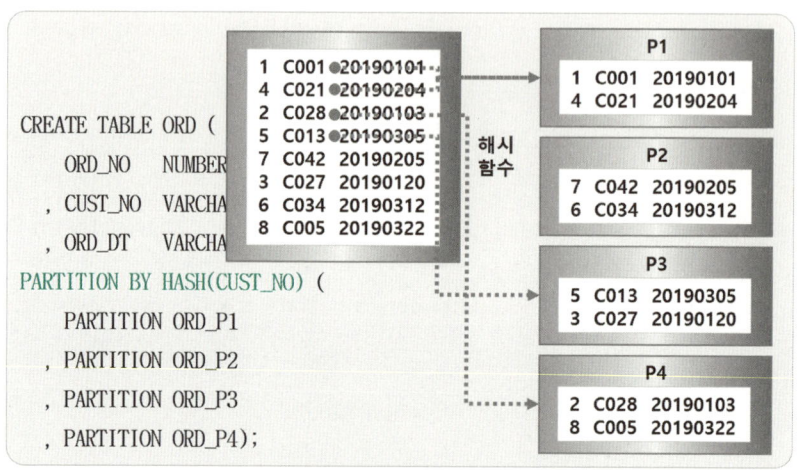

[그림 4-8-4] 해시 파티션(Hash Partition)

일반적인 업무 특성을 고려할 때 해시 파티션을 단독으로 적용하는 경우는 별로 없다. 보통 시계열 데이터를 처리하는 경우가 많아 범위 파티션을 주 파티션으로 적용하면서 특정 조직 데이터만 처리하기 위해 해시 파티션을 서브 파티션으로 일부 적용하기도 한다.

목록 파티션(List Partition)

불연속적인 값의 목록으로 파티션을 지정한다. 주문 데이터를 지역별로 분할하여 관리하는 것처럼, 순서와 연관성이 없는 데이터를 집계 할 수 있다. 발생 순서와 연관성이 없는 데이터를 업무적인 관점에 따라 데이터를 조직화하거나 집계할 경우 활용할 수 있다.

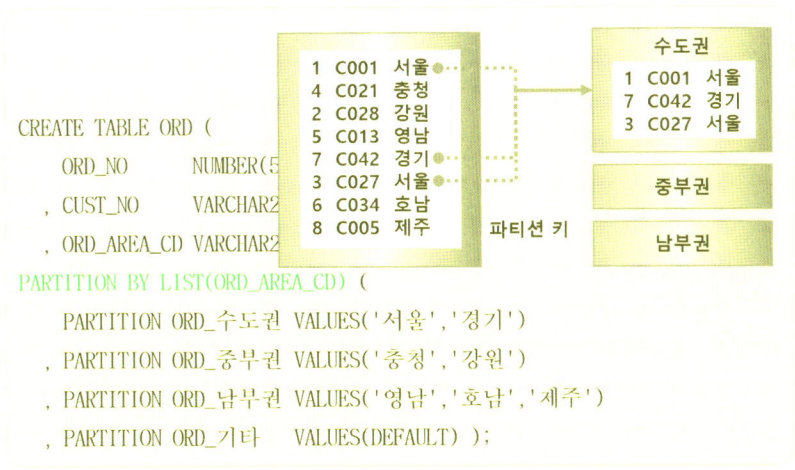

[그림 4-8-5] 목록 파티션(List Partition)

복합 파티션(Composite Partition)

범위 파티셔닝 후 각 파티션 내에서 해시 또는 목록 파티셔닝으로 서브 파티션을 구성할 수 있다. 범위 파티션의 시계열성 데이터 관리 이점과 더불어 해시나 목록 파티션의 이점을 전략적으로 선택할 수 있다.

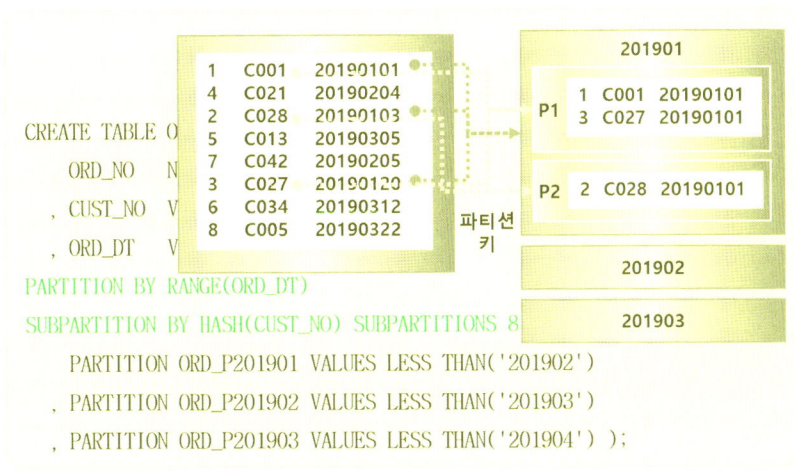

[그림 4-8-6] 복합 파티션(Composite Partition)

주문 테이블에서 주문일자를 기준으로 월별로 범위 파티션을 적용하고, 고객번호로 해시 파티션 8개에 분산되도록 구현할 수 있다. 월별 배치작업은 범위 파티션을 이용하여 처리하고, 병렬처리할 때는 해시 파티션을 활용할 수 있다.

파티션 인덱스

테이블 파티션과 상관 없이 독립적으로 구성된 글로벌 인덱스(Global Index)와 테이블의 파티션 기법과 일치하는 로컬 인덱스(Local Index)가 있다. 글로벌 인덱스는 분할 여부에 따라 글로벌 Partitioned 인덱스와 글로벌 Nonpartitioned 인덱스로 구분한다. 글로벌 인덱스는 테이블 파티션 DROP, EXCHANGE, SPLIT 등의 작업 시 UNUSABLE 되므로 인덱스를 다시 REBULID하는 작업이 필요하다.

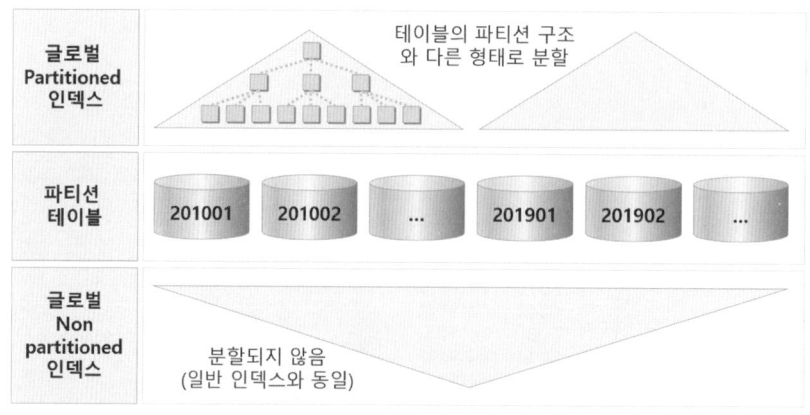

[그림 4-8-7] 글로벌 인덱스(Global Index)

글로벌 인덱스는 빠른 응답시간을 요구하는 OLTP 환경에서 여러 파티션의 데이터를 액세스하는 경우이거나 테이블 전체 데이터에 대해서 Unique 인덱스가 필요한 경우, 여러 파티션에 분산된 데이터를 부분범위

처리로 추출하는 경우에 활용할 수 있다.

로컬 인덱스는 인덱스 구성 컬럼의 첫 번째 컬럼과 인덱스 파티셔닝 컬럼이 동일한 로컬 Prefixed 인덱스와 동일하지 않은 로컬 Nonprefixed 인덱스로 구분할 수 있다. OLTP 환경에서 파티션 프루닝에 의해 특정 파티션만 액세스하는 경우이거나, 파티션 추가, 삭제 등의 데이터 작업이 빈번한 경우에 활용할 수 있다. Nonprefixed 인덱스는 관리 편의성은 제공하지만, 전체 파티션을 액세스하는 비효율이 발생할 가능성이 있으므로 주의해야 한다. 많은 사이트에서 관리적인 측면을 고려하여 로컬 인덱스를 권장하고 있다.

[그림 4-8-8] 로컬 인덱스(Local Index)

파티션 설계 방법

파티션 설계 목적이 성능향상인지 데이터 관리를 위한 것인지 우선 파악해야 한다. 성능향상이 목적이라면 배치작업 목록을 분석해야 하고, 데이터 관리 목적이라면 데이터 관리 정책을 파악하고, 해당되는 데이터가 무엇인지 파악해야 한다. 파티션 설계는 일정 상 문제가 없다면 설계 단계에서 완료하는 게 좋다. 하지만 배치작업 및 데이터 보관 정책 등이 정해지지 않았다면 일반 힙 테이블을 생성하여 진행하다가 파티션을 설계하는 것이 현실적일 것이다.

파티션 설계는 대상을 선정하고, 파티션 키와 파티션 방법을 결정하게 된다. 그리고 파티션을 몇 개로 나눌 것인지 글로벌 인덱스와 로컬 인덱스 중 무엇을 선택할 것인지 고민해야 한다.

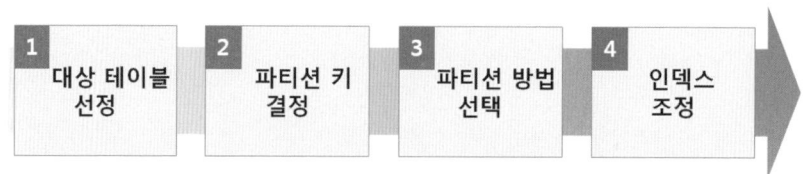

[그림 4-8-9] 파티션 설계 절차

파티션 대상 선정은 파티션 목적과 설계 방향을 수립하고, 고객과 협의하거나 기준을 만들어 대상을 추출하여 검토한다. 예를 들면, 1,000만 건 이상을 1차 검토 대상으로 하고, 업무적으로 중요한 테이블을 검토 대상에 추가할 수 있다. 파티션 검토 대상 테이블에 대해 업무 및 SQL 형태를 파악하여 파티션 대상을 선정한다(①). 파티션 테이블을 선정했으면 파티션을 어떤 컬럼 기준으로 만들지 결정해야 한다. 파티션 키 후보 컬럼을 도출하고 액세스 유형 등을 파악하여 파티션 키를 정할 수 있다(②). 월 마감 배치 작업의 성능을 향상하기 위한 목적이라면 작업연월에 해당하는 컬럼을 우선 생각해 볼 수 있다. 보통 시계열 데이터에 대해 작업 기준이 되거나 백업 대상을 추출하기 위한 기준이 되는 컬럼(예, 주문일자, 계약일자 등)을 선정하면 큰 무리가 없을 것이다. 파티션 키 컬럼을 선정하면서 범위 파티션, 해시 파티션 등의 파티션 방법을 결정한다(③). 작업연월에 해당하는 컬럼은 범위 파티션을 적용하고, 부서코드 등으로 데이터를 분산하여 저장하는 경우는 해시 파티션을 선택할 수 있다. 범위 파티션이나 해시 파티션으로 성능을 향상시키는데 한계가 있으면 범위 파티션을 주 파티션으로 하고, 해시 파티션을 보조로 할 수 있다(복합 파티션). 파티션 테이블에 대한 인덱스는 파티션 키와 인덱스 컬럼 구성, 액세스 유형 등을 고려하여 글로벌 인덱스(Global Index)나 로컬 인덱스(Local Index)로 설계한다(④).

보통 로컬 인덱스가 관리적인 면이나 성능적인 면에서 더 효율적이다. 하지만 실시간 업무처리 쿼리에서 Nested Loops 조인으로 이너 테이블(Inner Table)에 해당하는 경우 아우터 테이블(Outer Table)에 대해 인덱스(nonprefixed 인덱스) 처리를 반복하게 되므로 이와 같은 상황에서는 로컬 인덱스보다는 글로벌 인덱스를 고려할 수 있다.

예를 들어, 고객번호 'C001', 'C003'에 해당하는 주문 데이터를 조회한다고 생각해 보자. 주문 테이블의 고객번호 인덱스는 로컬 파티션이고, 특정 주문년월에 주문한 고객에 대한 고객번호를 인덱스의 파티션별로 저장하고 있다.

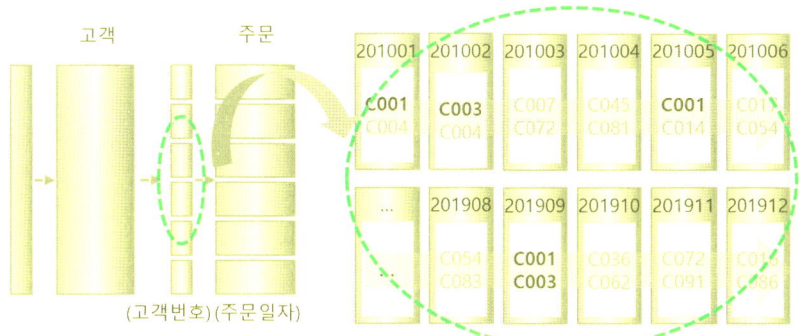

[그림 4-8-10] 로컬 인덱스 이슈

인덱스 파티션에서 고객번호 'C001'을 찾기 위해 201001 파티션부터 201912 파티션까지 120개 모든 파티션을 탐색해야 한다. 그리고, 고객번호 'C003'을 찾기 위해 다시 120개 파티션을 읽어야 한다. 고객 테이블에서 조건을 만족하는 고객번호만큼 주문 테이블에서 데이터를 찾기 위해 이와 같은 작업을 반복해서 수행하게 된다. 얼마나 많이 인덱스 파티션을 반복 처리하겠는가? 만약 주문일자 조건이 있다면 어떨까? 특정 인덱스 파티션에 해당하는 고객번호만 찾으면 되므로 문제가 해결되거나 훨씬 나아질 것이다. 그러나 파티션 키에 해당하는 주문일자 조건을 제공할 수 없다면 고객번호 인덱스를 로컬 인덱스로 설계하기보다는 글로벌 인덱스로 설계하여 모든 파티션을 반복하는 일이 발생하지 않도록 하는 것이 좋다.

05

모델링 이야기

고객의 정의는?

고객 데이터는 거의 모든 조직에서 관리하고 있다. 조직의 특성에 따라 대상과 범위가 다르고 관리하는 항목이 다를 수 있으나, 가장 중요하게 관리하는 데이터 임은 분명하다. 조직에서 관리하는 고객 데이터는 고유/특성(나이, 성별), 주소/연락처, 학력/경력, 재산/신용, 고객관계, 고객접촉, 신용/마케팅정보활용동의 등 다양하다.

[그림 5-1-1] 고객 주요 데이터

고객을 관리하는 방법은 다양하지만, 모델링을 하다 보면 가장 이슈가 되는 부분은 '고객을 어떻게 정의할 것이냐' 이다. 표준국어대사전은 고객을 "상점 따위에 물건을 사러 오는 손님"으로, 위키백과는 "고객(顧客)은 경제에서 창출된 재화와 용역을 구매하는 개인이나 가구를 일컫는다."로 정의했다. 어떤 기업에서는 상품/서비스 등을 직접 구입/계약한 고객뿐 아니라 구매 의사가 있는 고객도 대상으로 포함하는 등 고객의 개념과 대상을 기업마다 다르게 정의하고 있다. 회원, 개인, 법인, 사업자, 거래처, 대리점,

채널 등 고객과 관련된 용어들을 명확하게 정의하지 않은 경우도 있고, 고객 특성(개인, 법인)과 역할(회원, 거래처 등)을 혼용하여 사용하는 경우도 있다. 고객식별번호(주민등록번호, 외국인등록번호, 법인등록번호 등)를 기준으로 고객을 정의하고, 한 고객이 회원이면서 거래처 등으로 여러 역할(관계)을 수행할 수 있으므로 역할을 고객관계로 통합하여 관리할 수 있다.

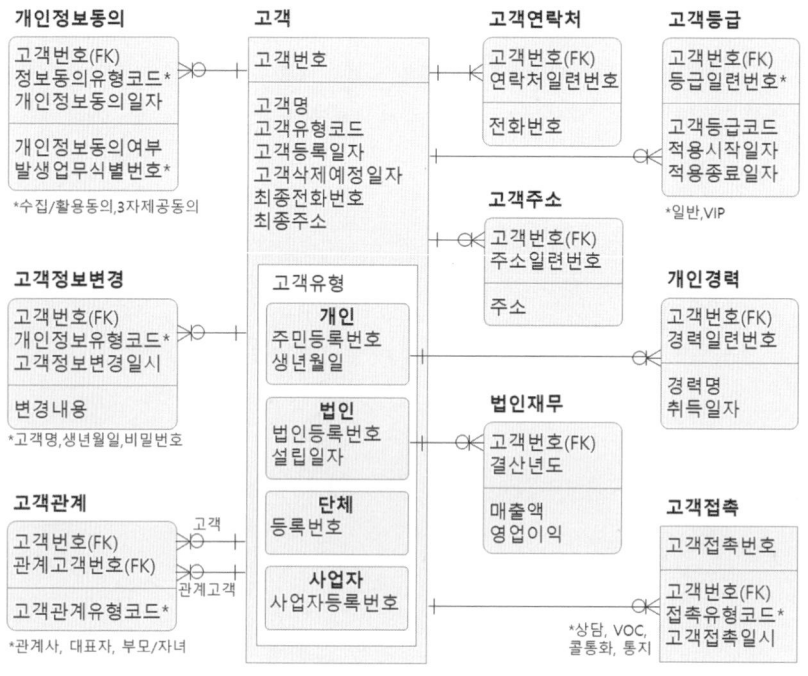

[그림 5-1-2] 고객 주요 엔티티

그러나 고객을 식별하는 일이 쉬운 문제는 아니다. 흔히 고객유형을 자연인(개인)과 법인으로 나눈다. 자연인은 주민등록번호로 식별하고, 법인은 법인등록번호로 식별한다고 알고 있다.

식별번호에 대해 좀 더 자세히 알아보자. 자연인 중 재외국민을 포함한 한국 국민은 주민등록번호를 가지며, 외국인은 외국인등록번호(부동산등기용등록번호)나 여권번호로 식별한다.

구분	주민등록번호	부동산등기용 등록번호
자연인	• 내국인 • 재외국민	• 주민등록번호가 없는 재외국민(13) (대법원) • 외국인(13) (법무부)
법인		• 법인(13) (대법원) 　(상법법인/민법법인/특수법인/외국법인) • 법인이 아닌 사단·재단 (국토교통부) 　(종중(10), 종교단체(10), 기타단체(9)) • 정부(3)·지방자치단체(4)·외국정부(3) (국토교통부)
비고		법인등록번호, 외국인등록번호, 등록번호 등의 명칭으로 자주 사용됨

( )은 등록번호 자리수 또는 등록번호를 부여하는 국가기관임

[그림 5-1-3] 개인/법인 등 식별번호

법인은 법인등록번호로 식별 가능한데, 사실 법인등록번호는 부동산 등기와 관련이 있고, 법인등록번호의 정식 명칭도 '부동산등기용등록번호'이다. 법인이 아닌 사단·재단의 등록번호도 번호체계는 다를 수 있지만 부동산등기용등록번호이다.

식별번호나 이름, 주소 등의 속성 자체만 가지고는 자연인, 법인, 단체가 크게 다르지 않고, 이들을 구분하는 것이 의미 있어 보이지도 않는다. 그럼 왜 굳이 구분해야 하는가? 법인고객에게 설립일에 생일 축하 문자를 보낸다면 의미 있는 일인가? 어떤 목적으로 어떤 용도로 데이터를 사용할 것인지가 중요한 기준이 될 것이며, 자연인과 법인으로만 분류해도 충분하지 않을까 생각된다.

고객 식별자 중 하나 더 살펴봐야 하는 게 사업자등록번호이다.

사업자 등록번호	• 국세청에서 소득세 또는 법인세 관리를 위해 사업자에게 부여한 고유 번호 　　　1 0 2 - 8 2 - 0 8 9 6 3 　　　　①　　　②　　　　③ ① 일련번호 : 101~999 순차 부여 (과거는 관할 세무서 코드 부여) ② 개인/법인 사업자구분 　　개인사업자　　　　　　　법인사업자 　• 과세 : 01~79　　　　• 영리법인본점 : 81,86,87,88 　• 비과세 : 90~99　　　　• 영리법인지점 : 85 　• 법인 아닌 종교단체 : 89　• 비영리법인본점/지점 : 82 　• 기타 등 : 80　　　　　• 국가, 지방자치단체 등 : 83 　　　　　　　　　　　　• 외국법인의 본점/지점 : 84 ③ 일련번호 및 검증번호 : 0001~9999 순차부여, 검증번호 1자리
고유 번호	• 계약,거래 등의 경제활동이나 회계, 세무업무를 처리를 위한 목적으로 수익 사업을 하지 않는 비영리단체가 국세청에서 발급 받은 번호

[그림 5-1-4] 국세청 발급 고유번호

　　부동산등기용등록번호가 부동산 등기 등의 법적인 권리와 의무를 효율적으로 관리하기 위해 부여한 번호인데 반해, 사업자등록번호는 국세청이 소득세나 부가세를 효율적으로 관리하기 위해 사업자나 단체 등에 부여한 번호다. 사업자는 업태, 종목 등의 속성을 관리한다.

　　사업자 또는 사업장을 고객으로 관리할 것인지 고객과의 관계(하위 집합)로 볼 것인지는 좀 어려운 문제이다. 한 회사 내에서도 어떤 시스템은 법인 단위로 데이터를 관리하고, 어떤 시스템은 사업자 단위로 관리하는 경우를 종종 볼 수 있다. 법인 또는 사업자 기준으로 통일할 수도 있고, 법인과 사업자를 별도 고객으로 등록하고, 고객 간의 관계를 통해 해결할 수도 있다.

　　계약과 같은 업무처리 관점에서 본다면 법인이든 사업자든 별 문제가 아닐 수 있다. 하지만 통계자료를 제공하거나 데이터를 분석할 때 공통되고 일관된 기준을 적용할 수 있어야 한다.

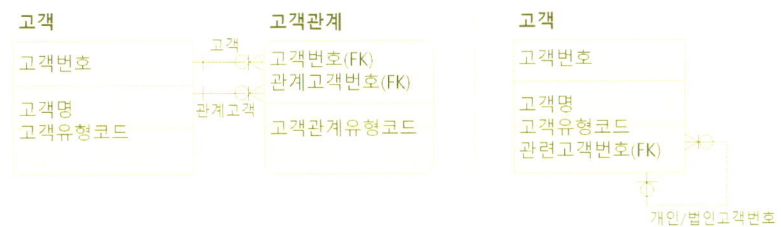

[그림 5-1-5] 고객 관계

데이터 측면에서는 개인, 법인, 사업자, 사업장 속성에서 공통된 것은 무엇이고, 개별로 관리하는 것은 무엇인지를 파악하여 어떻게 관리하는 게 좋을지 판단할 필요가 있다. 사업자를 개인/법인 고객의 부가 정보로써 관리한다면 상관없겠지만, 그렇지 않고 계약 당사자나 상품이 위치하는 장소를 포함한다면 고객으로 통합하는 것이 좋다.

A사에서 고객은 개인과 법인으로 구성되어 있다. 개인은 개인고객, 회원, 마케팅회원으로 관리한다.

[그림 5-1-6] A사 현행 고객 데이터 구성

법인은 사업자, 업체 등으로 나누어 관리하고 있다. 동일한 사람이라 하더라도 웹에 가입한 회원인지 회사의 상품이나 서비스를 이용하는 고객인지에 따라 여러 테이블에서 중복하여 관리하고, 사업자의 경우 개인사업자냐 법인사업자냐에 따라 개인이나 거래처 데이터와 중복되기도 한다. 중복관리로 인해 데이터를 변경하거나 관리하는 데 많은 어려움이 있고, 데이터 불일치 문제로 인해 마케팅 활동을 하는 데 큰 비용을 지불하기도 한다.

　중복 데이터로 인한 데이터 불일치를 해소하고, 업무 및 데이터 관리를 효율적으로 하기 위해 고객 데이터를 고객의 고유정보(주민등록번호, 고객명, 주소 등)와 고객의 역할정보(웹회원, 마케팅회원, 구매처, 판매처, 제조사 등)로 나누어 관리하도록 데이터 모델을 개선하였다. 고객을 개인/법인과 사업자로 구분했으며, 사업자인 경우 고객 테이블 내에서 개인/법인 등과 사업자 간의 1:M 관계를 가지는 것으로 정의한다.

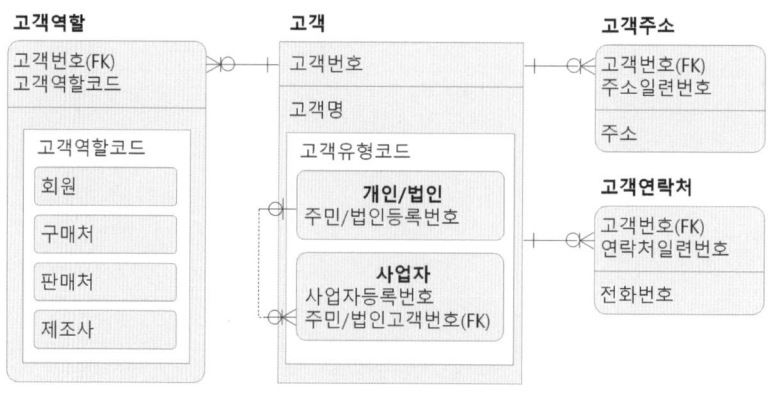

[그림 5-1-7] To-Be A사 고객 통합 방안

　또 다른 사례로 B사는 고객을 업무와 정보수집 관점으로 분류하여 정의한다. 업무적인 관점에서는 "우리 회사의 다양한 상품이나 서비스를 구매하거나 이용한 경험이 있는 고객이거나 마케팅 활동 등을 통해 접촉한 개인 중에서 구매 의향을 표시한 잠재 고객"으로 정의했다. 정보수집 측면에서는 "개인(또는 법인)을 식별할 수 있는 주민(법인)등록번호 등의 식별자와 주소, 연락처 등의 접촉 가능한 정보가 있거나, 식별정보는 없으나 고객명과 접촉정보를 가지는 주체"로 관리했다. 업무와 정보수집 두 가지 관점에서 고객 정의를 재해석하고 통합하여, 고객의 범주에 해당하는지를 판단하기 위해 아래와 같은 4가지 기준을 정하였다.

- 식별 가능한 : 주민등록번호, 여권번호, 사업자등록번호 등의 식별번호를 가짐
- 접촉 가능한 : 주소, 전화번호 등의 접촉 가능한 정보를 가짐
- 지속 가능한 : 일회성 거래가 아닌 지속적인 거래를 위해 정보관리 필요성이 있음
- 거래 주체 : 실제 경제활동을 수행하는 단위이며, 이름, 법인명, 단체명 등의 지칭할 수 있는 명칭을 가짐

고객후보군	식별가능	접촉가능	지속성	명칭	고객구분
회원	●	●	●	●	핵심고객
B2B거래처	●	●	●	●	핵심고객
주문자(비회원)	○	●	●	●	잠재고객
상품수령자	○	●	◐	●	잠재고객
세금계산서 발급자	●	◐	○	●	제외

[그림 5-1-8] 고객 판단을 위한 기준

그리고 업무를 하면서 계약, 판매, 거래 관계에 해당하는 이해당사자를 대상으로 고객 후보군을 도출하고, 위에서 정한 4가지 기준을 근거로 하여

고객관리 범위에 해당하는지 판단한다. 이외에도 고객을 어디까지 볼지 다양한 이슈가 있을 수 있다. 직원을 고객에 포함할지, 개인과 개인사업자는 하나의 고객인지 별도 고객으로 관리할 것인지 판단하기 애매한 부분도 있다.

    어떻게 모델링해야 하는지 정답은 없지만, 어떻게 설계했는지 방향은 제시할 수 있어야 한다. 위에서 살펴본 것처럼 고객 후보를 도출하고 일정한 기준을 가지고 다시 후보군으로 분류하고, 고객이 가져야 할 필수 조건을 정해서 고객을 정의한다면 현업도 수긍하지 않을까? 고객에 대한 이슈는 데이터모델의 문제이기도 하지만 업무를 어떻게 정의하느냐의 문제이기도 하다.

    모델러가 모든 것을 판단하기 보다는 현업이 판단할 수 있도록 근거 자료를 만들고 근거(기준)를 제공하는 것이 더 좋은 방법일지도 모른다.

개인정보 데이터 구조와 암호화

개인정보는 주민등록번호, 이름, 전화번호, 주소 등 개인식별정보나 객관적·주관적 특성 정보, 사상/신념, 건강 등 민감 정보, 다른 정보와의 결합을 통해 개인을 식별할 수 있는 정보를 통칭한다.

유형구분	개인정보 항목
일반정보	이름, 주민등록번호, 운전면허번호, 주소, 전화번호, 생년월일, 출생지, 본적지, 성별, 국적
가족정보	가족구성원들의 이름, 출생지, 생년월일, 주민등록번호, 직업, 전화번호
교육 및 훈련정보	학교출석사항, 최종학력, 학교성적, 기술 자격증 및 전문 면허증, 이수한 훈련 프로그램, 동아리활동, 상벌사항
병역정보	군번 및 계급, 제대유형, 주특기, 근무부대
부동산정보	소유주택, 토지, 자동차, 기타소유차량, 상점 및 건물 등
소득정보	현재 봉급액, 봉급경력, 보너스 및 수수료, 기타소득의 원천, 이자소득, 사업소득
기타 수익정보	보험(건강,생명 등) 가입현황, 회사의 판공비, 투자프로그램, 퇴직프로그램, 휴가, 병가
신용정보	대부잔액 및 지불상황, 저당, 신용카드, 지불연기 및 미납의 수, 임금압류 통보에 대한 기록
고용정보	현재의 고용주, 회사주소, 상급자의 이름, 직무수행평가기록, 훈련기록, 출석기록, 상벌기록, 성격 테스트결과 직무태도
법적정보	전과기록, 자동차 교통 위반기록, 파산 및 담보기록, 구속기록, 이혼기록, 납세기록
의료정보	가족병력기록, 과거의 의료기록, 정신질환기록, 신체장애, 혈액형, IQ, 약물테스트 등 각종 신체테스트 정보
조직정보	노조가입, 종교단체가입, 정당가입, 클럽회원
통신정보	전자우편(E-mail), 전화통화내용, 로그파일(Log file)
위치정보	GPS나 휴대폰에 의한 개인의 위치정보
신체정보	지문, 홍채, DNA, 신장, 가슴둘레 등
습관 및 취미정보	흡연, 음주량, 선호하는 스포츠 및 오락, 여가활동, 비디오 대여기록, 도박성향

[그림 5-2-1] 개인정보 항목 예시 (출처:개인정보보호위원회 홈페이지)

개인정보와 관련된 대표적인 법률은 개인정보보호법(행정안전부), 정보통신망법(방송통신위원회), 신용정보법(금융위원회, 금융감독원)이 있으며, 개인정보의 수집 및 이용, 제공 및 처리 등을 다루고 있다. 이외에도 위치정보법, 금융실명제법, 전자금융법, 의료법 등이 있다.

개인정보는 수집 및 저장, 이용 및 활용, 제공(위탁)/처리, 파기 등의 생명주기(Life-Cycle)에 따라 데이터를 관리해야 한다. 최소한의 개인정보를 수집하고 저장할 수 있도록 데이터 모델을 설계해야 하고, 개인정보 접근을 위한 권한 설정 및 접근 로그를 설계해야 한다. 물리 설계 시 개인정보 파기 및 분리보관을 고려해야 한다.

	수집	저장	이용	제공·위탁	파기
현황	• 수집근거 • 동의획득 • 수집방법 - 웹, 신청서 팩스, DB	• 보유기간 • 저장형태 - 평문/암호화	• 이용목적 • 이용방법 - 화면조회, 출력, 파일저장, 가공	• 제공·위탁 형태/정보의 양 • 제공·위탁 대상 • 제공·위탁 방법 - DB/시스템연동, 대량파일전송, 외부저장매체 등	• 파기목적/예정일 • 파기방법 - DB삭제, HDD, 포맷, 전송 후 파기, 서류파쇄 등
고려사항	• 최소한의 정보 수집하기 • 동의 획득 정보 관리	• 통합/분리 저장 • 암호화 관리 • 관리대상 정의(집합정의)	• 접근권한 • 이용목적 - 조회로그 • 이용방법 - 마스킹 • 정보 분석	• 제공·위탁 제3자 개인정보 전송	• 목적 달성 및 보유기간 만료 후 삭제 • 파기방법 • 파기범위

[그림 5-2-2] 개인정보 생명주기 (출처:비투엔 데이터 인사이트 자료)

개인정보 수집 단계에서는 서비스 또는 계약의 본질적인 유지를 위해 업무 범위 내에서 최소한의 개인정보만을 수집해야 한다. 필수로 관리해야 하는 항목과 선택항목을 명확하게 정의해야 한다. 고객식별번호 중에서도 주민등록번호는 2014년 8월 7일부터 원칙적으로 수집을 금지하고 있다. 법령상 근거 없이 보유하고 있는 주민등록번호도 파기해야 한다.

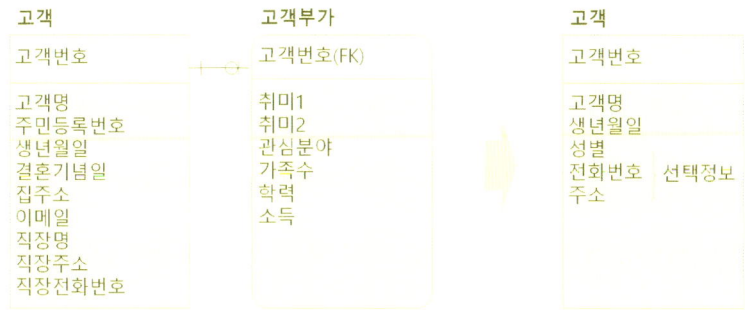

[그림 5-2-3] 필수 항목과 선택 항목

개인정보를 수집하고 저장하는 경우 '개인정보 수집 및 이용 동의' 등의 개인정보동의 항목을 관리해야 한다. 개인정보 동의 유형 및 동의 업무, 관리해야 할 항목을 정의하여 설계에 반영해야 한다.

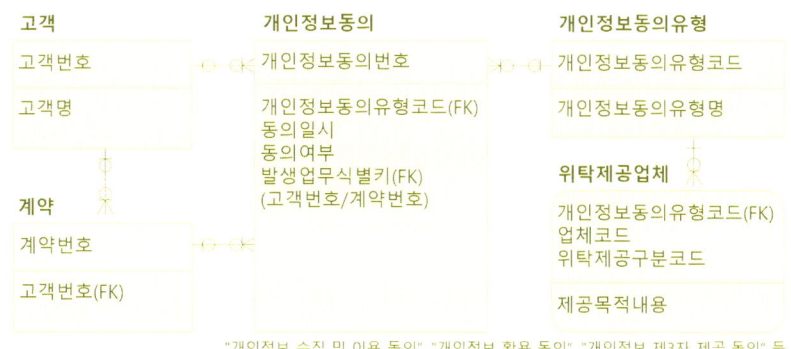

"개인정보 수집 및 이용 동의", "개인정보 활용 동의", "개인정보 제3자 제공 동의" 등

[그림 5-2-4] 개인정보 수집 및 이용 동의

개인정보를 저장하는 과정에서는 암호화 대상을 식별하고 정의해야 한다. 우리가 개인정보를 언급할 때 개인정보와 개인정보 암호화를 동일시 하는 경향이 있는데, 데이터 구조 및 속성에 대한 도메인 설계를 위해서는 개인정보와 암호화 대상을 구분해야 한다. 이름, 전화번호 등은 개인정보에 해당하므로 개인정보 생명주기에 따라 수집하고, 파기해야 한다. 하지만

모델링 이야기 | 253

DB에 저장할 때 반드시 암호화해야 하는 것은 아니다.

암호화 대상은 행정안전부 고시 "개인정보의 안전성 확보조치 기준(제7조)" 해설서와 방송통신위원회 "개인정보의 기술적·관리적 보호조치 기준(제6조)", 금융위원회 및 금융감독원 "금융분야 개인정보보호 가이드라인"에서 기준을 제시하고 있다.

- 개인정보보호법(제6조) : 고유식별정보(주민등록번호, 여권번호, 운전면허번호, 외국인등록번호), 비밀번호, 바이오정보(지문, 얼굴, 홍채, 정맥, 음성, 필적 등)
- 정보통신망법(28조1항) : 주민등록번호, 여권번호, 운전면허번호, 외국인등록번호, 신용카드번호, 계좌번호, 바이오정보, 비밀번호
- 신용정보법(제3조의2) : 본인인증정보(비밀번호, 바이오정보 등), 개인신용정보(개인식별정보, 신용정보집중기관과 신용조회회사가 서로 개인식별번호를 제공하는 경우), 주민등록번호(개인정보보호법의 고유식별정보 포함)

금융기관이 아닌 경우 주민등록번호, 여권번호, 운전면허번호, 외국인등록번호, 신용카드번호, 계좌번호, 비밀번호, 바이오정보 컬럼에 대해 암호화해도 충분하다.

암호화 전			암호화 후		
고객번호	주민등록번호		고객번호	주민등록번호암호화	생년월일
1	7901011234567		1	CA5E4AFA688A83E5 9FEECAD930D5E31B	790101
2	8901011234567		2	EC42E4A2658EB2798 DBFFE63E92E03A3	890101

[그림 5-2-5] 데이터 암호화

암호화 컬럼은 "주민등록번호암호화" 처럼 암호화 도메인을 따로 정의하여 사용할 수 있다. 일반적으로 암호화했을 때 평문보다 데이터 길이가 2배 이상 길어지므로 암호화 모듈 제공업체에 문의하여 길이를 정하는 것이 좋다. 데이터를 암호화할 경우 DB 성능 문제를 고려해야 한다.

```
SELECT *
 FROM 고객
 1) WHERE 주민등록번호 = '7901011234567' ;
 2) WHERE 주민등록번호 LIKE '790101%' ;
```

[그림 5-2-6] 주민등록번호 조회

1) 조건처럼 주민등록번호와 일치하는 데이터를 찾는 경우, 아래와 같이 화면으로부터 암호화한 값을 받아 비교하면 되므로, 성능 문제 없이 동일한 결과를 얻을 수 있다.

```
WHERE 주민등록번호암호화 = 'CA5E4AFA688A83E59FEECAD930D5E31B'
```

하지만 2)처럼 주민등록번호 앞 6자리로 고객을 확인하는 경우는 달라질 수 있다.

```
WHERE 복호화함수(주민등록번호암호화) LIKE '790101%'  -- 플러그인 방식
WHERE 생년월일 LIKE '790101%'                        -- API 방식
```

암·복호화 방식이 DB 함수로 제공되는 플러그인 방식인 경우 함수기반 인덱스(FBI, Function-Based Index)를 생성하여 LIKE 검색하면 된다. 하지만 API 방식이면 주민등록번호함호화를 LIKE 검색하는 것이 불가능하다(앞6자리만 암호화하면 전혀 다른 암호화 값이 생성된다). 이 경우 생년월일 컬럼을 추가하여 해결하는 방법 밖에 없다.

데이터 암호화 방식은 API 방식과 플러그인 방식, 하이브리드 방식이 있다. API(Application Program Interface) 방식은 자바 등의 프로그래밍 언어별로 라이브러리(Library)를 제공하며, 응용 프로그램에서 라이브러리를 호출하여 데이터를 암·복호화를 하는 AP-SIDE 처리 방식이다. 플러그인(PLUG-IN) 방식은 데이터 암·복호화 처리를 위해 DB 함수을 제공하며, SQL구문에서 DB 함수를 호출하여 암·복호화하는 DB-SIDE 암호화 방식이다. 하이브리드 (Hybrid) 방식은 API방식과, 플러그인 방식을 함께 적용하는 암호화 방식이다.

개인정보는 개인정보 이용 목적이 다하거나, 회원에서 탈퇴한 경우 파기 기준을 적용하여 관리해야 한다.

즉시삭제	분리 후 삭제	익명화 삭제
 운영DB	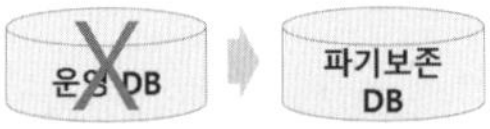 운영DB ▶ 파기보존DB	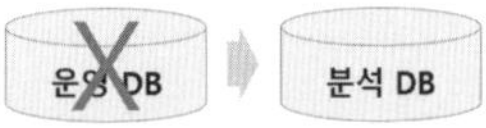 운영DB ▶ 분석DB
회원탈퇴시 영구 삭제	• 활용목적 달성 후 즉시 삭제 • 파기보존DB 5년 후 영구삭제	가명, 범주화, 마스킹, 총계/평균값 대체

[그림 5-2-7] 개인정보 파기

개인정보 파기는 회원을 탈퇴하는 경우처럼 DB에서 영구 삭제하는 방법과 보존기한이 정해진 경우 운영DB에서 별도 파기보존 DB로 분리하여 보관하는 방법, 빅데이터 분석 등을 위해 가명, 범주화, 마스킹, 총계/평균값 대체 등으로 비식별화하여 보관하는 방법이 있다.

공통코드 어떻게 설계하나?

대부분 회사에서 코드성 데이터를 관리하고 있으며, 이런 데이터는 시간이 흘러도 잘 변하지 않는 특성을 가진다. 코드로 관리하는 이유는 정해진 코드 범위 내에서 데이터를 분류하여 저장하고, 특정 코드에 해당하는 데이터를 처리하거나, 코드별로 통계를 추출하여 제공하는 용도로 활용한다.

코드성 데이터를 관리하는 방법은 공통코드 테이블에서 통합하여 관리하는 방법과 개별 테이블 형태인 목록성 코드로 관리하는 방법이 있다. 공통코드는 코드, 코드명 등 비교적 간단한 속성만 관리할 때 사용하고, 목록성 코드는 자재코드, 계정코드 등 업무에서 중요하거나, 비교적 많은 속성을 관리하고 데이터 간 상하 관계가 복잡한 형태를 가질 때, 개별 테이블로 분리하여 관리하는 게 일반적이다. 공통코드는 다양한 코드성 데이터를 단순하고 일반화하여 관리하는 형태이기 때문에, 대부분 회사의 공통코드 테이블 구조가 비슷한 형태를 가지며, 많은 고민 없이 설계한다.

가장 일반적인 형태는 공통코드유형과 공통코드로 구성한다(유형1).

공통코드유형	공통코드
코드유형ID	코드유형ID(FK) 코드
코드유형명 코드유형영문명	코드명 코드유형영문명 사용여부

코드유형ID	코드	코드명	사용여부
100 (고객유형 CUST_CLS)	01	개인고객	Y
	02	법인고객	Y
200 (담보유형 GUAR_CLS)	01	예적금	Y
	02	수익증권	Y
	03	부동산	Y

[그림 5-3-1] 공통코드유형과 공통코드로 구성(유형1)

식별자가 코드유형ID, 코드 조합으로 구성되어 있으며, SQL로 고객유형코드 조회 시 코드유형ID = '100' 조건을 추가하여 사용한다. 코드유형ID 대신 코드유형영문명 = 'CUST_CLS'처럼 코드유형영문명을 사용하면 코드유형ID보다 직관적이어서 코딩 생산성을 높일 수 있다.

아래 그림처럼 공통코드유형과 공통코드 엔티티를 하나로 합쳐 순환관계로 관리하는 형태도 있다(유형2). 코드유형ID = '0'인 코드가 공통코드유형 엔티티를 의미하고 나머지는 공통코드 데이터에 해당한다. 코드유형과 코드가 한 엔티티로 통합된 형태만 다를 뿐 특징이나 활용 측면은 크게 다르지 않다.

코드유형ID	코드	코드명	코드유형영문명	사용여부
0	100	고객유형	CODE_CLS	Y
	200	담보유형		Y
100 (고객유형)	01	개인고객	CUST_CLS	Y
	02	법인고객		Y
200 (담보유형)	01	예적금	GUAR_CLS	Y
	02	수익증권		Y
	03	부동산		Y

[그림 5-3-2] 코드유형+코드 엔티티 통합 형태(유형2)

또 다른 형태로 공통코드 식별자를 '10001'(개인고객)처럼 코드(코드유형ID+코드) 속성으로만 구성하고 코드유형ID는 일반 속성으로 관리할 수도 있다(유형3).

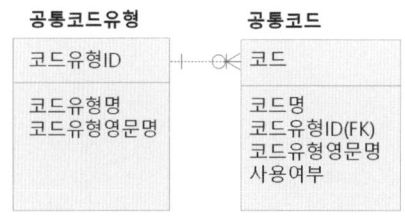

코드	코드명	코드유형ID	사용여부
10001	개인고객	100 (고객유형, CUST_CLS)	Y
10002	법인고객		Y
20001	예적금	200 (담보유형, GUAR_CLS)	Y
20002	수익증권		Y
20003	부동산		Y

[그림 5-3-3] 코드유형+코드 형태로 구성(유형3)

이렇게 하면 코드명을 조회하기 위해 코드유형ID = '100' 조건을 추가하지 않아도 된다. 코드에 대한 공통유형ID 조건 없이 코딩 할 수 있으므로 코딩 생산성이 높고, 코드 값만 보고도 코드유형을 알 수 있다.

차세대 시스템을 구축하면서 현행 시스템의 특정 컬럼이 어떤 코드유형을 사용하는지 알 수 없어 소스까지 확인하는 경우를 종종 볼 수 있었는데, 이러한 번거로운 문제가 자연스럽게 해결된다. 다만, 코드가 길어져 저장공간을 많이 차지 하는 문제가 있을 수 있지만, 숫자형으로 설계하면 저장공간을 절약할 수 있어 많이 고민할 필요는 없다.

코드유형 또는 코드 간에 종속관계 등이 포함된 형태의 좀 더 복잡한 구성에 대해 살펴보자(유형4). 예를 들어, 고객유형은 개인과 법인으로 나누고, 고객상세유형으로 개인은 개인과 개인사업자로 법인은 영리법인, 비영리법인, 단체로 분류한다.

화면의 고객유형에서 법인을 선택했을 때 고객상세유형 콤보박스에 법인에 해당하는 영리법인, 비영리법인, 단체만 조회되도록 해야 한다. 고객유형에 따라 고객상세유형에 저장할 수 있는 값의 범위가 정해져 있는 것이다(종속관계).

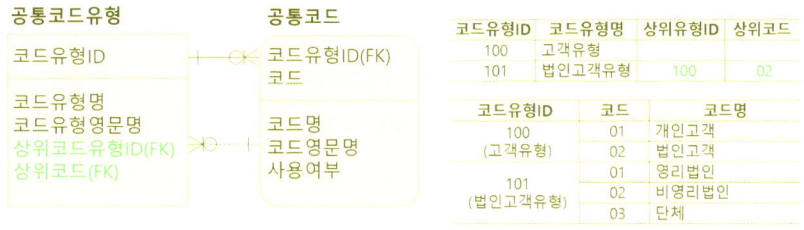

[그림 5-3-4] 코드유형, 코드 간 종속 관계 형태(유형4)

특정 코드유형의 코드가 다른 코드유형 코드에 완전 종속되어 코드 일부를 부분집합으로 관리하는 경우도 있다(유형5).

코드	코드명
01	경남
02	광주
03	국민
04	신한
05	하나

은행: 01, 02, 03, 04, 05
거래은행: 03, 04, 05

[그림 5-3-5] 코드의 부분 집합 정의

예를 들어, 은행코드는 "경남", "광주", "국민", "기업", … 등 모든 은행코드를 관리하고, 거래은행으로는 "국민", "하나", "신한"만 값을 입력할 수 있도록 정의할 수 있다. 공통코드유형에 '거래은행'을 추가하고, 은행코드 중 일부만 선택해서 공통코드에 추가하여 관리하는 방법이다.

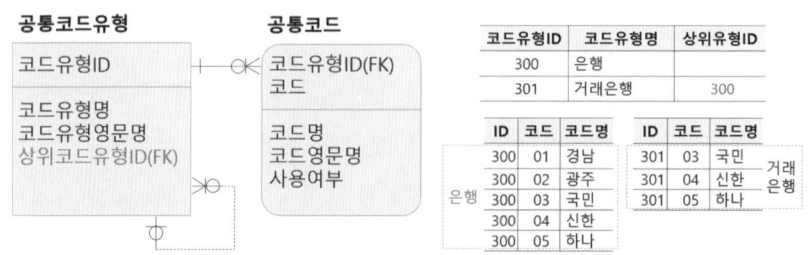

[그림 5-3-6] 코드유형 간 포함관계 형태(유형5)

데이터 구조적인 측면에서 보면 은행 코드와 거래은행 코드는 별개이며, 동일한 은행에 대해 03(국민), 30(국민은행)으로 코드나 코드명을 다르게 정의할 수 있다. 이런 문제를 해결하기 위해 데이터 모델을 변경하거나 화면을 통해 사용자가 코드를 제대로 입력하도록 하는 방법이 있다. 코드그룹 엔티티를 추가하여 코드유형과 코드를 매핑하는 방법으로 데이터 모델을 변형하여 설계할 수 있으나, 데이터 구조가 복잡하여 현실적으로 사용하기 힘들다. 거래은행처럼 은행의 부분집합에 대해 코드를 등록할 경우 코드를 입력하지 않고 은행코드에서 일부 코드만 체크해서 등록할 수 있도록 화면을 구성하는 것이 좀 더 현실적인 방법이다.

공통코드유형과 공통코드를 통합한 형태이면서, 코드유형ID와 코드 컬럼을 분리하지 않고 단일 컬럼으로 키를 구성한 형태도 있다(유형6).

공통코드		코드	코드명	상위코드	
코드		10	진행상태		
		1001	발주진행상태	10	
코드명		100101	발주	1001	
코드영문명	A	100102	입고	1001	
코드레벨		1002	결재진행상태	10	
상위코드(FK)		100201	상신	1002	
		100202	승인	1002	
		20	고객유형		
		2001	개인고객	20	
		2002	법인고객	20	B
		200201	영리법인	2002	
		200202	비영리법인	2002	

[그림 5-3-7] 코드유형+코드 통합 및 단일키 형태(유형6)

코드유형이든 코드든 상하 관계를 모두 표현할 수 있는 유연한 구조이다. 데이터 구조가 간단하고 일반화되어 있어 확장이 쉽지만 구조를 파악하기 어려운 측면이 있다. 데이터를 보면 코드유형 간의 상하 관계(A)가 있고, 어떤 코드는 코드에 대한 상세 코드를 관리하는 형태(B)이다.

좀 더 이해하기 쉬운 형태로 변경하면 아래와 같이 표현할 수 있다.

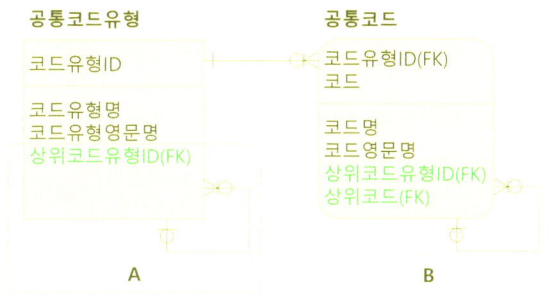

[그림 5-3-8] 유형6 상하 관계(A) 및 상세 코드(B) 표현

발주진행상태와 결재진행상태는 코드유형에 해당하며, 진행상태의 하위 유형으로 볼 수 있다(A). 고객유형은 개인고객과 법인고객으로 나눌 수 있으며, 법인고객(코드)은 영리법인(코드)과 비영리법인(코드)을 하위 코드로 가진다.

이 모델은 코드유형이면서 코드에 해당할 때, 코드유형명을 별도로 가져간다면 좋을 듯하다. 예를 들면 '법인고객'은 고객유형에 해당하는 코드명으로는 어울리지만, 영리법인, 비영리법인을 구분하는 코드유형명으로 부적절해 보인다. '법인고객'보다는 '법인고객유형'으로 하면 더 잘 어울린다('법인고객유형으로 영리법인과 비영리법인이 있다').

이 외에도 다양한 유형의 공통코드 형태가 있을 수 있으나, 앞에서 살펴본 형태를 바탕으로 프로젝트 상황에 맞게 확장해 나가면 아주 어렵지 않을 것이다.

시스템 사용자 및 프로그램 관리

시스템 사용자는 크게 업무처리 시스템 등 내부 시스템을 이용하는 사용자와 홈페이지에서 회원가입을 통해 서비스를 이용하는 외부 시스템 사용자로 구분할 수 있다. 외부 시스템 사용자의 경우 홈페이지에서 이름, 주소 등의 회원정보와 함께 시스템을 이용하기 위한 로그인ID와 비밀번호를 같이 등록하는 게 일반적이며, 하나의 엔티티에서 회원 정보와 시스템 사용자 정보를 같이 관리한다. 인터넷뱅킹의 경우도 직접 은행 영업점을 방문해서 가입신청을 하는 것만 다를 뿐 홈페이지 회원처럼 고객 또는 회원 엔티티에서 사용자 정보를 포함하여 관리한다.

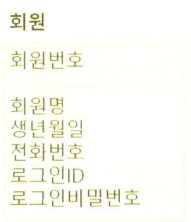

[그림 5-4-1] 회원 엔티티

내부 시스템의 경우도 사용자를 관리하는 방법이 아주 복잡한 것은 아니지만 외부 시스템 사용자보다는 조금 더 다양한 모습이다. 내부 시스템을 회사 직원만 접속하는 경우, 사용자 엔티티를 따로 가져 가지 않고 사원 엔티티에서 같이 관리한다. 임시직이나 파견직의 경우도 사원 엔티티에서 임시 사원번호를 부여하여 관리하면 된다.

회사의 규모가 크고, 다양한 채널을 통해 시스템을 접근하는 경우는 사원, 부서, 채널 등의 엔티티와 별개로 사용자 엔티티를 구성할 수 있다.

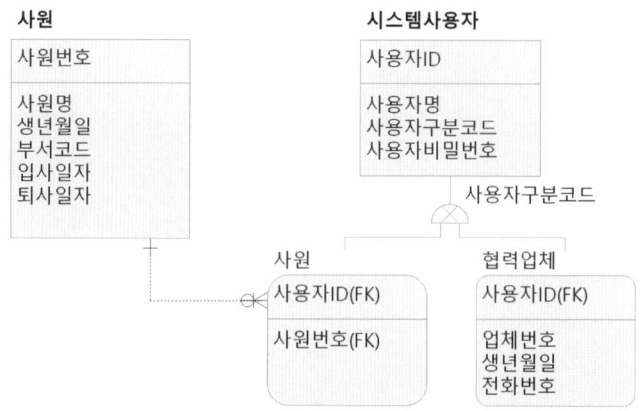

[그림 5-4-2] 시스템 사용자 엔티티

많은 회사가 다양한 시스템을 가지고 있으며, 직원이 업무 처리를 하는 과정에서 여러 시스템에 접속하곤 한다. 보통 싱글 사인 온(SSO, Single Sign-On) 기능을 통해 한번의 사용자 인증 과정을 거쳐 여러 시스템에 접속할 수 있도록 구축되어 있으며, 시스템 사용자 정보를 통합하여 관리하고 있다.

시스템 사용자가 시스템에 접속하여 프로그램을 사용할 수 있도록 시스템에서 메뉴, 프로그램, 사용권한 정보를 관리한다. 메뉴는 상위 메뉴와 하위 메뉴로 구성되고, 메뉴를 선택하면 화면(프로그램)이 나타난다. 프로그램은 여러 메뉴에서 중복으로 사용할 수 있다. 화면마다 데이터에 대한 등록, 수정, 삭제, 조회 권한을 정의하며, 메뉴에 따라 권한 관리를 다르게 할 수 있으므로 메뉴권한 엔티티로 관리한다.

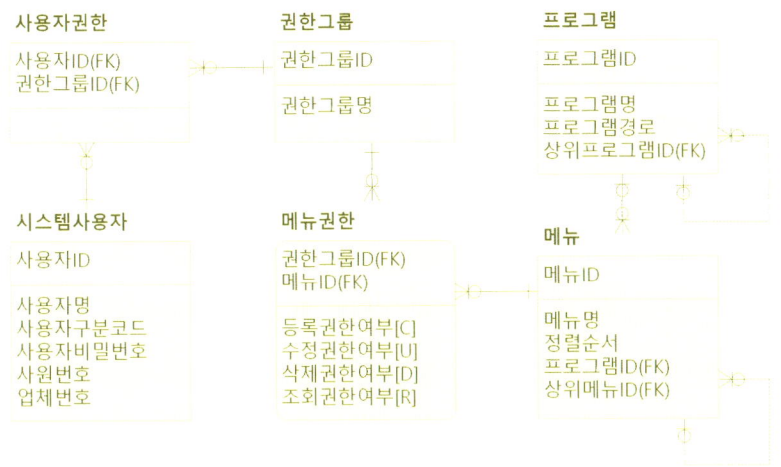

[그림 5-4-3] 메뉴/프로그램 권한

보통 프로그램/메뉴에 대한 권한그룹을 생성하고 사용자에게 권한그룹을 할당하는 방식을 많이 사용한다. 권한그룹은 부서나 직무/직군에 따라 부여할 수 있고, 데이터에 대한 등록, 수정, 삭제, 조회 권한을 선별적으로 부여한다.

권한그룹

권한그룹ID	권한그룹명
A01	계약담당
A02	영업본부
A03	거래처담당

프로그램

프로그램ID	프로그램명
P01	계약등록
P02	거래처조회

시스템사용자

사용자ID	사용자명
001	유동오

메뉴

메뉴ID	메뉴명	프로그램ID
M01	계약관리	-
M0101	계약등록	P01
M0301	거래처조회	P02

사용자권한

사용자ID	권한그룹ID
001	A01

메뉴권한

권한그룹ID	메뉴ID	권한
A01	M0101	CRUD
A01	M0301	R
A02	M0101	R
A03	M0301	CRUD

[그림 5-4-4] 사용자 권한 데이터 생성

권한 데이터를 생성할 때 주의할 점이 있는데, 화면에서 부서 단위로 권한을 지정하더라도 데이터를 생성할 때는 부서 단위가 아니라 해당 부서 소속의 사용자별로 권한 데이터를 생성하는 것이 좋다.

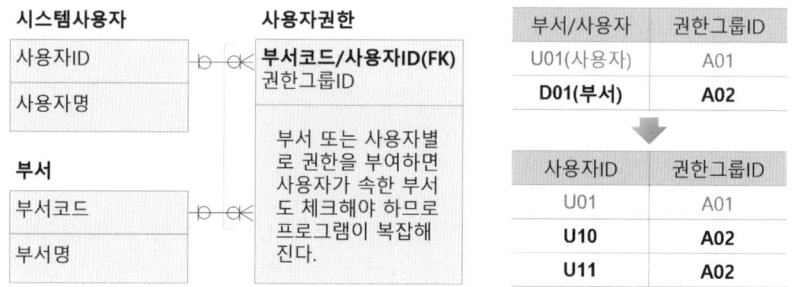

[그림 5-4-5] 사용자 단위로 권한 부여 단순화

만약, 부서 단위로 권한 데이터를 관리하면 시스템에 접속한 사용자에 대한 권한 뿐만 아니라 사용자가 속한 부서가 가진 권한도 같이 확인해야 하므로 프로그램이 복잡해 진다. 화면에서 부서에 속한 개인마다 권한을 지정하는 번거로움은 피하되, 데이터는 개별 사용자 단위로 생성하면 로그인한 사용자에 대한 권한만 체크하면 되므로 프로그램이 단순해 지고, 권한 체크 시간도 줄일 수 있다.

주소 코드 및 주소 관리

고객 주소 등을 관리하기 위해 기존 지번 주소 체계에서는 과학기술정보통신부 산하 우정사업본부에서 제공하는 우편번호 데이터를 활용하여 우편번호에 해당하는 기본주소와 고객이 입력한 상세주소를 구분하여 관리한다.

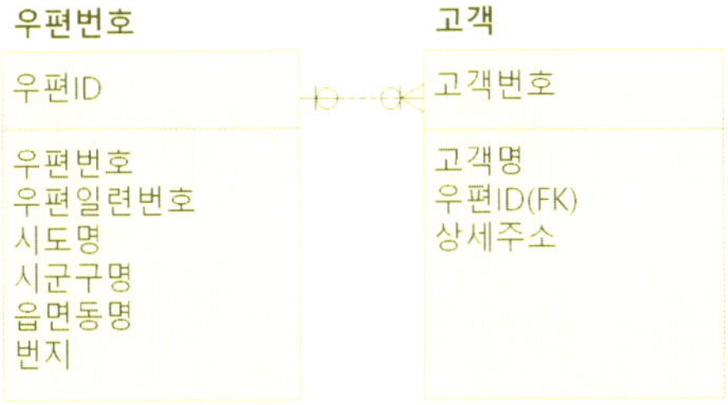

우편번호
- 우편ID
- 우편번호
- 우편일련번호
- 시도명
- 시군구명
- 읍면동명
- 번지

고객
- 고객번호
- 고객명
- 우편ID(FK)
- 상세주소

우편번호

우편ID	우편번호	우편일련번호	시도명	시군구명	읍면동명	번지
1	150805	001	서울	영등포구	당산동4가	1 ~32
2	150806	001	서울	영등포구	당산동4가	33 ~95

고객

고객번호	고객명	우편ID	상세주소
1	비투엔	1	80번지 당산 SK V1 center

전체주소 : 서울 영등포구 당산동4가 80번지 + 당산 SK V1 center

[그림 5-5-1] 지번 주소

정부는 건물의 위치를 쉽게 찾기 위한 목적 등으로 2014년에 지번 주소 체계 대신 도로명 주소 체계를 전면 시행하였다. 도로명 주소는 도로를 중심으로 일정 구역을 나누어 도로명과 건물번호로 나타낸 주소 체계이다. 도로명 데이터를 활용할 경우 단독 건물은 건물관리번호로 건물의 본번, 부번

(번지)까지 알 수 있어 시스템 사용자가 별도 정보를 입력하지 않아도 된다 (아파트처럼 공동주택인 경우 동, 호 입력).

서울특별시 영등포구 당산로41길 11 (당산동4가)

서울특별시 영등포구 당산로41길 23 (당산동4가, 당산현대아파트)

도로명주소 안내시스템(http://www.juso.go.kr)의 개발자센터에서 제공하는 주소DB에 대한 데이터 관계이다.

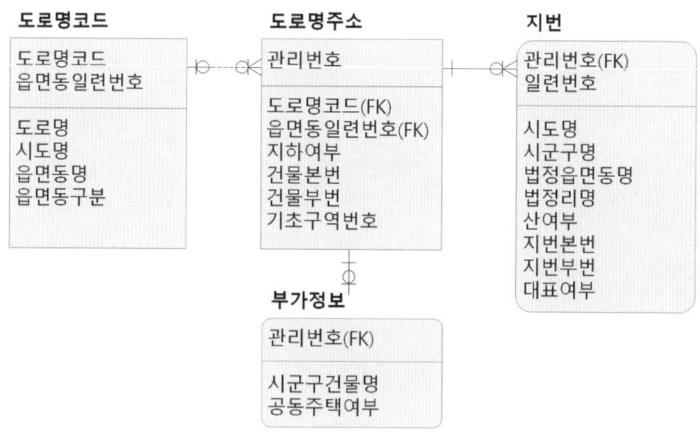

[그림 5-5-2] 주소DB 엔티티 관계

주소DB외에 건물DB와 상세주소DB를 별도로 제공하며, 상세주소 데이터는 도로명주소의 건물번호 뒤에 표시되는 동·층·호 정보로, 희망자로부터 등록 신청을 받아 2가구 이상 거주하는 원룸·다가구주택·단독주택에 부여하며, 공동주택인 아파트의 동, 층, 호는 관리하지 않는다.

도로명코드 개선_도로명코드_전체분.txt

도로명코드	읍면동 일련번호	도로명	시도명	시군구명	읍면동명	읍면동 구분	읍면동 코드
115604154119	00	당산로41길	서울특별시	영등포구		2	
115604154119	01	당산로41길	서울특별시	영등포구	당산동4가	1	114
115604154118	01	당산로41가길	서울특별시	영등포구	당산동4가	1	114

도로명주소 주소_서울특별시.txt

관리번호	도로명코드	읍면동 일련번호	지하 여부	건물 본번	건물 부번	기초구역 번호
1156011400100 800000028673	115604154119	01	0	11	0	07217
1156011400100 800005000001	115604154118	01	0	7	0	07217

부가정보 부가정보_서울특별시.txt

관리번호	시군구건물명	공동주택여부
1156011400100800000028673	당산 SK V1 center	0
1156011400100800005000001	당산2동 복합청사	0

지번 지번_서울특별시.txt

관리번호	일련 번호	법정동 코드	시도명	시군구명	법정 읍면동명	산 여부	지번 본번	지번 부번	대표 여부
1156011400100 800000028673	1	11560 11400	서울특별시	영등포구	당산동4가	0	80	0	1
1156011400100 800000028673	2	11560 11400	서울특별시	영등포구	당산동4가	0	86	1	0
1156011400100 800005000001	1	11560 11400	서울특별시	영등포구	당산동4가	0	80	5	1

[그림 5-5-3] 주소DB 데이터 관계

도로명 주소를 위한 시스템 구축은 도로명주소 안내시스템에서 제공하는 데이터 모델을 그대로 이용하거나 약간 변경해서 사용할 수 있다. 도로명 주소를 위한 코드 테이블을 별도로 구축하지 않고 도로명주소 안내시스템에서 제공하는 인터페이스를 활용하여 고객 주소를 관리하는 방법도 있다.

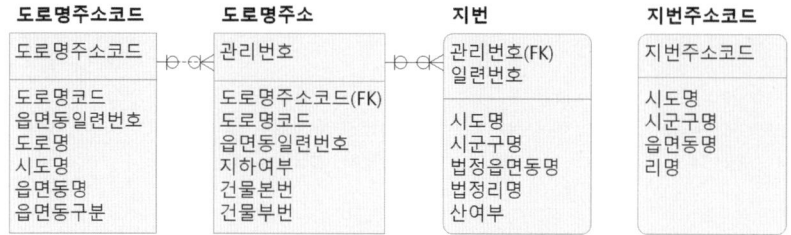

[그림 5-5-4] 변경된 주소DB 데이터 모델

주소 데이터를 관리하는 방법은 도로명주소코드나 지번주소(우편번호) 코드와 상세주소를 관리(코드 + 텍스트)하거나, 주소코드에 해당하는 주소와 상세주소를 관리하는 방법(텍스트 + 텍스트)이 있다.

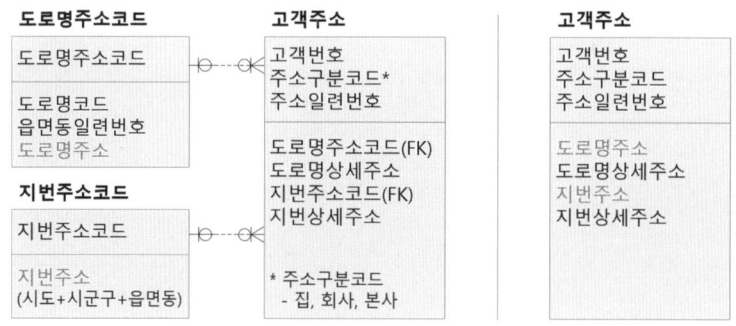

[그림 5-5-5] 주소 데이터 관리 방법

고객주소 테이블에서 도로명주소코드를 관리하는 경우 시도, 시군구 등 지역별로 데이터를 추출할 때 활용할 수 있고, 저장공간을 적게 차지한다. 기본주소 변경 시 주소 테이블이 아닌 도로명주소코드 테이블의 주소를 변경하면 되므로 비교적 유지보수 하기 쉽다. 기본주소와 상세주소를 모두 텍스트로 관리하는 방법은 우편물을 보내는 것이 주목적이고, 통계처리는 지역코드 속성 등을 추가하여 제공할 때 사용할 수 있다. 고객주소 테이블에서 주소코드를 관리하지 않으므로 도로명주소코드 등을 유지하는 데 큰 비용이 들지 않는다.

한 시스템에서 주소를 관리하는 대상이 고객, 사용자, 거래처 등으로 여러 개일 때 주소 데이터를 효율적으로 관리하기 위해 주소 엔티티를 하나로 통합하여 설계하는 방법도 있다.

[그림 5-5-6] 주소 엔티티 통합

주소는 고객의 중요한 데이터이므로 정확한 주소를 입력하도록 고객에게 사용자 인터페이스를 제공해야 한다. 고객이 직접 데이터를 입력하면 '서울', '서울시', ' 서울특별시' 등으로 데이터가 등록되어 나중에 데이터를 정제하는 데 큰 비용이 들게 된다.

과도한 엔티티 통합

A사는 B사에 보증 서비스를 제공하면서 B가 보증이행을 하지 않았을 경우를 대비하여 담보를 제공받는다. 예·적금, 주식, 수표, 부동산 등을 포함하여 담보 종류가 10여 가지 정도 되었다. 화면에서 B사와 관련된 담보목록이나 상세내역을 조회하는 일이 많아서인지 다양한 형태의 담보를 하나의 테이블로 관리하고, 컬럼은 150여 개에 달했다.

모든 담보에서 공통으로 관리하는 속성과 특정 담보에서만 관리하는 개별 속성을 식별하여 통합 엔티티와 개별 엔티티로 설계하지 않고, 과도하게 데이터 모델을 통합한 형태로 설계된 상태였다. 특히, 부동산에 관련된 속성이 매우 많았고, 아주 이질적인 특징(속성)을 가지고 있었다.

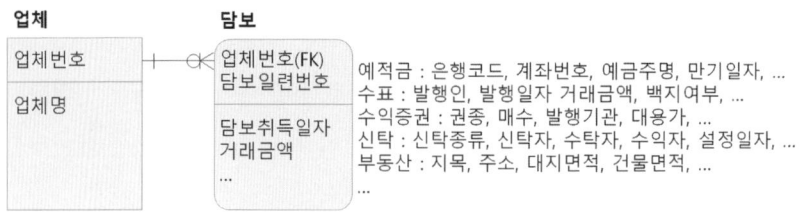

[그림 5-6-1] A사 담보관리 구성

한 테이블에서 모든 담보 데이터를 관리하다 보니 담보종류별로 해당하는 컬럼이 잘 관리되지 않았고, 어떤 컬럼을 사용하는지도 모르고 있으며, 담보 종류와 아무 상관 없어 보이는 컬럼에 이상한 데이터 값들이 저장되었다.

아마 컬럼을 추가하기 싫어서 컬럼명과 어울리진 않지만 억지로 꾸겨 넣은 것 같았다.

담보 종류별로 사용하는 속성을 정확히 아는 사람이 없어서 현업 담당자와 담보별로 관리해야 할 속성을 정의하는 한편, 담보별로 실제 저장된 데이터를 분석하여 공통으로 저장된 속성을 중심으로 해당 속성을 도출하였다. 일부 다른 속성에 저장된 데이터는 현황을 분석하여 현업담당자의 의사결정을 통해 제외하거나 일부 포함하기도 하였다.

예금	적금	당좌수표	수익증권	신탁	부동산
은행코드 계좌번호 예금주명 예금금액	은행코드 계좌번호 예금주명 적금금액 만기일자	당좌수표번호 발행일자 발행인 거래금액	발행인 발행일자 거래금액 대용가	신탁종류 신탁자 수탁자 수익자 설정일자 설정금액	지목 소재지주소 대지면적 건물면적 감정평가금액

[그림 5-6-2] 담보종류별 속성

As-Is 데이터 품질 및 성능 문제점을 해결하고, 담보 목록과 담보 상세정보를 조회하는 등 업무 편의성 및 융통성을 제공하는 방향으로 설계를 변경하였다.

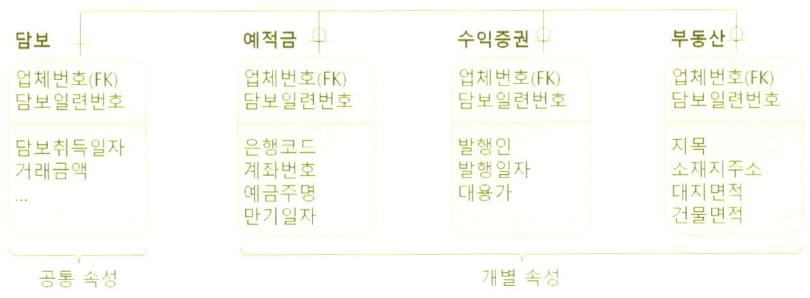

[그림 5-6-3] A사 담보관리 개선안

우선 10개의 담보유형에서 예금, 적금 등 공통으로 관리하거나 비슷한 속성을 가진 것끼리 통분하여 3가지 정도로 담보 유형을 재분류 하였다. 3가지로 재분류 할 경우 기존 10가지와 마찬가지로 불필요한 속성을 추가로 관리하는 문제는 있다. 하지만 기존 100여개 속성 중에서 부동산과 관련된 속성이 대부분이어서, 실제 불필요한 속성의 추가는 매우 한정적이고, 큰 문제는 없을 것으로 예상되었다.

비슷한 유형이지만 다른 방안을 적용한 경우도 있다. 보험계약은 일반보험, 장기보험, 자동차 보험 등 보험종류에 따라 관리하는 속성이 다르다. 보험종류에 따라 보험상품에서 관리하는 정보항목이 다양하다. 보험 종류별로 정보항목에 대한 항목코드, 항목명, 허용 값 범위 등을 정의하여 메타데이터로 구성한다.

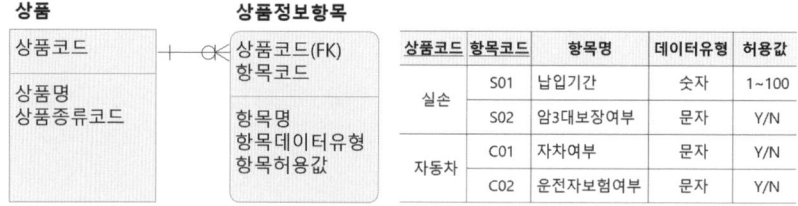

[그림 5-6-4] 상품별 정보항목 정의

예를 들어, 실손 보험은 모든 보험상품에서 기본으로 관리하는 항목 외에 납입기간, 암3대보장여부 등을 추가로 관리하며, 납입기간은 숫자형 3자리까지 입력할 수 있도록 정보항목으로 정의한다.

보험 계약을 체결할 때 보험 종류별로 상품에서 관리하는 정보항목에 따라 화면을 구성하여 계약에 필요한 정보를 추가로 입력하도록 한다. 계약 엔티티는 계약 공통 속성을 관리하고, 계약항목은 계약 상품에 해당하는 정보항목을 대상으로 실제 계약된 내용을 코드, 값 형태로 관리한다.

계약	계약항목
계약번호	계약번호(FK)
보험상품코드	계약항목코드
계약자명	계약항목값
계약일자	
만기일자	

보험상품	계약번호	항목코드(항목명)	항목값
실손	1	S01(납입기간)	10년
	1	S02(암3대보장여부)	Y
자동차	2	C01(자차여부)	Y
	2	C02(운전자보험여부)	Y

[그림 5-6-5] 계약 유형별 항목 관리 개선안

데이터 통합? 구조 통합?

K사는 대학, 연구소 등에서 연구과제를 신청하면 평가를 통해 연구비를 지원하는 사업을 하고 있다. 사업 특성 또는 목적에 따라 사업을 분리하여 진행하고 있으며, 4개 정도의 유사한 시스템을 운영하고 있다.

업무는 우리가 수행하는 프로젝트와 매우 유사하다. 과제(프로젝트)를 수행하는 기관이 있고 연구인력이 있으며, 과제 진행 단계에 따른 사업비 지출 등을 관리하고 있다.

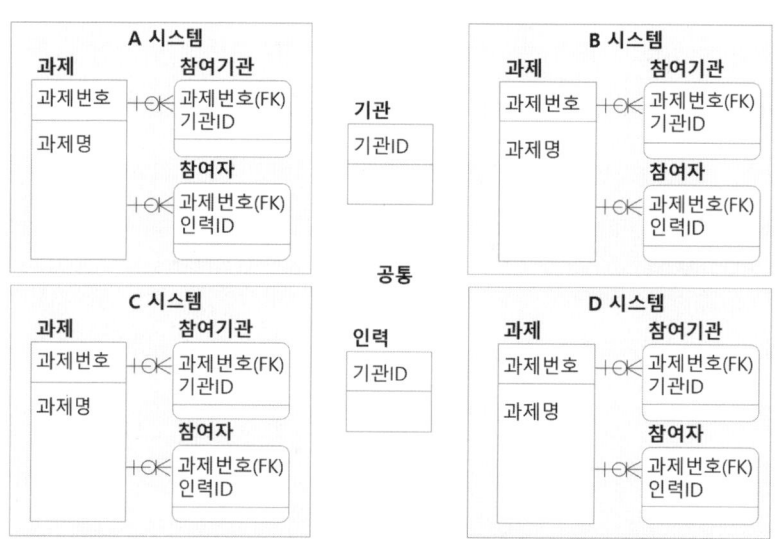

[그림 5-7-1] 사업별 유사한 데이터 구조

사업별로 특성이 있긴 하지만 전체적인 흐름 및 관리하는 데이터는 유사하며, 공통으로 사용하는 테이블이 20%정도이고, 나머지는 동일한 기능을 하지만 시스템별로 개별 관리하고 있는 형태다.

사업별로 과제를 관리하기 때문에 데이터 중복은 없다. 업무 처리도 개별 시스템 데이터 만으로 충분하다. 통합을 하게 되면 특정 사업의 업무가 변경되었을 때, 변경 사항을 반영하기가 더 까다로울 수 있고, 데이터 오너십에 대한 문제가 발생할 수 있다.

통합하지 않으면 어떤 문제가 있을까? 업무 측면에서 보면 특정 업체가 유사한 과제를 중복으로 수행하거나 연구성과가 부실해 제재를 받았더라도 다른 사업에서 체크하기 힘들 수 있다. 시스템 측면에서는 동일한 구조의 테이블을 여러 개 관리해야 하고, 공통으로 변경이 발생할 때 똑같은 작업을 반복해야 한다. 데이터 정합성을 유지하기 위한 노력도 시스템 마다 차이가 있으며, 통제하기 힘들다.

업무모델링을 하면서 통합을 어디까지 해야 하는지에 관해 회사 팀원들에게 아래 두 가지 내용으로 설문을 한 적이 있다.

- 우리가 생각하는 데이터 통합의 정도는? 1)논리적 2)물리적
- 유사한 정보를 관리한다면 테이블을 하나로 가져 가는 게 더 나은가? 1) 통합 2) 별도

지금 생각해 보면 질문이 모호하다. 데이터 통합과 엔티티 통합에 대한 의도를 충분히 설명하지 않고 질문을 했으니 말이다.

앞서 살펴본 고객에서 개인고객, 회원 테이블 등은 동일한 개인을 중복해서 관리하고 있었다. 이를 중복을 제거하고 테이블 하나로 관리한다면 데이터 통합인가? 엔티티 통합인가? 담보유형별로 유사한 속성을 가진 것끼리 묶어 테이블 하나로 설계한 경우는 어떤 통합인가?

응답		내용1) 통합 정도		내용2) 테이블 통합여부
1	논리	물리적으로 통합되어 있을때, 논리적인 통합을 구현하거나, 관리 하기가 보다 편리함. 논리적인 통합이 목적이고, 물리적인 통합은 수단임	통합	통합가능하면 통합. 논리적인 통합(정합성)이 유지된다면, 물리적으로 분산되어 있는 부분은 속도, 운영 등의 문제를 고려하여 간주
2	물리	별도로 관리할 때 발생하는 불필요한 exclusive-or 관계(복잡성) 방지 목적이므로 물리적임	통합	많은 노력이 필요하지만 통합해야 하고, 사업별로 구조가 흡사하므로 참조모델을 활용하는 것도 고려
3	논리	하나의 엔티티로 그려져야 일단 통합. 통합의 핵심은 동일 인스턴스가 하나만 존재하느냐 둘 이상의 존재를 허용하는냐에 달려 있음	통합	더 이상 자식 엔티티가 없는 Action 엔티티에 해당하는 경우, 업무적으로 서로 통합해서 볼 일이 없다면 수평분할해도 무방
4	논리	대부분의 통합 이슈가 있는 건 (고객통합, 상품통합)의 경우 논리적으로 통합하는 것이 타당	-	통합할 때와 통합하지 않을 때의 문제점을 인지하고 프로젝트 상황에 맞게 논리모델만 통합할지 물리까지 통합할지를 결정
5	논리	사업의 특성상 중복이 없고, 개별적인 특성이 있으며, 비즈니스적으로 통합된 뷰를 제공할 필요가 없다면 논리 수준에서 통합하고, 물리는 별도	별도	-
요약		데이터 관점의 통합과 구조 측면의 통합을 구분해야 함. 단순히 구조가 비슷해 테이블을 통합하는 것 보다는 원칙적으로 데이터 품질을 위해 논리모델에서는 최대한 통합을 하는 게 좋음		기본적으로 통합을 전제로 하며, 정합성이나 성능적인 측면 모두를 고려하여 상황에 맞게 설계

[그림 5-7-2] 데이터 통합에 대한 응답내용

통합의 사전적 의미는 '둘 이상의 조직이나 기구 따위를 하나로 합침'이다. 넓은 의미의 데이터 통합은 정확하고 일관성 있는 정보를 제공하기 위한 일련의 활동으로, 데이터의 중복 및 불일치를 최소화하기 위한 데이터 구조의 통합, 물리적으로 흩어진 데이터를 업무규칙을 적용해 수집하고 통제하는 데이터 흐름의 통합, 데이터 표준 및 메타정보 등의 데이터 관리 체계 구축을 포함한다.

데이터 모델 측면에서의 데이터 통합은 중복 데이터를 최소화하는 데이터 구조적인 통합에 초점이 맞추어져 있으며, 보통 엔티티 및 테이블의 통합을 의미한다.

단계	통합 의미	통합 목적	비고
개념	통합 요건이 있는 데이터의 정의 및 범위를 분명히 하여, 다른 영역에 동일한 데이터가 존재하지 않아야 함	• 데이터의 명확한 분류 • 데이터의 체계적인 관리	통합 대상은 동일한 주제영역에 위치
논리	집합이 동질적이거나 업무의 주체나 대상 등 논리적인 동질성이 존재할 경우 최대한 엔터티 통합	• 데이터 정합성 • 중복 최소화 • 구조의 유연성 및 확장성 증가 • 모델에 대한 이해 증가	구조의 유사성 보다는 데이터의 동질성에 초점을 맞춤
물리	구조적으로 유사하거나 조인 등의 쿼리 속도 향상을 위해 테이블 통합	• DB 성능 향상 • 코딩 작업 쉬움	데이터 측면보다는 물리적인 성능 향상에 중점을 둠

[그림 5-7-3] 데이터 통합 의미

만약 여러분이 지금 통합을 고려하고 있다면 논리인지 물리인지 관점을 따질 필요는 없을 것 같다. 다만 어떤 통합을 고려하는지는 분명히 해야 한다. 중복을 최소화하고 데이터 정합성을 높이는 방향인지, 테이블이 분산되어 코딩이 어렵고 테이블이 관리하기 어려워 통합을 고민하고 있는지 등. 데이터 통합에 대한 정답은 없다. 아래 그림은 여러 시스템에서 데이터를 공통으로 사용하는지 데이터 간의 친밀도가 높은지 등을 기준으로 어느 범위까지 통합할지 판단하기 위해 작성한 사례이다.

[그림 5-7-4] 데이터 통합 방안

어디까지 일반화(통합)할 것인가?

　대학이나 연구소에서 과제를 수행하면서 사업비를 누가, 어떤 방식으로 부담(분담금)했는지, 어떻게 사용(사업비목)할지를 관리한다.
　분담금은 정부출연금, 민간현금, 민간현물로 나누고, 변경되는 일도 없다. 사업비목은 직접사업비, 간접사업비, 인건비 등이며 사업 성격에 따라 관리하는 항목이 다르다. 분담금의 합계와 사업비목의 합계는 일치하며, 화면에서 분담금과 사업비목은 탭으로 각각 구성되어 있다.

분담금		
정부출연금	민간현금	민간현물
12,000,000	5,000,000	2,000,000

사업비목		
항목	현금	현물
직접사업비	10,000,000	2,000,000
인건비	5,000,000	0
간접사업비	2,000,000	0

[그림 5-8-1] 분담금 / 사업비목 화면

　데이터만 보면 분담금과 사업비목은 분담 주체와 사용 항목으로 데이터 성격이 다를 뿐 항목별로 현금과 현물 형태로 구성된 점은 동일하다. 같은 테이블에서 분담금인지 사업비목인지 구분해서 [그림 5-8-2]와 같이 데이터를 관리한다.
　이와 같은 형태로 데이터 구조를 설계한 이유는 무엇일까? 아마 표면적으로는 데이터의 성격도 비슷하고, 관리하는 속성도 현금, 현물로 같다는 점이 작용했을 것이다.

구분	항목	현금	현물
1(분담금)	정부출연금	12,000,000	0
1(분담금)	민간	5,000,000	2,000,000
2(사업비목)	직접사업비	10,000,000	2,000,000
2(사업비목)	인건비	5,000,000	0
2(사업비목)	간접사업비	2,000,000	0

[그림 5-8-2] 분담금 / 사업비목 데이터

그리고 데이터구조 측면에서 분담금이나 사업비목 항목이 추가될 때 모델 변경 없이 데이터만 추가하도록 융통성을 고려하여 설계했을 것이다.

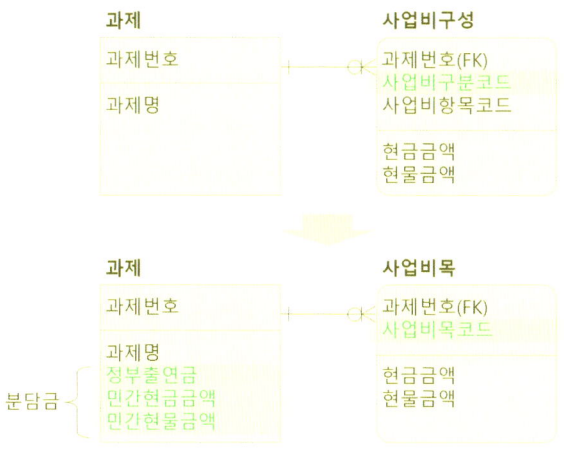

[그림 5-8-3] 분담금과 사업비목 분리

그럼 불편한 점은 무엇일까? 화면에서 분담금을 조회할 때 로우(열)로 저장된 데이터를 행으로 만들어 주거나 항목 조건을 직접 추가해야 한다. 사업비목을 조회하려면 '구분 = 2' 조건을 꼭 추가해야 한다. 그리고 두 가지 성격의 데이터가 합쳐 있어 구조를 파악하는 데 조금 어려울지도 모르겠다. 화면에서 보여주는 형태로 테이블을 분리하는 것이 좋을까? 분담금 항목이 고정되어 있어 변할 일이 거의 없고, 업무에서 정부출연금, 민간부담금(또는 민간현금/현물) 형태로 자주 처리한다는 측면에서 명시적으로 테이블을 관리하는 것이 데이터 구조 측면(가독성)이나 응용 프로그램(생산성) 측면에서 좋을 것 같다.

분담금 형태가 변경될 일이 없는 데도 막연한 불안감에 확장을 고려하여 별도 테이블로 관리하는 것이 좋을까? 분리해야 한다면 단순히 사업비목 테이블을 같이 사용하는 것이 아니라 데이터 성격에 맞게 별도 테이블로 분리하는 것은 어떨까?

[그림 5-8-4] 사업분담금 분리

원칙과 현실 사이

A사는 B사인 주택사업자(시행사)가 주택을 건설하면서 문제가 발생한 경우 B사를 대신하여 건설을 완료하거나 분양대금을 반환하는 보증 업무를 한다. 만약, 파산, 소송 등과 같은 여러 가지 사유로 인해 B사에 대해 채권(돈 받을 권리)을 가진다.

채권은 이미 지급한 공사 대금이거나, 채권에 대한 발생 이자, 소송 과정에서 발생한 비용 등으로 다양하게 발생한다. 이때 발생한 채권 금액에 대해 어떤 업무는 여러 채권을 묶어서 처리하기도 하고, 개별 채권 단위로 관리하기도 한다. 채권은 채권이 발생하는 이벤트 단위마다 채권번호를 부여하여 관리하고, 채권관리는 채무자의 최초 채권을 기준으로 관련 채권을 묶어 관리한다. 개별 채권이 아닌 채무자로부터 받을 금액 전체에 대해 추심을 위임하거나, 개별 채권에 대해 소멸시효를 연장하여 관리한다.

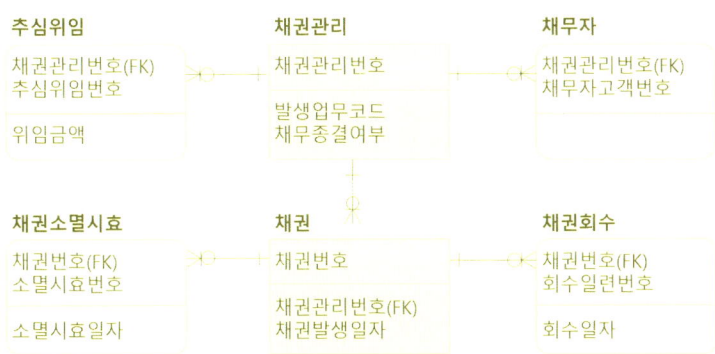

[그림 5-9-1] 채권관리와 채권 단위

업무적인 관점에서 보면 채권관리와 채권을 구분하여 데이터를 관리하는 게 더 바람직해 보인다. 그러나 고객사(A사)의 전산담당자는 과거 운영 경험을 바탕으로 채권관리와 채권 개념을 나눌 경우 여러 가지 어려운 점이 있어, 채권관리 개념을 없애고 [그림 5-9-2]처럼 채권 단위로 데이터를 관리하는 게 현실적이며 테이블 설계에 반영해 달라고 요청했다.

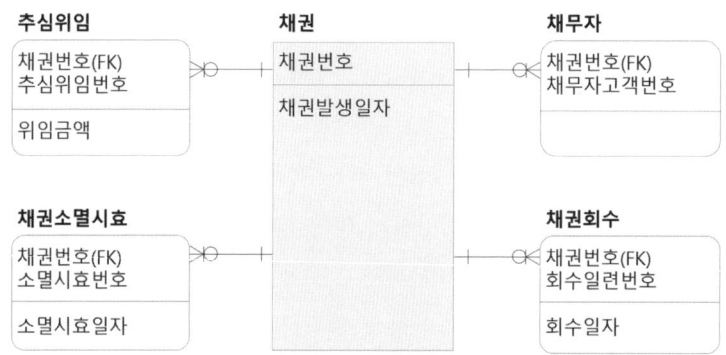

[그림 5-9-2] 채권관리와 채권을 채권 단위로 통일

채권 단위로 통일하면 업무 처리와 데이터 발생 규칙이 달라져 여러 가지 문제가 발생한다. 채권 단위로 처리하는 데이터는 문제 없겠지만, 채권관리 단위로 발생하는 데이터를 채권 단위로 발생시키면 똑같은 데이터를 중복으로 관리할 수 밖에 없다.

예를 들어, 채무자에게 총 3건의 채권이 발생하고, 전체 채권금액이 100원이라고 하면, 채권관리 개념이 있을 때는 채권관리 1건에 대해 추심위임 1건이 발생하고 위임금액은 100원이 된다. 그러나 채권 단위로 통일하면, 추심위임 1건에 대해 3건의 추심위임 데이터를 발생 시키고, 위임금액을 3건에 균등하게 배분하거나 채권 하나에 몰아 주어야 한다. 또는 최초 채권에 대해서만 추심위임 데이터가 발생하도록 처리해야 한다.

채권관리 단위		
채권관리번호	추심위임번호	위임금액
A1	1	100

채권 단위		
채권번호	추심위임번호	위임금액
1	1	30
2	1	30
3	1	40

또는

채권번호	추심위임번호	위임금액
1	1	100

[그림 5-9-3] 채권관리와 채권 단위의 데이터 발생

데이터 발생 규칙을 어떻게 정하든, 데이터를 처리하기 위해 프로그램에서 로직으로 구현해야 한다. 추심위임 3건을 발생시킨 경우 위임 건수는 COUNT(*)가 아닌 COUNT(DISTINCT 추심번호)와 같이 추심번호로 유일하게 카운트해야 하고, 최초 채권 1건만 발생시킨 경우 채권 금액(20원)보다 위임 금액(100원)이 크게 되어 논란이 될 수 있다. 이처럼 업무 규칙을 맞추기 위해 유형에 따라 프로그램에서 예외 처리를 할 수밖에 없다.

여러 가지 예시를 들며 개념을 분리하는 것이 타당하다는 의견을 피력했지만 통하지 않았다. 결국, 테이블을 하나로 설계하고, 논리 모델은 엔티티를 분리하여 표현하기로 했다. 논리 ERD와 물리 ERD을 별도 파일로 나누어 작성했다(예전 ERwin 버전은 논리와 물리ERD 개념이 다르지 않았다).

설계단계 말에 현업, 응용팀 등 관련자들과 ERD에 대해 검토하는 회의가 있었는데, 전산담당자는 채권관리와 채권 테이블을 합쳐야 한다고 했다. 논리 ERD에서는 엔티티를 분리하였으나, 물리 ERD는 하나로 설계 했다고 설명해도 수긍 하지 않았다. 어차피 논리 ERD든 물리 ERD든 전산담당자가 관리할 건데 하나로 그려달라는 것이다. 어쨌든 회의는 중단되었고, 프로젝트 팀 사이에 약간의 마찰이 있었다.

그때는 DA 개념이 어느 정도 확립된 때였고, 자크만 프레임워크

(Zachman Framework) 하에서 관점별로 데이터구조를 관리해야 한다고 생각했다. 지금도 그 생각은 변함이 없다. 하지만 사전에 전산담당자와 충분한 의사소통을 하지 않은 점과 원칙에 얽매여 현실적인 문제를 간과한 점도 있었다. 논리 모델과 물리 모델을 어떻게 해야 하는지가 중요한 것은 아니다.

원칙도 중요하지만 현업이나 이해당사자를 설득시키지 못한다면, 현업이나 이해당사자의 의견을 수용하는 것이 현명할 때도 있다. 데이터모델에 정답이 있는 것도 아니고, 현실적인 측면을 마냥 무시할 수도 없는 것이다.

예전에 튜닝하면서 느낀 점과 비슷하다. SQL 튜닝을 했는데, 소스를 반영할 개발자가 SQL을 이해하지 못하거나 아키텍처로 인해 현실적으로 반영하지 못하는 경우도 있었다. 그래서 100% 최적화한 어려운 SQL보다는 70%정도 최적화하더라도 반영하기 쉽고 유지보수 할 수 있는 SQL로 작성하는 것이 더 현실적일 수 있다.

인조 식별자 언제 사용하나?

실질 식별자를 주 식별자로 하면 업무 정의도 명확하고 데이터 집합을 이해하는 데도 많은 도움이 된다. 반면에 너무 많은 속성으로 주 식별자를 구성하면 자식 엔티티로 갈수록 주 식별자 속성이 더욱 많아져 불필요하게 많은 저장공간을 차지하고, 기본키 인덱스가 길어져 성능 문제도 발생할 수 있다. 아래 그림에서 회수내역, 채권신고 등의 엔티티를 보면 주 식별자 외에 별로 관리해야 할 속성도 몇 개 되지 않은데, 식별자 속성을 상속받아 많은 항목을 관리하는 것처럼 보인다.

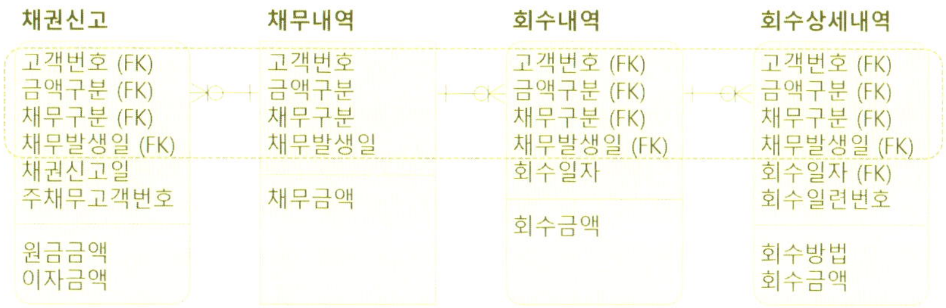

채권신고	채무내역	회수내역	회수상세내역
고객번호 (FK) 금액구분 (FK) 채무구분 (FK) 채무발생일 (FK) 채권신고일 주채무고객번호 원금금액 이자금액	고객번호 금액구분 채무구분 채무발생일 채무금액	고객번호 (FK) 금액구분 (FK) 채무구분 (FK) 채무발생일 (FK) 회수일자 회수금액	고객번호 (FK) 금액구분 (FK) 채무구분 (FK) 채무발생일 (FK) 회수일자 (FK) 회수일련번호 회수방법 회수금액

[그림 5-10-1] 실질 식별자로 구성

부모 테이블의 컬럼을 상속받기 때문에 상속받은 컬럼으로 조회했을 때 성능적인 이점이 있을 수 있다. 부모 테이블 컬럼을 가지고 있기 때문에 부모 테이블과 조인 하지 않아도 되므로 처리시간을 줄일 수도 있다. 하지만 이런 장점보다는 복잡한 구성으로 인해 비효율이 발생한다.

다음은 주 식별자인 고객번호, 금액구분, 채무구분, 채무발생일 속성 대신 채무번호 속성을 주 식별자로 정의한 경우이다. 자식 엔티티 속성이 적어지고 단순하다.

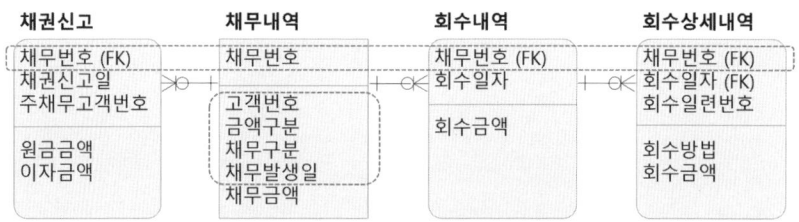

[그림 5-10-2] 인조 식별자로 구성

화면에서 특정 고객번호나, 채무발생일 조건으로 회수내역을 조회한다면, 채무내역 테이블에서 해당 고객번호와 채무발생일에 해당하는 데이터를 찾아 채무번호로 회수내역에서 해당하는 데이터를 액세스하므로 성능 문제는 없다.

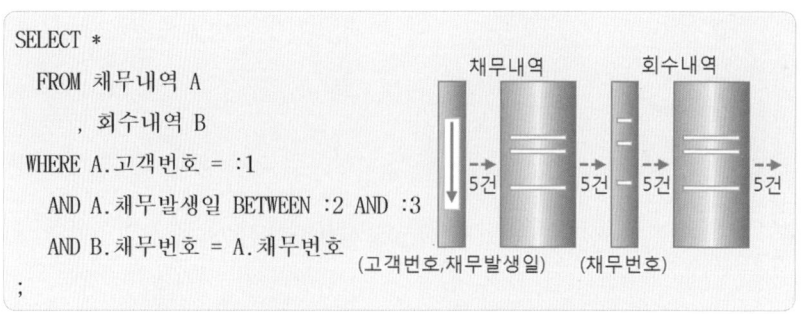

[그림 5-10-3] 주요 조회조건이 같은 테이블에 해당할 때

조회 조건이 채무내역 테이블의 채무구분과 회수내역 테이블의 회수일자로 나누어져 있다면, 어느 쪽을 읽으나 선행 테이블 조건에 해당하는 데이터가 많아 다수 건을 처리해야 하고, 다른 테이블과 조인 후 테이블 조건에 의해 대부분 걸러지게 된다.

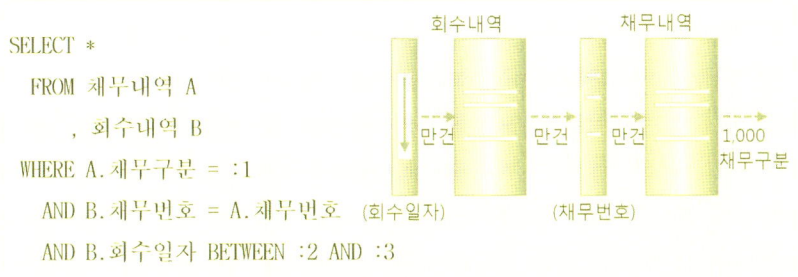

[그림 5-10-4] 주요 조회조건이 나누어져 있을 때

회수내역 테이블에서 채무내역 속성인 채무구분을 추가하여 중복 관리하면, 회수내역 테이블의 회수일자와 채무구분 조건으로 처리할 수 있어 성능 문제를 해결 할 수 있다. 중복 속성 추가 및 인덱스를 구성할 때는 여러 가지 액세스 형태를 종합적으로 판단하여 결정해야 한다.

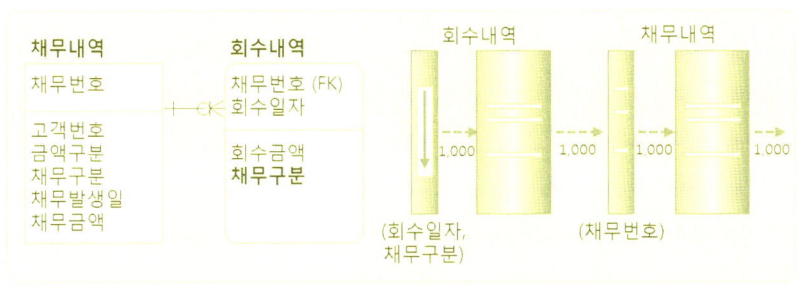

[그림 5-10-5] 회수내역에 채무구분 추가(중복 속성)

또 다른 경우는 본질 식별자 데이터 값이 변경되는 경우 인조 식별자를 설계하여 기본키로 정의할 수 있다. 고객에 대한 고객상태를 시점에 따라 이력으로 관리하는 업무가 있다. 최초 등록하는 데이터는 적용시작일자가 '2017-01-01'이고, 적용종료일자는 '9999-12-31'이다. 다음날 고객상태를 변경하면, 바로 이전 데이터 적용종료일자를 '2017-01-01'로 수정하고,

현재 이력의 적용종료일자는 '9999-12-31'이 된다.

고객번호	적용시작일자	적용종료일자	고객상태
1	2017-01-01	9999-12-31	정상

➡

고객번호	적용시작일자	적용종료일자	고객상태
1	2017-01-01	2017-01-01	정상
1	2017-01-02	9999-12-31	탈퇴

[그림 5-10-6] 고객상태 변경에 따른 적용종료일자 변경

이처럼 기본키(PK) 컬럼 데이터 값이 변경되는 경우를 피하기 위해 적용종료일자 컬럼 대신 상태일련번호 컬럼을 추가하여 기본키로 지정한다. 이력이 추가될 때마다 일련번호 값을 순차적으로 증가하고, 이전 이력의 적용종료일자(일반속성)를 수정한다. 처음에 적용종료일자로 설계한 이유가 성능을 높이기 위해 기본키 인덱스를 고객번호와 적용종료일자로 구성하려고 했을 것이다. 이러한 점을 고려하여 상태일련번호 컬럼을 기본키 컬럼으로 지정하고, 별도로 고객번호와 적용종료일자로 구성된 Unique 인덱스를 추가할 수 있다.

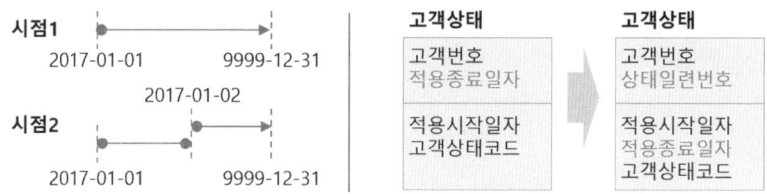

[그림 5-10-7] 데이터가 변경되는 경우 인조 식별자 활용

다양한 업무발생의 인조 식별자 활용

채권을 회수하는 방법은 채권이 발생하는 원인처럼 아주 다양하다. 채무자가 자발적으로 채무를 상환하는 경우도 있고, 경·공매 등을 통해 채무자의 재산을 강제로 매각하여 회수할 수도 있다.

예를 들어, 채무자가 100원을 상환하게 되면 회수 금액 100원을 채무자와 관련된 여러 개 채권에 일정한 비율로 배분한다. 채권1에 50원, 채권2에 30원, 채권3에 20원으로 회수금액을 배분한다.

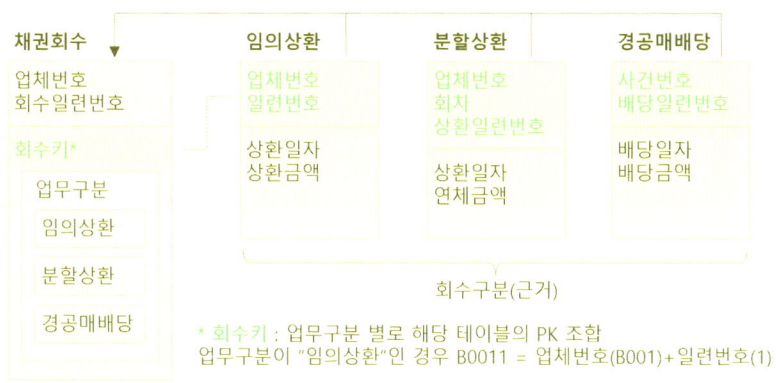

[그림 5-11-1] 채권회수 발생 업무 키 조합

채권회수 테이블의 회수키 값은 임의상환, 분할상환 등의 채권회수 업무가 발생한 테이블의 기본키(PK) 컬럼 값들을 조합하여 저장한다. 예를 들어, 임의상환 방식으로 채권을 회수하면 기본키인 업체번호(B001)와 일련번호(1)를 조합한 'B0011'를 채권회수 테이블에서 회수키로 가진다.

임의상환 테이블에서 채권회수 테이블 순으로 조인할 때는 별 문제가 없을 수도 있으나(회수키=업체번호||일련번호), 채권회수 테이블 통해 임의상환 데이터를 처리할 때는 회수키를 업체번호와 일련번호로 분리(업체번호=SUBSTR(회수키,1,4) AND 일련번호=SUBSTR(회수키,5))해야 조인 시 임의상환 PK 인덱스를 활용할 수 있다. 20여 가지나 되는 회수 발생 업무와 테이블 간의 관계를 표현할 방법이 없을뿐더러, 각각의 테이블과 조인하려면 회수키를 자릿수에 맞게 분리하여 코딩해야 한다.

채권회수 발생 업무 엔티티의 서로 다른 주 식별자를 인조식별자인 '회수번호' 속성으로 대체하여 문제를 해결할 수 있다. 두 집합 간의 관계를 명확하게 표현할 수 있을 뿐만 아니라 조인을 위해 번거로운 작업을 할 필요도 없다.

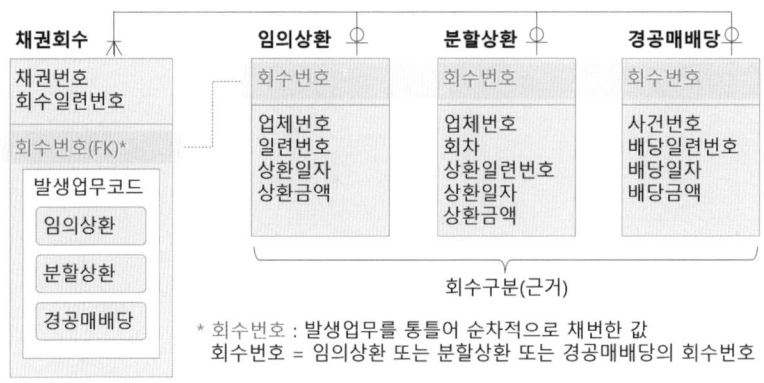

[그림 5-11-2] 인조 식별자를 주 식별자로 대체

이와 같이 인조 식별자(회수번호)를 생성하여 주 식별자로 관리할 경우 키 값을 생성하는 방법(채번)에 대해 고민해야 한다.

발생 업무 전체에 대해 회수번호를 채번 한다면 DBMS의 시퀀스 오브젝트를 생성하거나, 별도 채번 테이블을 만들어 할 수도 있고, 채권회수 테이블에서 MAX(회수번호) 값을 조회하여 채번할 수도 있다.

채권회수

채권번호	일련번호	회수번호	발생업무
1	1	1	임의상환
2	1	1	임의상환
1	2	2	분할상환
3	1	3	임의상환

임의상환

회수번호	상환금액
1	100
3	50

분할상환

회수번호	상환금액
2	200

[그림 5-11-3] 발생 업무 전체에서 채번

발생 업무별로 채번한다면 임의상환 등 해당 업무 테이블에서 MAX 값을 구할 수 있다. 이 경우 채권회수 테이블에 동일한 회수번호가 존재할 수 있으므로, 회수번호 대신 일련번호 컬럼을 추가하고 기본키로 지정해야 한다.

채권회수

채권번호	일련번호	회수번호	발생업무
1	1	1	임의상환
2	1	1	임의상환
1	2	1	분할상환
3	1	2	임의상환

임의상환

회수번호	상환금액
1	100
2	50

분할상환

회수번호	상환금액
1	200

[그림 5-11-4] 발생 업무별 채번

업무 흐름에 따른 설계

A 기관은 대국민을 대상으로 민원서비스를 제공하고 있으며, 업무처리는 "민원신청"➔"민원접수"➔"민원처리"➔"민원완료" 과정으로 나누어져 있다.

민원 접수된 건은 경우에 따라 2개 이상 부서에서 다른 민원(민원분류)으로 나누어 처리할 수 있다. 현재 데이터 구조는 민원신청, 접수, 처리 과정 등 업무 흐름에 따라 설계되어 있다.

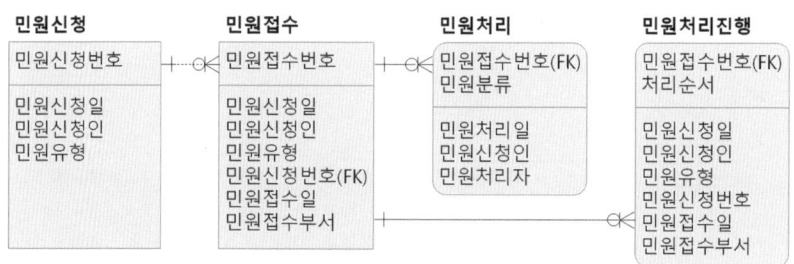

[그림 5-12-1] 업무 흐름에 따른 설계

민원신청 데이터는 업무처리가 진행될 때마다 민원신청, 민원접수, 민원처리, 민원처리진행 테이블에 중복해서 발생한다. 업무처리 흐름에 따라 설계된 경우 업무이관, 재이관 등 업무 프로세스가 복잡해지면 데이터 모델을 업무 흐름에 맞게 변경해야 한다. 업무 흐름에 따라 동일 정보를 중복 관리함으로써 데이터 정합성 문제가 발생할 수 있고, 데이터를 관리 하는 데 많은 노력이 필요하다.

민원신청		
신청번호	신청일	신청인
A1	1.1	유동오

민원처리				
접수번호	민원분류	신청일	신청인	신청번호
B1	C01	1.1	유동오	A1

민원접수			
접수번호	신청일	신청인	신청번호
B1	1.1	유동오	A1

민원처리진행				
접수번호	처리순서	신청일	신청인	처리상태
B1	1	1.1	유동오	접수
B1	2	1.1	유동오	처리

[그림 5-12-2] 업무 흐름별 중복 데이터 관리

이러한 문제는 민원신청, 접수, 처리 과정에 대한 업무처리 및 상태를 민원처리 엔티티로 통합하여 해결할 수 있다. 민원처리 엔티티에서 '민원신청', '민원접수', '민원처리중', '민원처리완료' 등의 업무흐름에 따른 처리 유형을 모두 포함하며, 민원상태 속성을 추가하여 처리상태를 관리할 수 있다.

통합된 형태는 업무흐름이 변경되어도 유연하게 대응할 수 있는 데이터 구조이며, 민원정보를 통합 관리함으로써 데이터 중복을 최소화하고 데이터 정합성을 유지할 수 있다.

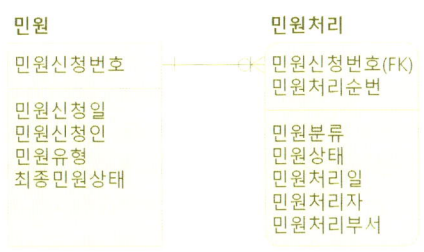

[그림 5-12-3] 민원처리 엔티티 통합 설계

예를 들어, 민원을 접수한 기관에서 민원을 처리하지 못할 경우 타 기관에 이첩하는 경우도 발생할 수 있는데, 이러한 업무흐름 변화에 충분히 대응할 수 있는 장점이 있다.

만약, 신청, 접수, 처리에 대한 내용을 같이 조회하는 경우가 많다면 민원 테이블에서 접수일, 접수부서, 처리일, 처리부서 정보를 중복해서 관리할 수 있다. 반대로 민원처리 테이블에서 민원신청 속성 일부를 추가할 수 있다.

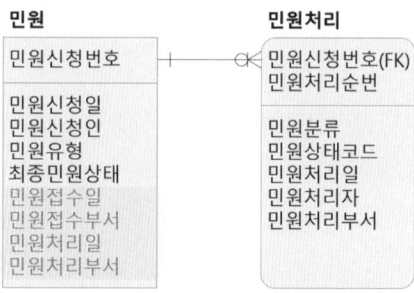

[그림 5-12-4] 컬럼 중복 관리

민원신청과 접수 주체가 다르므로 같이 보는 경우가 없다면 모르겠지만, 민원처리에서 민원 신청한 내용도 같이 보기 원한다면 민원신청 시 민원신청 데이터를 민원과 민원처리 테이블에 동시에 생성할 수 있다.

매년 소득공제 항목은 변경된다

'13월의 보너스'라고 하는 연말정산을 매년 하게 된다. 필자도 꽤 오랫동안 직장 생활을 한 것 같은데, 매년 신고할 때마다 작성하는 데 어려움을 겪고 있다. 1년에 한 번이므로 방법을 까먹어서 어려움을 겪는 경우도 있고, 소득공제 항목 등의 변경으로 작성 방법 자체가 변하는 경우도 있다. 근래에 피부로 느낀 소득공제 변경 내용은 당해 '출생입양'과 '6세이하' 자녀에 대한 추가공제였다.

A사 데이터 구조를 진단하면서 보니 연말정산 관련하여 '가족사항' 엔티티에서 소득공제 항목을 속성으로 추가하여 관리하고 있다. 출산장려를 위해 당해 출생이나 입양한 경우 세제혜택을 주기 위해 "출생입양"과 같은 소득공제 항목을 추가하면, 테이블에 해당 컬럼을 추가하여 반영해야 한다.

가족사항

사원번호 가족순번
가족관계 가족성명 소득공제(경로우대) 소득공제(장애인) 소득공제(6세이하)

사원 번호	가족 순번	가족 관계	가족성명	소득공제		
				경로우대	장애인	6세이하
A001	1	1	홍 OO	Y	N	N
A001	2	3	이 OO	N	N	N
A001	3	4	홍 OO	N	N	Y

[그림 5-13-1] 소득공제 항목 속성 표현

소득공제 항목이 비교적 자주 변경된다는 현실을 고려하면 좋은 데이터 모델은 아닐 것이다. 가족에 대한 소득공제 항목을 속성으로 관리할 게 아니라 '소득공제유형'을 정의하여 별도 엔티티로 분리한다면 업무 변경에 따른 데이터 구조 변경을 최소화할 수 있다.

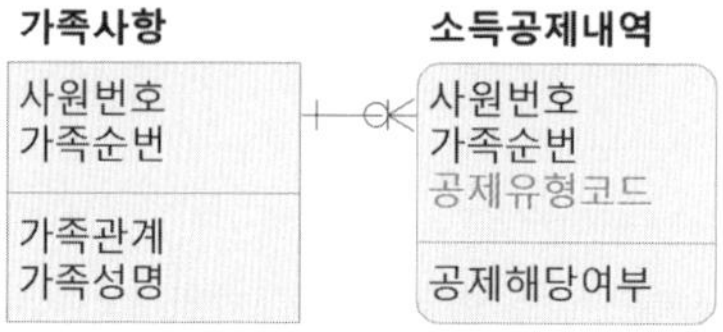

가족사항	소득공제내역	사원번호	가족순번	가족순번	공제유형	공제여부
사원번호 가족순번	사원번호 가족순번 공제유형코드	A001	3	3	6세이하	Y
가족관계 가족성명	공제해당여부			3	출생입양	Y

[그림 5-13-2] 소득공제 항목 분리

예를 들어, 자녀(가족관계:4)에 해당하는 가족순번 3은 당해 출생하였고, 6세이하자녀에 해당한다. 이러한 내용은 '소득공제내역'에서 공제유형코드 '6세이하', '출생입양' 데이터 2건이 생성된다. 정부에서 출산을 장려하기 위해 향후 자녀에 대한 소득공제 항목을 또 추가한다 해도 데이터 모델 변경 없이 일부 응용프로그램만 변경하여 해결할 수 있다. 경우에 따라서는 공제해당여부 대신 (여러 가지 조건을 계산하여 금액을 산정한 후) 공제금액을 관리하는 방법도 고려할 수 있다.

점 이력을 선분 이력으로

어떤 데이터가 시간이나 업무 흐름에 따라 내용이나 상태가 변할 때, 변경되는 정보를 효율적으로 관리하기 위해 이력 엔티티를 설계한다. 이력 엔티티는 모든 항목에 대한 이력을 관리하기 위해 원 엔티티와 거의 유사한 형태로 설계하거나, 일부 항목에 대한 변경이나 상태를 관리하기 위해 관련된 속성을 식별하여 설계한다. 이력 데이터는 특정 시점 데이터를 처리하거나, 변경 전후 비교를 통해 데이터가 어떻게 변경되었는지 추적하는 용도로 활용한다.

평생교육시설은 학원이나 교습소 등이 있고, 학교 형태의 시설도 있다. 교육부나 교육청의 평생교육시설 설립에 대한 인가 또는 등록을 통해 개원하고, 휴원이나 폐원을 한다.

평생교육시설	평생교육시설이력	시설번호	이력순번	변경일	등록상태	휴원시작일	휴원종료일
시설번호	시설번호(FK) 이력순번	0001	1	20170101	개원		
시설명 개원일 소재지주소 설립자명 연락처	변경일 등록상태 휴원시작일 휴원종료일	0001	2	20170601	자진휴원	20170601	20170630
		0001	3	20170701	재개원		
		0001	4	20170801	직권휴원	20170801	20170819
		0001	5	20170820	폐원		

[그림 5-14-1] 점 이력 데이터 모델

[그림 5-14-1]은 평생교육시설에 대한 상태이력으로 등록상태 이벤트 발생에 대해 '개원'과 '폐원'과 같은 특정 시점 상태는 '변경일' 속성으로 관리하고, '휴원'처럼 기간이 있는 상태는 '휴원시작일', '휴원종료일' 속

성을 두어 별도로 관리하고 있음을 알 수 있다. 업무적인 측면에서 보면 '휴원' 상태일 때 변경일과 휴원시작일 데이터가 같은 의미인지 일부 모호한 점을 빼면, 큰 문제는 없어 보인다. 기술적인 관점에서 보면 시점 또는 기간이 혼재되어 있어 SQL을 작성할 때 고민스러울 것이다. '2017-07-10' 현재 기준으로 최종 등록상태를 조회하려면, 발생일이 기준일보다 작거나 같은 데이터를 추출하여 그중 가장 최근에 발생한 데이터를 추출해야 한다. 또한, '2017-08-10'처럼 휴원 기간에 해당하는 경우 발생일 컬럼을 기준으로 추출할지, 휴원시작일과 휴원종료일 컬럼 기준으로 추출할지 불분명하다.

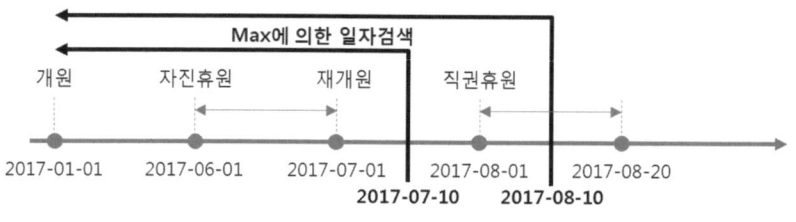

[그림 5-14-2] 점 이력 데이터 조회

이러한 문제를 해결하기 위해 단순 이벤트 발생 시점(개원, 폐원)만 관리하는 상태와 기간(휴원)을 가지는 상태를 구분하고, 개원과 휴원 등 등록상태가 서로 관련 있는지 확인해야 한다. '휴원' 상태일 때 발생일과 휴원시작일이 같은 정보를 관리하는지 파악하여 속성을 통합 하고, '개원'과 '폐원' 상태는 변경일 속성으로 관리하던 것을 변경시작일과 변경종료일 속성을 사용하여 기간으로 관리할 수 있다. 변경일, 휴원시작일, 휴원종료일 속성 대신 변경시작일, 변경종료일 속성으로 통일하면 데이터 발생 규칙이 단순하고 명확해진다.

평생교육시설	평생교육시설이력
시설번호	시설번호(FK) 이력순번
시설명 개원일 소재지주소 설립자명 연락처	등록상태 변경시작일 변경종료일

시설 번호	이력 순번	등록상태	변경시작일	변경종료일
0001	1	개원	20170101	20170531
0001	2	자진휴원	20170601	20170630
0001	3	재개원	20170701	20170731
0001	4	직권휴원	20170801	20170819
0001	5	폐원	20170820	99991231

[그림 5-14-3] 선분 이력 데이터 모델

점 이력을 선분 이력 형태로 변경하면 '2017-07-10' 현재 기준의 등록상태는 변경시작일과 변경종료일 사이에 있는 데이터를 조회하면 된다.

```
WHERE '20170710' BETWEEN 변경시작일 AND 변경종료일
```

참고로 조회 기준일 이전에 발생한 데이터보다 이후에 발생한 데이터가 더 적으므로 변경시작일보다 변경종료일 컬럼을 먼저 처리하는 것이 유리하다. 인덱스를 시설번호, 변경종료일, 변경시작일 컬럼으로 구성한다.

[그림 5-14-4] 선분 이력 데이터 조회

이처럼 연속된 구간을 만들어 이력(선분이력)을 관리하려면 업무적인 특성을 먼저 면밀히 파악하여 설계해야 한다. 예를 들어, 하루에 '개원'과 '휴원' 상태가 동시에 발생할 수 있는지, 실제 재개원은 '2017-07-01'인데 데이터를 한참 후에 등록하는 일이 발생할 수 있는지, 등록상태와 같은 업무처리 상태가 서로 배타적인지 종속적이거나 중복되는 이벤트는 없는지

등을 파악해야 한다.

실제 업무처리 상태가 혼재되어 있어 어려움을 겪었던 사례를 살펴보자. 정부에서 연구기관에 연구비를 지원하기 위해 과제접수-평가-협약-사업비지급-보고서제출-사업비정산-과제종료 등의 과정을 거치게 된다.

[그림 5-14-5] 업무 진행상태 이력

대부분의 업무처리는 업무 간의 선후관계가 있어 특정 업무가 끝나야 진행할 수 있으나, 일부 업무는 명확하지 않은 경우도 있다. 예를 들어, '사업비지급' 상태는 '협약' 상태 이후에 가능하나 반드시 '협약' 바로 다음이 아니라 '보고서제출' 이후에 발생하기도 한다.

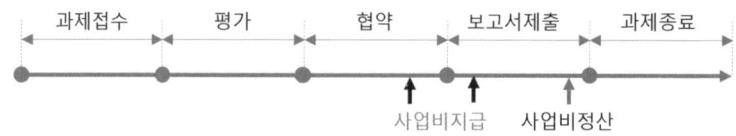

[그림 5-14-6] 이질적인 업무처리 상태

사업비 지급과 정산을 다른 업무상태와 같이 선분이력으로 관리하면 이전 이력 데이터와 중복되는 문제가 발생할 수 있다. 경우에 따라서는 이력을 만들지 못하는 경우도 발생한다. 협약이 '2019-01-15'에 발생하고, 보고서제출이 '2019-03-10'에 발생하여 '2019-01-15~2019-03-09'와

'2019-03-10~9999-12-31'로 이력 데이터를 생성하였다. 저녁에 회계 부서에서 사업비지급 데이터를 '2019-03-10'으로 등록한다면 이력 데이터는 어떻게 생성될까?

과제번호	일련번호	업무분류	적용 시작일자	적용 종료일자
S1	4	보고서제출	20190310	99991231

과제번호	일련번호	업무분류	적용 시작일자	적용 종료일자
S1	4	보고서제출	20190310	20190309
S1	5	사업비지급	20190310	99991231

[그림 5-14-7] 이력 데이터 생성

일반적인 규칙을 적용하면 이전 이력(보고서제출)의 종료일을 현재 업무처리일(2019-03-10)의 전날로 바꾸게 되므로, 보고서제출 이력이 '2019-03-10~2019-03-09'로 종료일자가 시작일자보다 빠른 날짜가 되어 잘못된 데이터가 만들어 진다. 다른 방법으로는 종료일자를 전날이 아닌 당일로 수정하면 된다. 하지만 적용시작일자가 같은 이력이 생성되는 것을 막을 수는 없다.

두 가지 다른 업무처리를 같은 이력으로 관리함으로써 발생하는 문제이므로, 본질적인 해결방법은 업무처리 특성에 맞게 업무상태를 재조정하고, 같은 그룹의 업무끼리 이력 데이터가 만들어지도록 이력을 분리해야 한다.

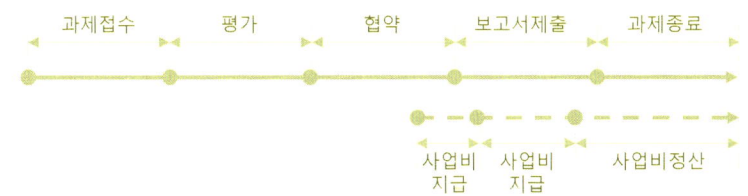

[그림 5-14-8] 다른 업무처리 상태 분리

관계가 없을까? (이력관리)

하도급계약 엔티티는 협력회사와 체결한 하도급 계약을 관리하고, 하도급계약내역은 하도급 계약에 대해 예산 항목별 상세 내역을 관리한다. 업무를 조금 안다면 두 엔티티가 마스터/디테일 관계임을 금방 알 수 있다. 현재 ERD 상에서 둘 간의 관계는 표현되지 않았다. 다만 컬럼을 한참 들여다 보면 하도급계약내역의 예산변경차수가 하도급계약에서도 관리되고 있으며, 어떤 관계가 있음을 알 수 있다.

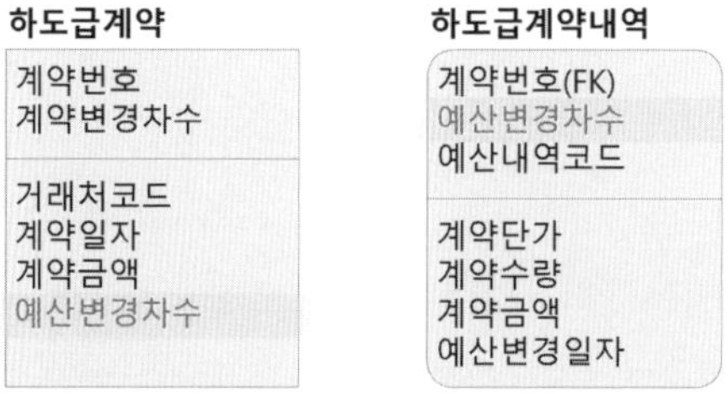

```
하도급계약                하도급계약내역
계약번호                  계약번호(FK)
계약변경차수              예산변경차수
                          예산내역코드
거래처코드
계약일자                  계약단가
계약금액                  계약수량
예산변경차수              계약금액
                          예산변경일자
```

[그림 5-15-1] 하도급계약과 계약내역

하도급계약 변경에 해당하는 계약내역을 찾기 위해 계약번호 컬럼 외에 두 테이블을 연결하는 컬럼이 필요하다. 계약내역에서 계약변경차수를 가지고 있거나 계약에서 예산변경차수를 가지고 있어야 한다.

계약번호 '1001'은 2018년 2월 1일에 최초 계약 후 2월10일 1차 변경, 2월20일 2차 변경되었다. 예산내역은 최초계약 후 2차 계약변경(2월20일) 전까지 유지되었다가, 2차 계약변경과 함께 예산내역도 변경되었다.

하도급계약

계약 번호	계약 변경차수	계약일자	계약 금액	예산 변경차수
1001	0	20180201	200	0
1001	1	20180210	200	0
1001	2	20180220	210	1

하도급계약내역

계약 번호	예산 변경차수	예산 내역코드	계약 금액	예산 변경일자
1001	0	철근	110	20180201
1001	0	시멘트	90	20180201
1001	1	철근	110	20180220
1001	1	시멘트	100	20180220

[그림 5-15-2] 하도급계약과 계약내역 데이터

계약이 두 번 변경될 동안 예산 내역은 한 번 변경되었고, 예산내역이 변경될 때만 하도급계약내역에 데이터를 생성한다. 하도급계약 엔티티에서 예산변경차수를 가지고 있어서, 계약변경에 대한 예산내역을 찾아갈 수 있는 구조이다. 하지만 두 엔티티에서 변경 데이터를 포함하다 보니 두 엔티티 간의 관계선을 그릴 수는 없는 상황이 된 것이다. 그럼 원래 엔티티는 어떤 모습이었을까? 엔티티에서 변경 이력 부분을 분리해 보자.

[그림 5-15-3] 계약 변경 분리된 형태

기본적으로는 하도급계약과 상세 계약내역을 관리하는 하도급계약내역 엔티티로 구성되어 있다. 계약에 대한 변경과 계약 변경에 따른 계약내역 변경을 추가로 관리하기 위해 하도급계약변경과 하도급계약내역변경 엔티티를 추가했다. 마스터/디테일 관계에 이력이 추가된 형태이며, 이해하기 어려운 구조는 아닐 것이다.

업무적으로 계약변경과 무관하게 예산내역 변경이 발생할 수 있다면 계약변경 대신 계약에 대한 이력 관계로 보는 것이 더 적절하다.

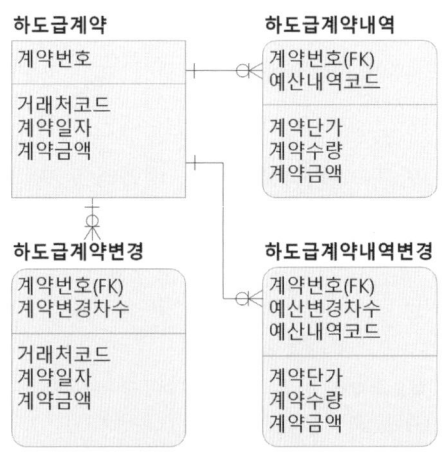

[그림 5-15-4] 계약 변경과 무관하게 계약내역 변경

또한, 업무적으로 계약내역변경이 단순한 정보변경인지 의미 있는 데이터로 관리해야 하는지 확인해야 한다. 단순 정보변경이라면 변경된 모든 정보를 관리할 것인지, 계약 변경에 대해 최종 계약내역 변경 데이터만 관리할 것인지 확인해야 한다.

이 업무의 경우 계약변경이 발생할 때 계약내역이 변경되며, 계약내역만 변경되는 경우는 아니다. 그럼 왜 원래 엔티티를 생략하고 이력만 표현하여 관계를 파악하기 어렵게 데이터 모델을 설계했을까? 아마 계약변경차수를 0으로 하면 계약 데이터를 의미하므로 이력 엔티티만 설계해도 무방하고, 계약이 변경될 때마다 계약내역 데이터를 쌓는 것이 부담되어 예산내역 차수 컬럼을 추가하여 예산내역이 변경될 때만 데이터를 쌓도록 하지 않았을까? 계약 1건에 대해 계약내역이 평균 150건 발생하고 있고, 계약내역이 변경되지 않았는데 계약이 변경되었다고 해서 데이터를 쌓는다면 불필요한 데이터가 쌓일 것으로 판단하였을 것이다.

아래 그림과 같이 계약변경과 계약내역변경을 1:M 관계로 설계하고, 계약내역이 변경될 때만 데이터를 생성하는 경우를 살펴보자.

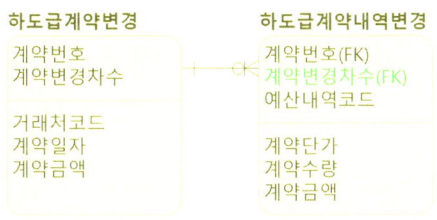

[그림 5-15-5] 계약변경과 계약내역 관계

계약변경차수가 1일 때 계약내역이 변경되지 않아 계약내역변경에 데이터를 생성하지 않았다.

계약변경

계약번호	계약변경차수	계약일자	계약금액
1001	0	20180201	200
1001	1	20180210	200
1001	2	20180220	210

계약내역변경

계약번호	계약변경차수	예산내역코드	계약금액
1001	0	철근	110
1001	0	시멘트	90
1001	2	철근	110
1001	2	시멘트	100

[그림 5-15-6] 계약내역이 변경되지 않았을 때 데이터 미발생

계약변경차수에 해당하는 계약내역을 조회하려면 계약내역변경 테이블을 두 번 처리해야 하고, SQL 을 작성하기 어렵다.

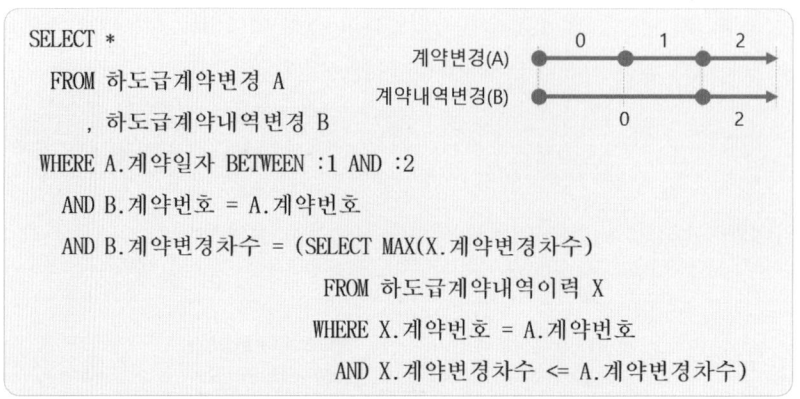

[그림 5-15-7] 이전 계약 차수에 해당하는 데이터 조회

계약변경차수에 해당하는 데이터가 계약내역변경에 모두 존재하도록 계약 변경 시 예산내역 변경과 상관없이 무조건 계약내역 데이터를 생성하는 방법을 살펴보자.

계약변경

계약번호	계약변경차수	계약일자	계약금액
1001	0	20180201	200
1001	1	20180210	200
1001	2	20180220	210

계약내역변경

계약번호	계약변경차수	예산내역코드	계약금액	
1001	0	철근	110	
1001	0	시멘트	90	
1001	1	철근	110	0 차수와 동일하게 생성
1001	1	시멘트	90	
1001	2	철근	110	
1001	2	시멘트	100	

[그림 5-15-8] 계약변경 시 계약내역 데이터 생성

계약변경차수에 해당하는 데이터가 계약내역변경에 존재하므로 SQL이

간단하다. 이력 데이터를 분석한 결과 계약에 대해 계약변경은 보통 1~2회 발생하고, 계약내역에 대한 변경 또한 비슷하여 데이터를 적재하는 데 큰 부담도 없다.

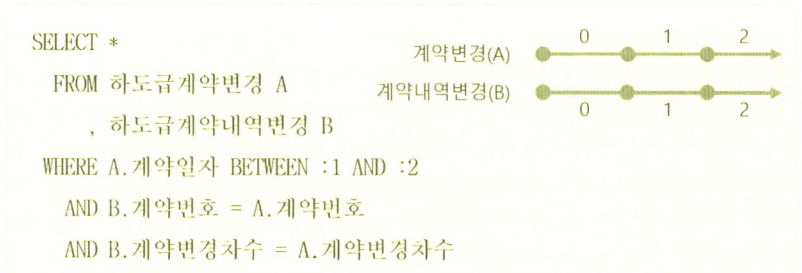

[그림 5-15-9] 동일 계약 차수에 해당하는 데이터 조회

계약변경이 아주 빈번하고 계약내역 변경이 자주 일어나지 않는다면 계약내역이 변경될 때만 데이터를 쌓는 방식이 유리해 보인다. [그림 5-15-1]처럼 예산변경차수를 계약변경에서 관리하는 방법 대신 아래 그림처럼 계약내역변경 엔티티에서 계약변경시작차수와 계약변경종료차수 속성을 관리하는 방법도 있다.

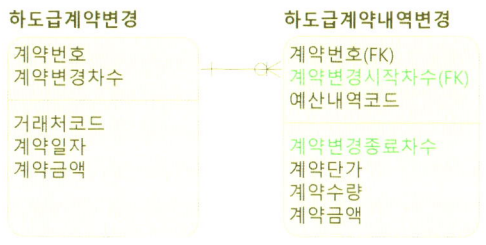

[그림 5-15-10] 계약내역변경을 구간으로 관리

계약내역이 변경될 때만 데이터를 쌓으면서, 관계를 직관적으로 파악할

수 있는 장점이 있다.

계약변경

계약번호	계약변경차수	계약일자	계약금액
1001	0	20180201	200
1001	1	20180210	200
1001	2	20180220	210

계약내역변경

계약번호	계약변경시작차수	예산내역코드	계약금액	계약변경종료차수
1001	0	철근	110	1
1001	0	시멘트	90	1
1001	2	철근	110	99
1001	2	시멘트	100	99

[그림 5-15-11] 계약내역변경 구간 데이터 관리

SQL에서 계약변경차수와 계약변경시작차수, 계약변경종료차수를 BETWEEN 조인하여 데이터를 추출할 수 있다.

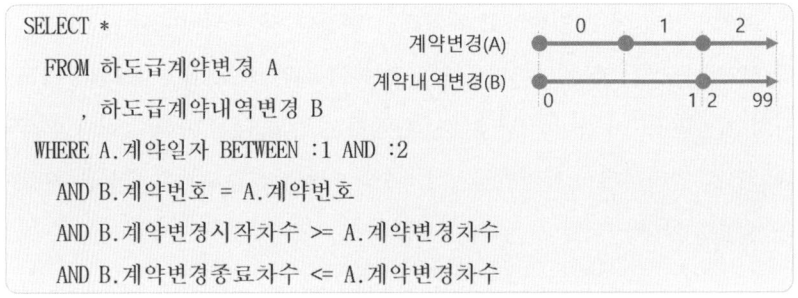

[그림 5-15-12] 계약변경차수와 BETWEEN 조인

일반 엔티티와 이력 엔티티를 통합해야 하는 경우를 살펴보자. 과제는 과제, 과제연차, 참여기관, 참여구성원, 과제비목, 사업비구성 정보로 구성된다. 마치 시스템 구축 사업에서 분석, 설계단계를 구분하고, 업체와 투입인력, 사업비를 관리하는 것과 유사하다.

모든 정보는 과제 업무를 진행하는 과정에서 변경될 수 있다. 과제에 대한 평가 업무를 진행하면서 사업기간이나 사업비 등을 조정한다.

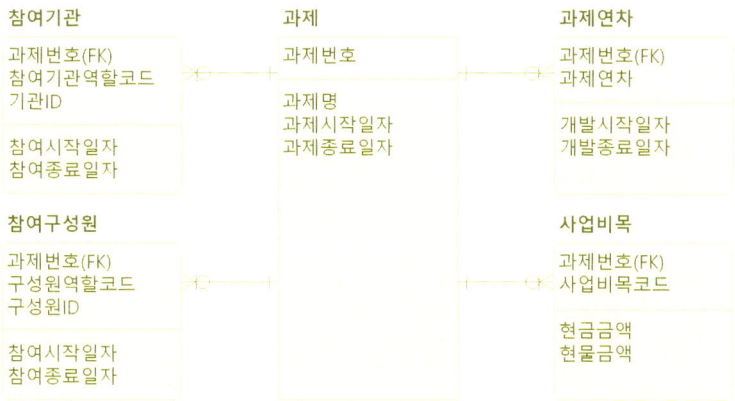

[그림 5-15-13] 과제 관련 엔티티

일반 엔티티와 이력 엔티티를 통합하지 않고 설계하면, 관리해야 할 엔티티가 너무 많고, 데이터 변경 시 일반 엔티티와 이력 엔티티 모두 변경사항을 반영해야 한다.

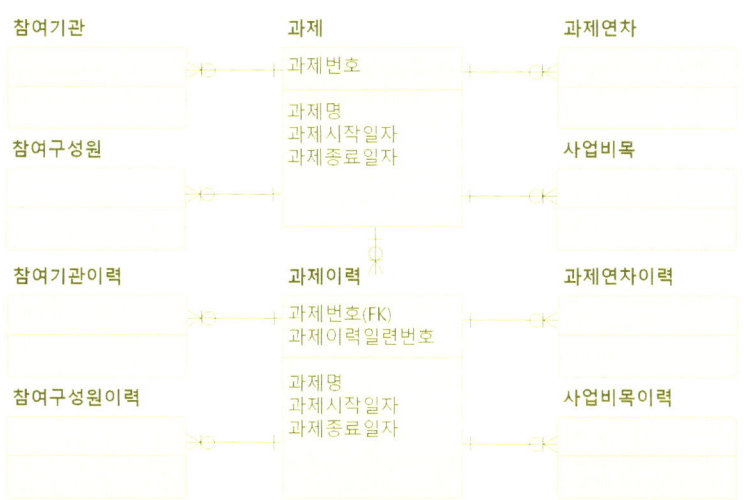

[그림 5-15-14] 이력 엔티티 추가

관리나 데이터 처리 측면에서 이력 정보를 포함하여 엔티티를 설계하고, 최종 데이터와 특정 시점 데이터를 쉽게 처리할 수 있도록 적용시작일자와 적용종료일자 속성 등을 추가할 수 있다. 엔티티 간의 관계를 유지할 수 있도록 식별자 설계에 조금 더 신경 쓰도록 하자.

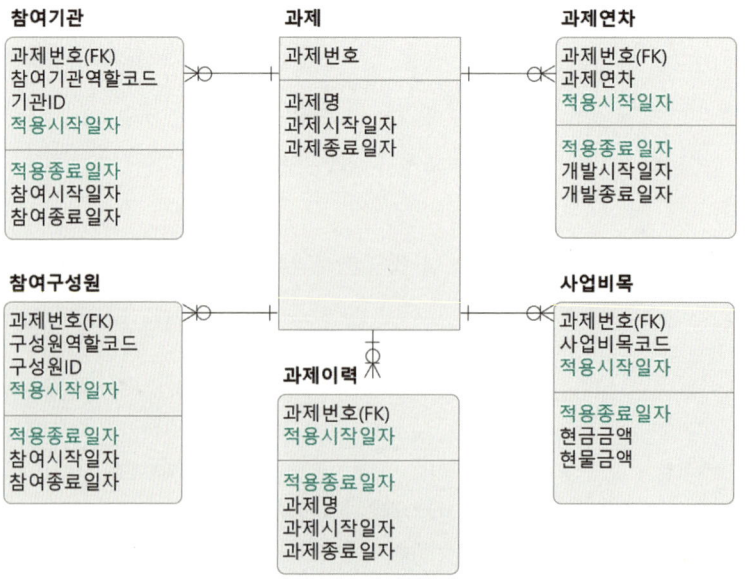

[그림 5-15-15] 이력 엔티티 통합

심리검사 종류별 데이터 관리

청소년 등을 대상으로 심리검사를 통해 흥미 있는 분야를 찾거나 진로를 정하는 데 도움을 주는 업무이다. 대략 20여 가지 심리검사 종류가 있고, 심리검사별로 문항 수가 다르며, 검사는 20분~60분 정도 소요된다. 심리검사 종류 및 항목에 대해서는 데이터로 관리하지 않고, 심리검사 종류별로 테이블을 구성하여 심리검사 결과만 데이터로 관리하고 있다.

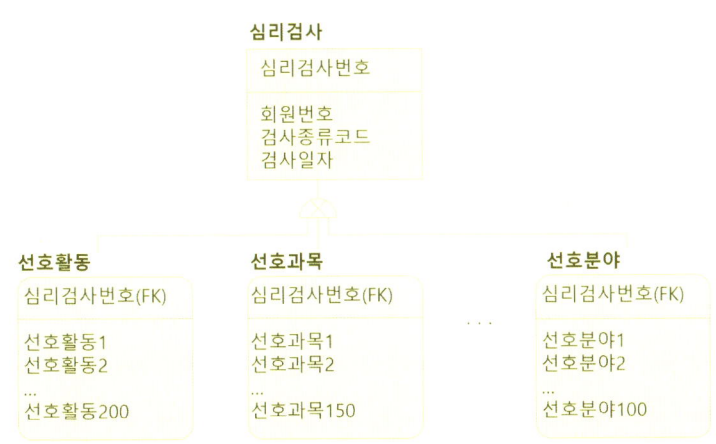

[그림 5-16-1] 심리검사 종류별로 검사결과 관리

새로운 심리검사를 추가하여 웹에서 서비스를 제공하려면 테이블을 생성하고, 응용프로그램을 새로 작성해야 한다. 기존 심리검사에 검사항목이 추가되는 경우도 컬럼을 추가하고, 응용프로그램을 변경해야 한다.

만약, 심리검사 종류와 개별 심리검사에 대한 항목을 데이터로 관리하고, 심리검사 결과를 심리검사 종류별로 만들 게 아니라 검사항목과 검사항목에 대한 응답내용을 관리하는 형태로 데이터 모델을 설계할 수 있다.

심리검사 종류를 추가하거나 항목을 변경해야 할 때, 응용프로그램을 수정할 필요가 없으며, 테이블을 변경할 필요 없이 데이터만 반영하면 된다. 무엇보다 업무 변경에 적극적으로 대응할 수 있으며, 새로운 서비스를 바로 제공할 수 있다.

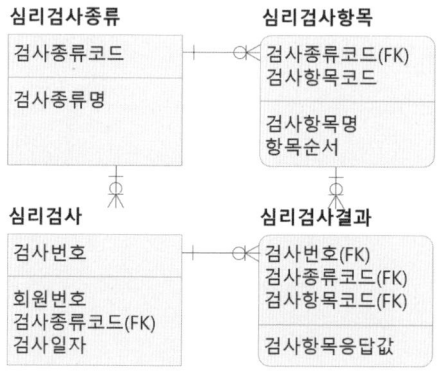

[그림 5-16-2] 심리검사 종류 및 항목 코드화

심리검사종류 엔티티에서 20여 가지 심리검사 종류를 정의하고, 심리검사항목은 각각의 검사별로 검사항목코드와 화면에 표시되는 순서 등을 정의한다. 심리검사종류와 심리검사항목 데이터를 바탕으로 웹 화면에서 심리검사 문항을 5점 척도로 표시할 수 있다. 심리검사를 하는 사람이 문항에 대한 결과를 입력하면 심리검사결과 엔티티에서 검사항목코드별로 검사결과 값으로 1~5점을 관리한다.

심리검사종류

검사종류코드	검사종류명
C01	선호활동
C02	선호과목
C10	선호분야

심리검사항목

검사종류코드	검사항목코드	검사항목명	항목순서
C10	I001	다른 사람과 대화하는 걸 좋아한다.	1
C10	I002	정해진 시간에 일하는 걸 좋아한다.	2
C10	I003	남을 지원하는 것을 좋아한다.	3

심리검사

검사번호	회원번호	검사종류코드	검사일자
1	P001	C10	2017-01-01
2	P002	C01	2017-01-01
3	P001	C01	2017-01-02

심리검사결과

검사번호	검사종류코드	검사항목코드	응답값(5점척도)
1	C10	I001	5
1	C10	I002	5
1	C10	I003	2

[그림 5-16-3] 심리검사종류 및 심리검사결과 데이터 예시

다음 사례는 위의 심리검사보다 조금 더 복잡한 형태이다. 정부에서 연구비를 지원한 과제에 대해 연구기관이나 기업을 대상으로 설문을 통해 연구 성과를 평가하는 데이터 모델이다. 사업 유형에 따라 설문지와 설문항목, 설문항목에 대한 답안유형을 메타 데이터로 구성하여, 자동으로 웹에서 설문 문항과 답안 형태 등을 제공한다.

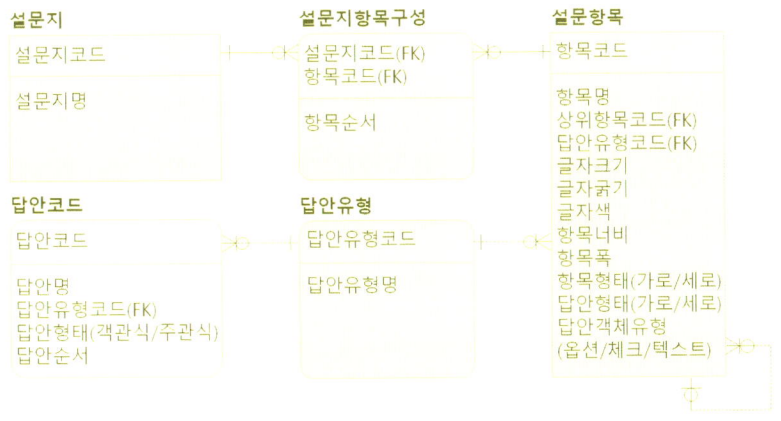

[그림 5-16-4] 설문항목 및 답안유형 데이터 모델

설문항목 엔티티는 설문 항목 내용과 글자 크기, 주관식 등 답안유형과 답안을 가로 형태로 표시할 것인지 등을 정의하여 웹 화면에서 설문을 구성할 수 있도록 한다. 답안유형은 주관식, 5점척도, 나열형 등으로 구성하며, 설문항목과 매핑하여 사용한다. 답안코드 데이터를 이용하여 설문항목의 답안유형에 해당하는 답안들을 설문항목의 항목형태(가로/세로)에 맞게 웹 화면에 표시한다.

---

1. 귀 기관이 수행한 과제는 다음 중 어느 유형에 해당합니까?
   ☐ 제품개선   ☐ 신제품개발   ☐ 신공정적용
2. 과제 수행을 통해 어느 정도 성과를 달성했는지 자유롭게 기술해 주십시요.
   (   )

설문항목

항목코드	항목명	답안유형	글자크기	답안형태	답안객체
001	귀 기관이 수행한 과제는 ~	AC03	12	가로	체크
002	과제 수행을 통해 어느 정도 ~	AC01	12	가로	텍스트

답안유형

답안유형	답안유형명
AC01	주관식
AC02	5점 척도
AC03	기술개발유형(나열형)

답안코드

답안코드	답안명	답안유형	답안순서
A001	제품개선	AC03	1
A002	신제품개발	AC03	2
A003	신공정적용	AC03	3

[그림 5-16-5] 설문 화면 및 데이터

문자열 데이터 분리(수직분할)

　대부분 시스템에서 게시판, FAQ, 자료실 테이블을 관리한다. 데이터 성격만 조금 다를 뿐 일반적으로 게시판은 게시물번호, 제목, 내용, 게시자 ID, 게시일시, 조회횟수 등으로 구성되어 있다.

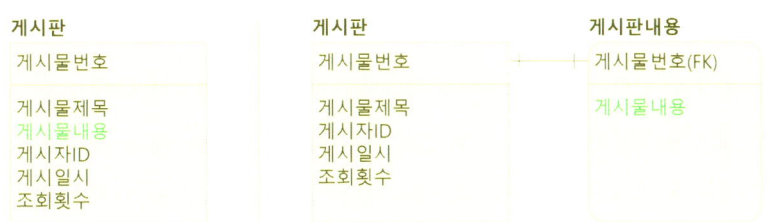

[그림 5-17-1] 게시판 데이터 구조

　게시판 테이블에서 내용 컬럼을 같이 관리하거나 내용 컬럼을 별도 테이블로 분리하여 설계한다. 아마 성능을 고려하여 컬럼을 분리했거나, 다른 시스템을 참고하여 그대로 설계하면서 분리했을 수도 있다. 오라클 등 업무 처리용 DBMS는 데이터를 저장할 때 레코드 단위로 저장하고, 데이터를 조회할 때 테이블에 속한 모든 컬럼 데이터를 같이 처리한다. SQL에서 사용되지 않는 컬럼 데이터도 테이블을 처리할 때 같이 처리되는 것이다.

　게시판 화면은 게시물 목록을 조회하는 화면과 게시물 목록에서 특정 게시물을 선택했을 때 게시물에 대한 상세 내용을 조회하는 화면으로 구성되어 있다. 게시물 목록을 조회할 때 내용 데이터는 필요하지 않으나, 게시물 테이블에 내용 컬럼이 포함된 경우 내용 데이터를 같이 읽어 처리한다. 보통 게시물 전체 데이터에서 내용 데이터가 50%이상을 차지한다.

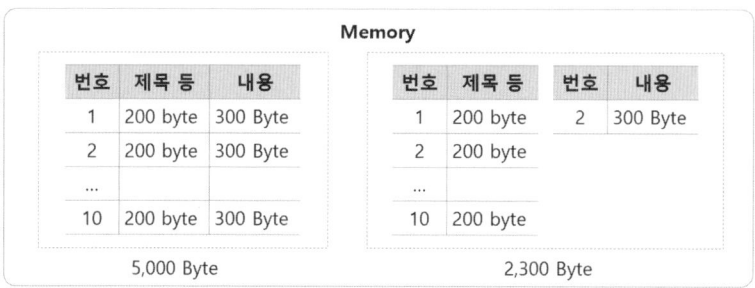

[그림 5-17-2] 수직분할 데이터 처리량

이와 비슷한 데이터 모델을 하나 더 살펴보자. 경비 또는 사업비 지출을 위해 회계부서에 사전 승인을 득해야 한다. 지출품의 테이블은 품의 업무와 관련된 테이블이며, 데이터를 도메인 유형으로 구분해 보면 번호, ID, 코드, 수치값(금액 등), 날짜, 문자열 데이터로 구성되어 있다.

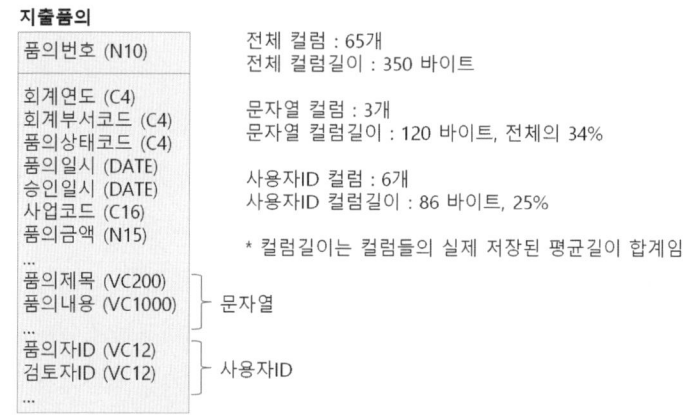

[그림 5-17-3] 문자열 데이터가 포함된 테이블

다양한 지출유형 정보를 통합하여 관리하는 테이블이며, 65개 컬럼으로 구성되어 있다. 레코드 당 평균 350바이트를 차지하고 있으며, 문자열 컬럼 3개가 120 바이트를 차지한다. 이는 전체 대비 34%에 해당한다. 다량 데이터를 처리하는 업무 특성을 고려하여 문자열 컬럼을 별도 테이블로 1:1 분리하면, 게시물내용 컬럼을 분리한 것과 같은 이유로 조회 성능이 향상될 것이다.

문자열 컬럼은 아니지만, 공간을 많이 차지하는 속성을 하나 더 살펴보자. 품의자ID 등 결재자 정보와 관련된 속성이 6개나 되며 전체 공간의 25%를 차지하고 있다. 품의자 등 결재와 관련된 정보를 컬럼으로 나열하여 설계한 경우 조회 조건이 다양하거나 OR 조건으로 데이터를 조회할 때 성능 문제가 발생할 수 있다.

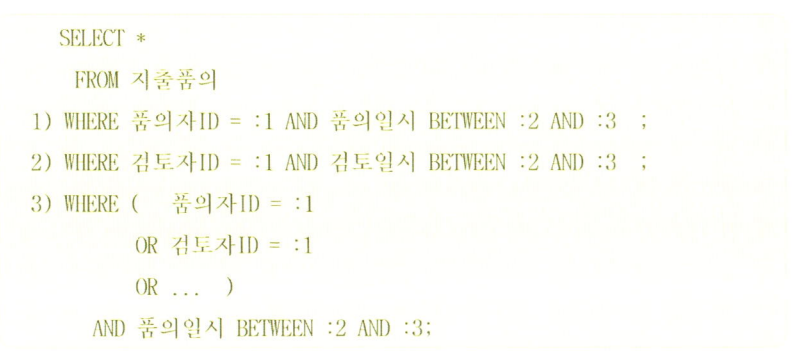

[그림 5-17-4] 다양한 조회 조건 또는 OR 조건

특정 품의자 또는 검토자 등으로 조회 조건이 다양하다면 조건에 해당하는 데이터를 조회하기 위해 6개 컬럼 각각에 대해 인덱스를 만들어야 한다. 특정 사용자는 품의자 일 수도 있고, 검토자 일 수도 있다.

특정인과 관련된 데이터를 모두 조회하려면 품의자 등 6개 컬럼 모두를 OR 조건으로 체크해야 하므로 SQL이 복잡해 지고, 인덱스를 제대로 사용하지 못하는 경우도 발생할 수 있다. 이런 문제를 해결하기 위해 품의자, 검토자 등 결재자 관련 컬럼을 별도 테이블로 분리하는 것을 고려해야 한다.

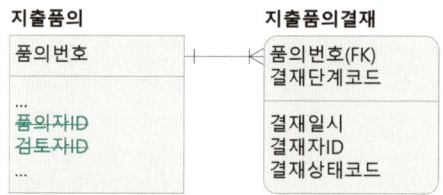

[그림 5-17-5] 다양한 조회 조건 또는 OR 조건

테이블을 수직분할 했으나 오히려 액세스양이 증가한 사례도 있다. 60여개 컬럼으로 구성된 회원 테이블을 회원기본과 회원부가 테이블로 수직분할 하였다.

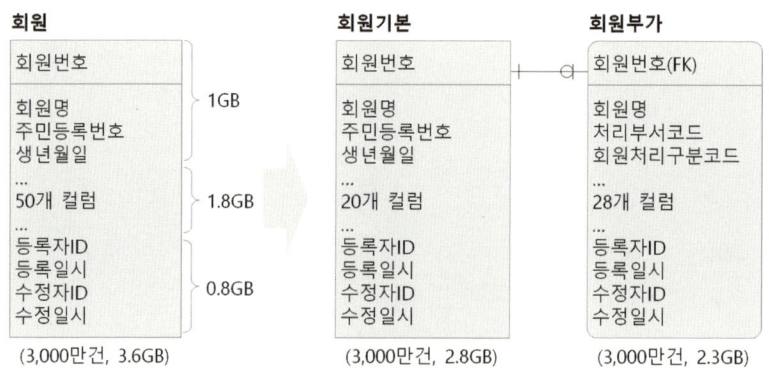

[그림 5-17-6] 회원 테이블 수직분할

SQL에서 회원기본 테이블만 처리할 경우 기존 회원 테이블을 처리할 때보다 액세스양을 22% 줄일 수 있다(2.8GB/3.6GB). 회원부가만 처리할 수 있다면 액세스양을 36%나 줄일 수 있다.

그러나 실제 사용된 SQL을 보면 회원기본과 회원부가 테이블을 조인하는 경우가 대부분이었다. 두 테이블을 모두 처리하면 오히려 수직분할 전보다 액세스양이 42%(= (2.8GB + 2.3GB − 3.6GB)/3.6GB) 증가한다. 다른 테이블을 경유하여 회원 관련 테이블을 액세스할 경우 데이터가 모여 있을 확률이 낮은 편(클러스터링 팩터 효과 나쁨)이며, 조인으로 인한 부하가 다른 테이블에 비해 큰 편이다. 테이블을 수직분할할 때는 SQL에서 같이 사용하는 컬럼들(친밀도)을 파악하여 컬럼을 정확히 분리하거나, 양쪽에서 사용하는 컬럼은 중복해서 설계해야 한다.

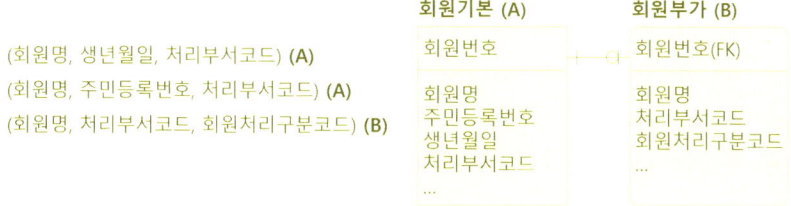

[그림 5-17-7] 자주 같이 사용되는 컬럼 분리

두 테이블을 처리한다면 얻는 것보다 잃는 게 더 많다. 테이블을 수직분할 하지 않고, 인덱스를 추가하여 액세스를 줄이는 방법도 있다.

회원 테이블에 대해 자주 사용하는 10개 정도 컬럼으로 구성된 인덱스(회원번호, 회원명 등)를 만들면 대부분의 조회 SQL에서 회원 테이블을 액세스 하지 않고 인덱스만 처리할 수 있어 랜덤 액세스양을 크게 줄일 수 있다. 인덱스만 추가한 것이기 때문에 SQL문이 단순해져 개발 생산성도 향상된다. 저장공간은 1.5GB정도 차지하고, 회원을 등록할 때 인덱스 생성 비용이 조금 증가한다. 회원은 주문처럼 매일 많은 데이터가 발생하는 편이 아니므로 크게 문제되지 않는다.

논리 모델이 제공된다면?

공공 시스템 구축 사업을 중심으로 기획 사업과 구축 사업을 분리하여 발주하는 방식이 정착단계에 이른 것 같다. 기획 사업은 전통적인 정보전략계획(Information Strategy Planning, ISP)을 수립하는 수준을 넘어 요구사항을 정의하고, 구축 사업 비용을 산정 등 범위를 확대하고 있다. 여기서 더 나아가 논리 모델링과 같은 설계 영역 일부까지 진행하는 일도 많아졌다. 기획 사업 산출물 품질을 떠나 주어진 자료를 구축 사업에 어떻게 활용할지 판단해야 한다.

모 공공기관의 구축사업에 투입되었을 때 이전 사업에서 정보전략계획(ISP)을 수립한 상태였다. 사업 산출물인 표준데이터사전, 개념 모델, 논리 모델 자료를 제공받아 본 구축 사업에서 자료를 활용할 수 있었다. 처음 가졌던 선입견과 달리 제공된 산출물의 품질은 좋은 편이었고, 활용할 부분이 많아 업무에 많은 도움이 되었다. 우리가 맡았던 역할은 데이터 표준, 모델링, 이행, DB튜닝이었는데, 데이터관리체계는 ISP 에서 만든 데이터 관리 정책을 준용하고, 표준은 일부 도메인을 수정하여 적용하였다. 데이터모델은 일반적인 데이터모델링 방법을 적용하기보다는 ISP 개념 및 논리 모델을 최대한 활용하면서 보완하기로 했다.

먼저 ISP 자료와 요구사항 분석을 통해 데이터모델에 대한 Gap을 분석하고, 엔티티 정의를 충실하게 하면서 관계를 검증하는 방향으로 진행했다. 속성은 표준 준수여부를 한번 더 확인하고, 업무 요건에 필요한 속성을 추가하면서, 불필요한 속성을 정리했다.

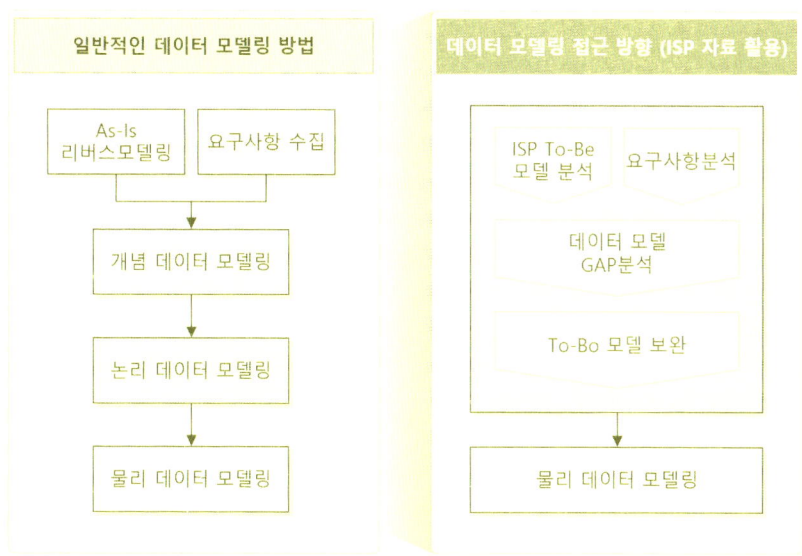

[그림 5-18-1] ISP 자료를 활용한 데이터모델링 접근 방향

　예를 들어, 사업장의 경우 사업장 개념이 명확하지 않았다. 개인사업자의 경우 주민등록번호를, 법인사업자의 경우 사업자등록번호와 법인등록번호를 관리하는 수준이었다. 사업장 개념을 명확히 하기 위해 사업자와 사업장의 개념을 구분하여 정의했다. 개인은 사업자등록번호 단위로 사업장을 관리하고, 법인 사업장은 사업자등록번호를 기본으로 하되, 건설업은 원청 사업자 단위로 묶어서 관리하고, 하청 업체와의 관계를 추가로 관리하였다. 어업인 경우 어선번호를 기준으로 사업장번호를 부여하였다.

　물리 설계는 업무 담당자 인터뷰를 통해 현행 시스템의 성능 문제를 중심으로 일부 반정규화를 수행했다. PK, FK 등 기본적인 인덱스를 우선 설계하고, 튜닝단계에서 상세 인덱스 및 파티션을 설계하기로 했다.

[그림 5-18-2] 사업장 정의 상세화

특히, 핵심 업무는 데이터 증가가 빠르고 성능 문제에 예민하다. 핵심 업무 관련 테이블을 중심으로 데이터 액세스 유형을 조사하고, 과거 SQL을 수집·분석하여 인덱스 설계를 면밀히 진행하는 등 튜닝 관점의 물리 설계 역량에 집중했다.

엔티티 정의가 명확한가?

엔티티명을 부여하거나 엔티티를 정의할 때 다른 엔티티와 명확하게 구분할 수 있도록 해야 한다. 엔티티 정의와 관리 목적 등을 명확하고 분명하게 기술한다.

아래 데이터모델을 보면 입찰에 여러 업체가 참여하고, 그 중 낙찰된 업체를 별도로 관리하는 것으로 보인다. 엔티티 간의 관계와 엔티티명으로 얼핏 판단했을 때, 입찰 업체 중에 낙찰 업체가 선정되므로 낙찰업체는 입찰공고와 관계를 가질 것이 아니라 입찰업체와 관계가 있어 보인다.

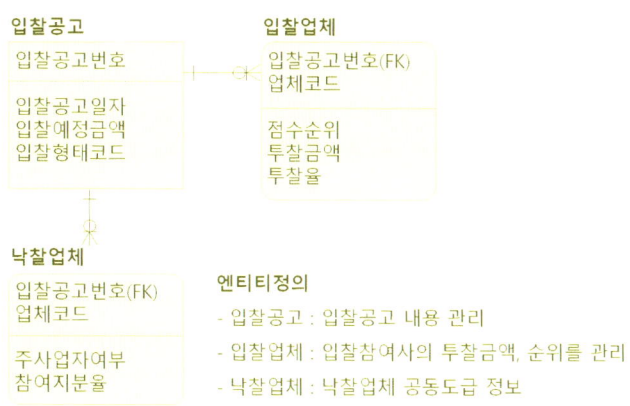

[그림 5-19-1] 엔티티 정의]

추가로 낙찰업체에 대한 엔티티 정의를 확인하면 단순히 낙찰업체를 관리한다기 보다는 공동도급에 대한 업체를 관리하는 것으로 판단되며, 단독 입찰 일 때는 데이터가 어떻게 발생하는지 궁금해 진다.

IT 운영담당자에게 확인한 결과, 단독입찰이든 공동도급이든 낙찰된 업체를 관리하며, 공동도급일 경우 주사업자는 누구인지, 참여지분은 어떻게 되는지를 관리한다고 한다.

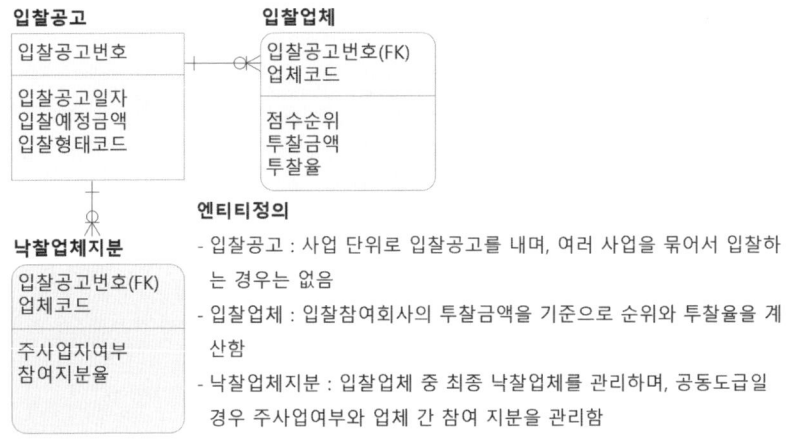

[그림 5-19-2] 엔티티 정의 보완

　　낙찰업체만 관리하려 했다면 입찰업체에서 최종낙찰여부 속성만 추가해도 되었을 것이다. 단순히 낙찰업체를 확인하려는 용도보다는 공동도급에 대한 주사업자와 지분을 관리하려는 목적이므로 "낙찰업체지분"으로 엔티티명을 변경하고, 엔티티 정의를 보완하여 엔티티의 목적이나 용도를 명확하게 해야 한다.

참조무결성

계약문서발송 엔티티는 분양 계약을 체결한 고객에게 계약 관련하여 안내문을 발송한 결과를 관리한다. DB에서 참조무결성 제약조건은 따로 설정하지 않은 상태이며, ERD를 통해 계약문서발송 엔티티가 세대 엔티티의 주식별자를 상속받고 있음을 알 수 있다. 참조 관계를 체크하는 SQL을 수행하여 오류 데이터가 있는지 확인한 결과, 계약문서발송은 현장 또는 동 또는 호(세대) 단위로 데이터가 생성되고 있다.

세대

- 현장코드
- 동번호
- 호번호
- 고객번호
- 계약일자
- 계약금액

계약문서발송

- 현장코드(FK)
- 동번호(FK)
- 호번호(FK)
- 발송번호
- 문서종류
- 발송일시
- 발송건수

세대

현장코드	동번호	호번호
100	A101	101
100	A102	301
100	A102	303

계약문서발송

현장코드	동번호	호번호	발송번호	문서종류	발송일시	발송건수
100	*	*	1	납부확인서	20190101	1000
100	A101	*	2	계약서	20190102	90
100	A102	301	3	납부안내서	20190103	1
100	A102	303	4	납부안내서	20190103	1

[그림 5-20-1] 배타적 관계의 참조 무결성

실제 우편물은 분양계약을 체결한 고객(세대)에게 발송하며, 화면에서 현장이나 동을 선택한 경우 현장 또는 동에 해당하는 모든 세대에게 우편물을 발송한다고 한다.

가장 먼저 눈에 띄는 점은 엔티티 간의 관계가 잘못되었다는 것이다. 계약문서발송 엔티티는 세대뿐만 아니라 현장, 동 엔티티와도 관계가 있으며, 서로 배타적인 관계를 가진다.

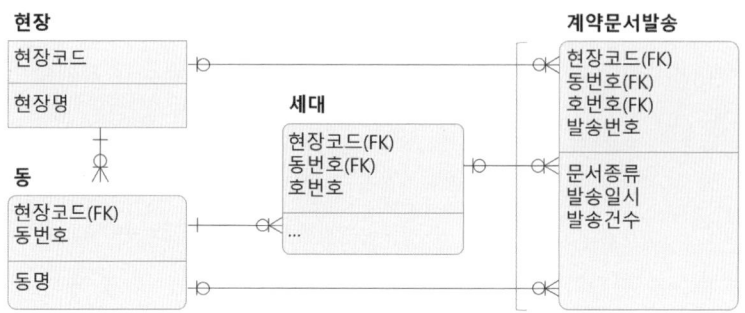

[그림 5-20-2] 배타적인 관계

데이터 발생 관점에서 보면 실제 우편물을 발송한 세대를 관리하지 않아 나중에 문제가 발생할 여지가 있다. 데이터 측면보다는 프로그램에서 처리한 결과가 설계에 그대로 반영되어 있다.

업무처리와 업무처리를 통해 발생한 업무처리 내역을 같이 관리해야 한다. 화면에서 현장, 동, 개별 세대 단위로 나누어 발송 할 수 있는 기능도 필요하고, 발송처리 건에 대해 실제 세대에게 발송한 내역을 관리할 수 있는 데이터 구조로 설계를 변경해야 한다.

업무처리 단위와 발생 데이터를 분리하여 계약문서발송 엔티티는 현업이 문서를 발송한 행위 자체를 관리하고, 계약문서발송내역 엔티티는 실제 발송 대상이 되는 세대를 관리한다. 업무를 분명하게 정의하고, 엔티티 간의 관계를 명확하게 정의함으로써 데이터 발생 규칙을 단순화할 수 있다.

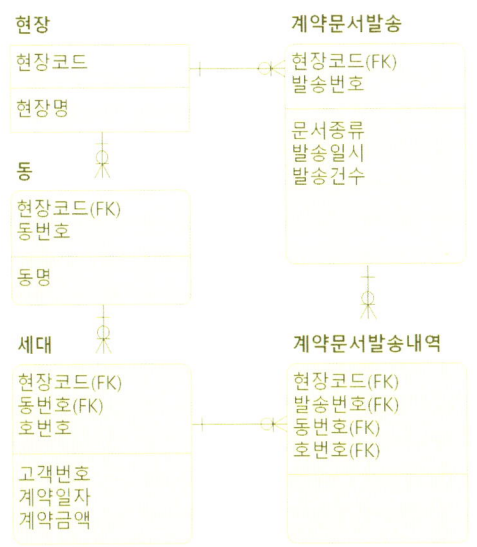

계약문서발송				
현장코드	발송번호	문서종류	발송일시	발송건수
100	1	납부확인서	20190101	1000
100	2	계약서	20190102	90
100	3	납부안내서	20190103	1
100	4	납부안내서	20190103	1

계약문서발송내역			
현장코드	발송번호	동번호	호번호
100	1	A101	101
100	1	A102	102
100	2	A101	201
100	2	A101	202
100	3	A102	301
100	4	A102	303

[그림 5-20-3] 기능과 데이터 분리

순환 관계 컬럼 추가

계층구조를 가지는 데이터는 일반적으로 하나의 엔티티 내에서 순환 관계로 표현된다. 인터넷뱅킹 홈페이지에 들어가면 조회, 이체, 예금 등의 최상위 메뉴가 조회되고, 최상위 메뉴를 선택했을 때 하위 메뉴가 표시되고, 다시 하위 메뉴를 선택하면 하위 메뉴가 표시된다.

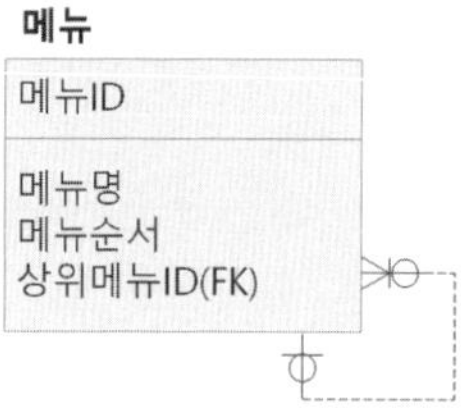

메뉴ID	메뉴명	메뉴순서	상위메뉴ID
0	메뉴	001	
1	조회	001	0
2	계좌조회	001	1
3	거래내역조회	002	1
4	이체	002	0

메뉴
- 메뉴ID
- 메뉴명
- 메뉴순서
- 상위메뉴ID(FK)

[그림 5-21-1] 계층구조

메뉴를 선택했을 때 하위 메뉴만 가져오는 쿼리는 상위메뉴ID 조건만 추가 하면 되므로 간단하다.

```
SELECT * FROM 메뉴 WHERE 상위메뉴ID = :1
```

계층구조 전체 데이터를 조회하는 경우 DBMS에서 제공하는 재귀 호출 기능을 활용하여 쿼리를 작성한다. 오라클은 START WITH 절과 CONNECT BY 절을 사용하면 비교적 쉽게 쿼리를 작성할 수 있다.

```
SELECT A.*
  FROM 메뉴 A
  START WITH 메뉴ID = 0
  CONNECT BY PRIOR 메뉴ID = 상위메뉴ID
  ORDER SIBLINGS BY A.메뉴순서
```

[그림 5-21-2] START WITH절과 CONNECT BY절 사용

SQL Server에서는 재귀 공통 테이블 식(CTE)을 사용하여 작성한다. 조금 복잡하긴 하지만 작성할 SQL이 몇 개 안되므로 작성할 만하다. 공통 테이블 식 부분을 함수로 만들어 쿼리에서 함수를 호출하여 재사용하는 방법도 있다.

```
WITH R_메뉴 AS (
    SELECT A.* FROM 메뉴 A    WHERE 메뉴ID = 0
    UNION ALL
    SELECT A.* FROM R_메뉴 R INNER JOIN 메뉴 A
        ON A.상위메뉴ID = R.메뉴ID)
SELECT *
  FROM R_메뉴 R
  ORDER BY R.메뉴순서
```

[그림 5-21-3] 재귀 공통 테이블 식(CTE) 사용

특정 화면에서 사용하는 메뉴와 달리 시스템 전체 업무에서 자주 활용하고, SQL 형태도 다양한 테이블이라면 어떨까?

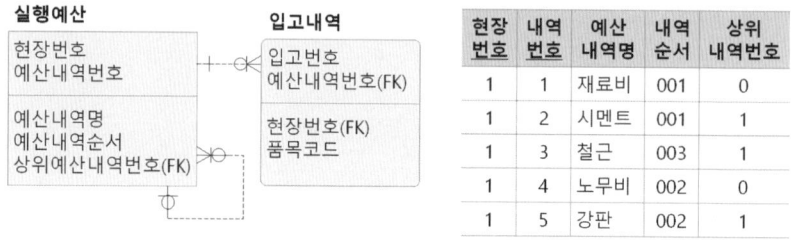

[그림 5-21-4] 예산내역 계층 구조

테이블을 설계할 때 예산번호내역과 상위예산내역번호 간의 관계 외에 예산내역ID컬럼을 추가하여 계층구조를 컬럼 값으로 관리하는 방법이 있다.

현장번호	내역번호	예산내역명	내역순서	상위내역번호	예산내역ID
1	1	재료비	001	0	000-001
1	2	시멘트	001	1	000-001-001
1	3	철근	003	1	000-001-003
1	4	노무비	002	0	000-002
1	5	강판	002	1	000-001-002

[그림 5-21-5] 예산내역ID 컬럼 추가

예산순서를 고정길이 문자 값으로 관리하고, 예산내역ID를 상위 예산내역의 예산내역순서 + "_" + 예산내역의 예산내역순서를 조합하여 구성한다. 예산내역을 등록하거나 변경할 때, 계층구조를 고려하여 예산내역ID를 부여한다. 예산내역ID를 새로 부여하는 작업이 번거롭기는 하지만 자주 변경되는 업무가 아니고, 다른 프로그램이나 업무에서 자주 활용하므로 훨씬 효용성이 크다. 예산내역번호와 상위예산내역번호 관계로 재귀호출 하여 계층구조를 표현하는 대신 예산내역ID로 정렬하면 되므로 SQL이 단순해진다.

```
SELECT *
  FROM 실행예산 A INNER JOIN 입고내역 B
    ON B.현장번호 = A.현장번호
   AND B.예산내역번호 = A.예산내역번호
 WHERE B.현장번호 = :1
   AND B.입고번호 = :2
 ORDER BY A.예산내역ID
```

[그림 5-21-6] 계층 구조로 설계된 컬럼 값일 때의 계층구조 조회

인덱스 설계

조회 SQL 성능 문제의 80~90%는 인덱스와 관련되어 있다고 해도 과언이 아니다. 3초 안에 데이터를 조회하기 위해서는 선행 테이블에서 대략 10,000건 이내로 읽어야 하고, Nested Loops 조인을 해야 한다. 시스템을 구축하면서 인덱스를 설계하는 방법은 3가지로 나누어 진행할 수 있다.

구분	기초 인덱스 기반	액세스분석 기반	SQL최적화 기반
방법	• 데이터모델을 기반으로 PK, FK 인덱스 설계 • 현행 시스템의 인덱스 목록을 이용하여 설계	• 테이블 단위로 사용하는 SQL을 수집하고, 액세스형태를 분석하여 인덱스 설계	• SQL을 최적화하거나 개발자 요청에 의해 인덱스 추가 및 조정
목적	• 개발초기 비교적 쉽고 빠르게 인덱스 설계	• 주요 테이블의 인덱스 설계 완성도를 높임	• SQL 최적화를 위한 인덱스 조정
범위	전체 테이블	주요 테이블	SQL 사용 테이블
적용	구축(개발초기)	구축(테스트),운영	구축(개발,테스트),운영

[그림 5-22-1] 인덱스 설계 방법

설계 단계에서는 데이터 모델이나 현행 인덱스를 참고하여 기초 인덱스를 생성한다. 개발 단계에서는 주요 테이블을 대상으로 액세스를 분석하여 인덱스를 설계한다. 마지막으로 개발이나 테스트 단계에서 SQL을 최적화하면서 전체 테이블을 대상으로 인덱스를 추가하거나 조정한다.

기초 인덱스 기반에서 PK, FK 외 일반 인덱스 설계는 현행 인덱스 목록을 이용한다. 산출물이 없을 경우 DB에서 메타 정보를 읽어 인덱스 목록을 만들어야 한다.

```
SELECT *
  FROM ALL_IND_COLUMNS    A
     , ALL_TAB_COMMENTS   B
     , ALL_INDEXES        C
 WHERE ...
```

[그림 5-22-2] 오라클 인덱스 관련 메타 정보

테이블 단위로 인덱스 구성 컬럼을 검토하면서 중복되거나 불필요한 인덱스를 파악하여 삭제하거나 변경한다. 선두 컬럼이 동일하거나 코드 컬럼으로만 구성된 인덱스를 중심으로 검토한다. 선두 컬럼이 동일한 경우 하나로 통합할 수 있다. 코드 컬럼 단독으로 사용된 경우 삭제를 고려한다.

인덱스명	인덱스 컬럼	비고
ORD_DTL_PK	ORD_NO, ORD_DTL_SEQ	
ORD_DTL_IX01	ORD_DTL_DT, ITEM_CD	
ORD_DTL_IX02	ITEM_CD, PROG_CD	평균 20만건 처리 예상. 일단 유지
ORD_DTL_IX03	~~LAST_PROC_DT, ITEM_CD~~	삭제, IX06으로 대체
ORD_DTL_IX04	~~ITEM_CD~~	삭제, IX02으로 대체
ORD_DTL_IX05	~~LAST_PROC_DT, PROG_CD~~	삭제, IX06으로 대체
ORD_DTL_IX06	LAST_PROC_DT, PROG_CD, ITEM_CD	
ORD_DTL_IX07	~~PROG_CD~~	삭제, 평균 2천만건 처리 예상(=1억건/5종류)

[그림 5-22-3] 현행 인덱스 목록

[그림 5-22-3]에서 IX03 인덱스 컬럼은 IX06 인덱스에 모두 포함되고, 컬럼 구성 순서도 일치하므로 IX06 인덱스로 대체한다. IX05 인덱스도 IX06 인덱스에 포함되고 일부 컬럼 순서가 다르지만, IX06으로 대체할 수 있다. IX04 인덱스는 IX02 인덱스와 중복되므로 삭제한다. IX07 인덱스에서 PROG_CD 컬럼은 코드 값이 5가지 종류이므로 데이터 변별력이 없다.

PROG_CD = :1 조건인 경우 평균 2,000만건(=전체 1억건/5종류)을 읽게 되므로, 인덱스를 읽어 처리하는 것보다 테이블을 전체 처리하는 게 더 낫다.

액세스 분석 기반은 대상 테이블과 관련된 SQL을 모두 수집하여 액세스 유형을 파악하여 '인덱스 설계서'에 기록하고, 컬럼 분포도 등을 고려하여 종합적인 인덱스를 설계한다('04 물리 모델링' 인덱스 설계 방법 참고).

인덱스 설계서												시스템명		차세대 시스템 구축	
												작성자	유동오	작성일	2019.01.01
테이블명	ORD_DTL				한글명			주문상세				Owner	NESYS	건수	100,000,000
컬럼명		액세스 유형										컬럼 분포도			비고
		1	2	3	4	5	6	7	8	9		종류	평균	최대	최소	
주문일자		BW										700	140,000	200,000	100,000	
상품코드		=										1,000	100,000	300,000	50,000	

[그림 5-22-4] 액세스 유형

액세스 유형을 파악하는 것이 관건이다. 수집된 SQL에서 해당 테이블에 대한 조회 조건이 있는 SQL을 중심으로 분석한다. 조회 조건이 없는 경우는 선행 테이블과 조인하면 되므로, PK만으로 충분하며 더 분석할 필요가 없다.

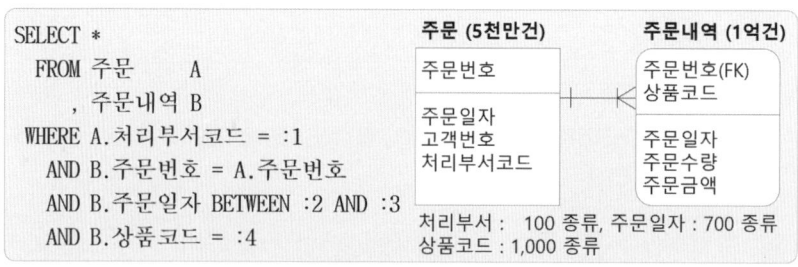

[그림 5-22-5] 주문과 주문내역 조회 SQL

액세스 유형은 테이블 처리 순서와 조인 방법에 따라 달라질 수 있다. 조회 조건 대부분을 포함한 테이블이 먼저 수행되고, Nested Loops 조인 방법으로 수행된다고 가정하고 작성해야 한다. [그림 5-22-5] SQL에서 조인 순서에 따라 액세스 유형이 다르다. 1) 주문 ➔ 주문내역 테이블 순서로 처리된다면 주문 테이블의 액세스 유형은 '처리부서코드 =' 이고, 주문내역 테이블은 '주문번호 =', '주문일자 BETWEEN', '상품코드 =' 이다. 2) 주문내역 ➔ 주문 테이블 순으로 조인한다면 주문내역은 '주문일자 BETWEEN', '상품코드 =' 이고, 주문은 '주문번호 =', '처리부서코드 =' 으로 액세스 유형이 다르다. 조인 순서에 따라 액세스 유형이 달라지므로 액세스 유형을 파악할 때는 SQL에 대한 최적화된 실행계획을 머릿속으로 그려야 한다.

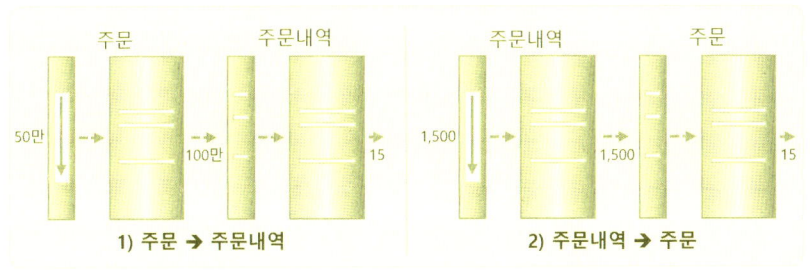

[그림 5-22-6] 조인 순서에 따른 처리량

1) 주문 테이블 먼저 처리할 경우 처리부서코드에 해당하는 주문 50만건(=5천만/100종류)을 읽고, 주문내역을 100만건(주문 1건당 주문내역은 평균 2건임) 읽은 후 주문일자와 상품코드 조건에 해당하는 15건(=100만건/일자700종류/상품1000종류*10일)을 추출한다. 2) 주문내역 테이블부터 읽으면 10일 간 특정 상품에 해당하는 1,500건(=1억건/일자700종류/상품1000종류*10일)을 읽고, 주문에서 1,500건을 읽은 후 처리부서코드

에 해당하는 15건(=1,500건/부서100종류)을 추출한다. 주문내역을 먼저 처리하는 실행계획이 효율적 임을 알 수 있다. 액세스 유형은 1)이 아닌 2)로 기술해야 한다. 수집된 SQL이 최적화된 실행계획으로 수행된다면 실행계획을 참고하여 액세스 유형을 파악하면 된다. 그러나 현재 실행계획에 문제가 있다면 최적화된 실행계획으로 튜닝하여 액세스 유형을 기록해야 한다. 액세스 유형을 정확하게 파악할 수 있다면 SQL 튜닝을 할 수 있다는 뜻이다.

마지막으로 SQL 최적화 기반의 인덱스 설계는 단위 SQL을 튜닝하면서 인덱스를 추가하거나 컬럼 구성을 조정하는 것이다. 튜닝을 하면서 새로운 액세스 유형일 경우 인덱스 설계서를 바탕으로 액세스 유형을 기록하면서 인덱스를 조정한다. 특정 테이블에 대해 튜닝할 SQL이 많다면 전체 SQL을 대상으로 액세스 분석 기반 설계를 먼저 진행하는 것이 좋다.

참고 문헌

- 김기창 지음, 『관계형 데이터 모델링 노트』, 위즈덤마인드, 2014.
- 김상래 지음, 『프로젝트 성패를 결정짓는 데이터 모델링 이야기』, 한빛미디어, 2015.
- 이화식 지음, 『데이터 아키텍처 솔루션』, 엔코아컨설팅, 2003.
- 조시형 지음, 『오라클 성능 고도화 원리와 해법 1, 2』, 디비안, 2019.
- 한국데이터베이스진흥원 편집부, 『데이터아키텍처 전문가 가이드』, 한국데이터베이스진흥원, 2010.
- 오쿠노 미키야 지음, 성창규 옮김, 『관계형 데이터베이스 실전 입문』, 위키북스, 2016.
- 토마스 카이트 지음, 유동오 등 옮김, 『전문가를 위한 오라클 데이터베이스 아키텍처』, 제이펍, 2011.
- Len Siverston, Paul Agnew 지음, 박경호 등 옮김, 『데이터 모델 리소스 북 Vol. 3』, 지앤선, 2012.
- SQLTAG 지음, 『SQL Server 운영과 튜닝』, 영진닷컴, 2016.

- 『범정부 데이터 참조모형 v3.0)』, 행정안전부, 한국정보화진흥원, 2019.

- 『개인정보의 기술적·관리적 보호조치 기준 해설서』, 방송통신위원회, 한국인터넷진흥원, 2017.

- 『금융분야 개인정보보호 가이드라인』, 금융위원회, 금융감독원, 2017.

- 『한국표준산업분류표(10차)』, 통계청, 2017.

- 『개인정보의 안전성 확보조치 기준(2016-35호) 해설서(개정)』, 행정자치부, 2016.

- 『비투엔 데이터 인사이트 자료』, 비투엔, 2015.

- DA 가이드, http://www.dbguide.net/

- 표준국어대사전, https://stdict.korean.go.kr

- ER Diagram Tutorial in DBMS, https://www.guru99.com/

- Enhanced ER Model, https://www.geeksforgeeks.org

찾아보기

ㄱ

기본(Default) 값	157
강한 엔티티	28
개념 엔티티	30
개념모델링	84
개체관계 모델	13
계층 모델	13
공통 테이블 식	190
관계	31
관계 모델	13
관계수	31
교차 엔티티	29
균열 함정	62
글로벌 인덱스	236
기본 키	50, 200

ㄴ - ㄷ

논리모델링	105
다대다(M:N) 관계	33
다중 값 속성	44
단순 속성	34
단어 표준화	162
단일 값 속성	44
대체 식별자	47
대체 키	50
도메인 표준화	167

도메인	155
동료 검토	157
동음이의어	163

ㄹ

로우	182
로컬 인덱스	236
리버스 모델링	75, 76
릴레이션	48
릴레이션 스키마	48
릴레이션 인스턴스	48

ㅁ - ㅂ

망 모델	13
목록 파티션	234
물리 모델링	181
배타적인 관계	38
범위 파티션	233
보조 식별자	46
복합 속성	34
복합 파티션	235
본질 식별자	46
부분 함수종속	53
부채꼴 함정	61
비클러스트형 인덱스	228

ㅅ

사건 엔티티	30
상향식 접근 방법	70
서브타입 엔티티	184, 185
선택성	31
속성	41
속성명	148
슈퍼 키	49
슈퍼타입 엔티티	183, 185
식별자	44
식별자 상속	32
식별자 지정	151
실체 무결성	202
실체 엔티티	30
실체무결성	51

ㅇ

약한 엔티티	28
어트리뷰트	48
업무중심 엔티티	28
엔티티	19
엔티티 도출	120
엔티티 식별	120
엔티티 정의	125
엔티티 통합	130
엔티티타입	20
연결함정	61
영역 무결성	51, 203
유니코드	197

이음동의어	164
이행적 함수종속	53
인덱스 설계	218
인조 식별자	152
일대다(1:M) 관계	32
일대일(1:1) 관계	32
일반화	21

ㅈ

재귀적 관계	36, 189
저장 속성	43
정규화	54
제1정규형	56
제2정규형	58
제3정규형	59
제약조건	51
종속 엔티티	29
주 식별자	47
주제영역	85
중요 엔티티	29, 112
집단화	26

ㅊ - ㅋ

참조 무결성	51, 205
캐릭터 셋	197
컬럼	182
키 제약조건	51

ㅌ - ㅍ

테이블	182
테이블 분할	210
특수화	25
파생 속성	43
파티션 인덱스	236
파티션 테이블	231
표준단어	160
표준도메인	160
표준용어	161
표준코드	160

ㅎ

하향식 접근 방법	69
함수 종속	51
함수종속성	51
해시 파티션	233

A - C

Action Entity	29, 114
Aggregation	26
AL16UTF16	198
AL32UTF8	198
Alternate Key	50
Associative Entity	29
Attribute	41
Bottom-Up approach	70
B-Tree Index	218
Cardinality	31
Chasm Trap	62
Clustered Index	227
Column	182
Composite Attribute	34
Composite Partition	235
Connection Trap	61
CTE	190

D - J

Dependent Entity	29
Derived Attribute	43
Domain Integrity	203
Entity	19
Entity Integrity	202
Entity Relationship Model	13
Entity Type	20
Event Entity	30
Fan Trap	61
Foreign Key	50
Full Functional Dependency	53
Functional Dependency	51
Generalization	21
Global Index	236
Hash Partition	233
Hierarchical Model	13
Identifier	44
Identifier Inheritance	32

K – R

Local Index	236
Main Entity	29, 112
Network model	13
Non-Clustered Index	228
Normalization	54
optionality	31
Partial Functional Dependency	53
Partition Table	231
Primary Key	50, 200
Range Partition	233
Referential Integrity	205
Relation	48
Relational Model	13
Relationship	31
Relative Entity	29
Reverse Modeling	75, 76
Row	182

S – Z

Simple Attribute	34
Single-valued	44
Specialization	25
Stored Attribute	43
Strong Entity	28
Super Key	49
Table	182
Tangible Entity	30
Top-Down approach	69
Transitive Functional Dependency	53
Weak Entity	28